ECONOMICS & MANAGEMENT

教育部经济管理类主干课程教材

运营与供应链系列

Operations and Supply Chain Management

运营与供应链管理

（第2版）

主编　姚建明

中国人民大学出版社

· 北京 ·

前　言

随着社会的发展，企业面临的政治、经济、社会、技术等环境正发生着深刻的变化，特别是世纪之交的近 30 年，由互联网技术引领的技术革命，推动和引领着企业的内外部环境发生了革命性的变化，这种变化一方面对企业战略层面的管理产生了重要影响，另一方面也对企业运营层面的管理产生了深刻影响。因此，如何在企业战略的指引下，做好企业的运营管理，对于实现企业的生存与发展至关重要。

同时，随着人们逐渐认识到企业外部资源的价值，越来越多的人将企业的成功归因于供应链管理的成功。通用电气公司原总裁杰克·韦尔奇曾说："如果在供应链运作上不具备竞争优势，就干脆不要竞争。"国际供应链管理专家马丁·克里斯托夫认为，21 世纪的竞争是供应链和供应链之间的竞争，而非企业和企业之间的竞争。一时间，如何做好供应链管理成为企业关注的焦点。

近年来，本书作者围绕企业战略、运营、供应链、物流等方面进行了广泛的教学和培训工作，深入地了解到来自各地区、各行业不同层次的企业管理人员以及在校学生对于学习、理解运营与供应链管理的一些心得与诉求，逐渐得出以下体会：

首先，不论从理论发展还是实践成果来看，运营与供应链管理对企业而言非常重要，学员也普遍接受和认同这样的观点。但为什么重要、其重要性体现在什么地方等问题他们并不十分清楚。企业的运营管理和供应链管理是否和其他管理领域（如企业战略、人力资源、财务、营销等）一样，也是企业成功的重要方面，这是很多读者感到疑惑的问题。

其次，普遍观点认为，供应链管理属于运营管理的一部分，因而在运营管理的书籍中总有章节会谈到供应链管理的问题。然而，供应链管理的本质究竟是什么？它和企业的运营管理到底有什么样的关系？它和其他企业管理领域（比如战略、人力资源、组织行为、公司治理、财务、领导力、商务谈判、涉外法律、信息化管理等）是完全独立的还是有内在的紧密关系？特别是，它和我们熟知的物流管理有着怎样的联系与区别？现实中仍然有"供应链就是物流"的观点存在，但实际上两者的关系究竟是怎样的，两者能够给企业带来的价值分别体现在什么地方，这些问题也常常让读者非常困惑。

最后，如何运用所学知识做好企业的经营管理是管理者学习的目的，学习企业的运营与供应链管理也不例外。然而，由于一直以来有关运营和供应链管理的书籍或课程涉及内容较多（比如订单管理、采购、库存、运输配送、供应商选择、谈判、客户服务、供应链绩效、供应链计划、供应链战略、服务供应链管理等），且所涵盖的知识点随意性很强，运营管理和供应链管理的知识结构缺乏系统性，无法让人把握其核心价值所在，应用起来也非常困难。例如，学完供应链管理之后读者基本知道如何做好供应商选择、谈判、流程优化、生产计划、采购、库存等，但这些内容实际上依然没有跳出传统运营管理的范畴。供应链管理的知识体现在哪里，这也是广大管理者感到疑惑的地方。而这些零散的非系统化的运营、供应链和物流管理的知识很难把握和运用，往往容易让人顾此失彼。

作为管理知识的传播者，我们看到了上述现象和问题的存在。通过分析这些问题背后的原因，基于对新时期企业运营和供应链管理思想的再思考，我们重新梳理和构建了本书的核心内容框架。

撰写本书主要有如下三个目的：

首先，真正做好一个企业需要从“根基”做起。“十年树木，百年树人”，做企业也不例外，不可能一蹴而就。“根”扎好了，企业运行就会比较平稳，辨析机遇与挑战、抵御各类风险的能力也会比较强。企业的根基到底是什么？实际上就是企业的运营系统——企业的供应链网络。我们相信读者读完本书后会对这一问题有更加清晰的理解。剖析企业运行之“根基”是本书最重要的撰写目的之一。因为没有“根基”企业就无从谈起，更谈不上企业的战略定位以及各个层面的管理合理与否。

其次，企业战略定位的实现是建立在这一“根基”基础之上的。企业能否做好战略定位，能否协调好内部各个层面的管理和控制活动，关键是要了解这一“根基”同企业各项经营管理活动之间的内在关系。将这些重要关系清晰地展现在读者面前是本书的另一重要目的。相信读者在读完本书以后，对企业的运营和供应链管理到底应该做什么、应该如何做，会有一个清晰的思路，这是本书的核心目的。

最后，随着管理学科的不断发展，有关企业管理的理论与方法越来越多，令人应接不暇。但不难发现，有些方法的理论基础是完全相同的。因此，如何从中甄别出值得学习、创新与运用的理论与方法，是学习企业管理的关键。本书除了重点介绍笔者在管理实践中摸索出的若干重要方法，还会介绍一些国内外公认的运营与供应链管理方面的经典理论与方法，但是不会就方法论方法，而是将其融入整个企业管理体系，从企业管理各层次的内在联系中探讨理论与方法的运用，便于读者对其进行深刻理解、辩证思考、全面掌握和灵活运用，这是撰写本书的第三个目的。

基于以上目的，本书内容分为四大部分进行阐述：

第1篇：运营与供应链管理的战略视角。

第2篇：运营与供应链系统的构建。

第3篇：运营与供应链系统的管控。

第4篇：运营与供应链系统的运作。

后面三篇构成了运营与供应链管理的重要内容框架，也是我们在企业管理实践中需要做好的三个方面：第 2 篇探讨的是企业的运营与供应链系统如何设计、构建与诊断的问题，简称建网；第 3 篇探讨的是企业的运营与供应链系统如何管理与控制的问题，简称管网；第 4 篇探讨的是企业的运营与供应链系统如何运作的问题，简称用网。只有这三个层面的管理工作全部做到位，企业才能良性地生存和发展。

一本管理类书籍的功效不在于能够向读者介绍或罗列多少成熟的知识点，而在于能够引导读者系统性地把握分析和解决问题的思路。学好管理，不等于准确记忆了很多国际公认的管理理论，也不等于了解了很多成熟的管理方法，而在于能够充满自信地告诉自己在企业管理过程中的每一个环节，应该如何去做，为什么要这样去做。

本书由中国人民大学商学院姚建明主编，朱春玲副主编。中国人民大学商学院博士、硕士研究生李民、吴阳、杨扬、锁立赛、王墨竹、刘畅、史贺赟等同学承担了部分文字和案例的整理、编撰工作，在此一并表示感谢。

在本书的编写过程中，中国人民大学出版社的编辑给予了大力支持与帮助，在此表示衷心感谢。

希望本书的出版能够帮助读者从新的视角认识和把握企业的运营与供应链管理，把运营与供应链管理真正作为我们认识企业本质、提升企业绩效、推动企业良性发展的重要根基。

姚建明

中国人民大学商学院

中国人民大学中国企业创新发展研究中心

目　录

第1篇　运营与供应链管理的战略视角

第1章　战略、运营与供应链的本质 …… 3
1.1　如何实现企业的基业长青 …… 3
1.2　管理的对象和目的 …… 5
1.3　做好管理的核心——四大职能 …… 6
1.4　企业战略管理的目的 …… 8
1.5　企业的战略定位 …… 8
1.6　企业的供应链网络 …… 9
1.7　企业的运营系统 …… 10
1.8　运营与供应链的本质 …… 11
第2章　运营与供应链管理的基础逻辑 …… 13
2.1　供应链思想的产生 …… 14
2.2　供应链的核心特征 …… 16
2.3　供应链是企业运营的根基 …… 20
2.4　战略、运营、供应链、物流之间的重要关系 …… 22
2.5　运营中的沙锥模型 …… 24
2.6　运营与供应链管理的框架 …… 25
2.7　运营与供应链中的几个重要思想 …… 26

第2篇　运营与供应链系统的构建

第3章　企业管理中的一个重要循环 …… 37
3.1　战略管理的基本框架 …… 37
3.2　基于供应链系统全面把握企业管理问题 …… 39
3.3　一个重要循环 …… 42

第4章 供需的匹配与协调及建网 …… 49
4.1 供需的匹配与协调 …… 50
4.2 供需匹配与协调的价值 …… 50
4.3 什么是供需的匹配与协调 …… 52
4.4 供需的匹配与协调模型 …… 54
4.5 供需不匹配的处理 …… 55
4.6 供需匹配时的改进和优化 …… 58
4.7 供需匹配与协调运用的前提 …… 61
4.8 渠道对供需匹配的影响 …… 61
4.9 价格波动对供需匹配的影响 …… 62
4.10 运营与供应链系统构建的思路 …… 65
4.11 企业内部运营系统的构建与管控 …… 67
4.12 供应链和物流的基础地位 …… 70
第5章 大规模定制模式下的运营与供应链构建 …… 77
5.1 大规模定制模式 …… 77
5.2 解决矛盾的基本思路 …… 78
5.3 延迟策略 …… 79
5.4 实施延迟策略的条件 …… 80
5.5 实施大规模定制模式所需的能力 …… 81
5.6 大规模定制模式下的供应链管理运作 …… 81
5.7 大规模定制模式下的供应链柔性计划与调度 …… 82

第3篇 运营与供应链系统的管控

第6章 供应链的资源整合与关系处理 …… 91
6.1 供应链合作关系中的常见问题 …… 91
6.2 供应链资源整合 …… 92
6.3 并购整合方式 …… 93
6.4 联盟整合方式 …… 97
6.5 外包整合方式 …… 99
6.6 第三方物流 …… 99
6.7 第四方物流 …… 100
6.8 供应链关系的处理 …… 103
第7章 供应链的管控、绩效与激励 …… 111
7.1 合作计划、预测与补给模式 …… 111
7.2 供应链运作参考模型 …… 112
7.3 供应链绩效评价 …… 115
7.4 供应链平衡计分卡 …… 117
7.5 供应链激励 …… 119

第8章 流程管理与价值链管理 …… 127
8.1 流程管理中的问题梳理 …… 128
8.2 流程优化的核心内涵 …… 130
8.3 业务流程重组 …… 131
8.4 价值链管理 …… 133
8.5 如何进行价值链分析 …… 134
8.6 价值分析决策方法 …… 136
8.7 价值链中的价值分析 …… 139

第4篇 运营与供应链系统的运作

第9章 战略采购管理 …… 149
9.1 传统采购流程中的问题 …… 149
9.2 采购管理人员的职责 …… 151
9.3 采购管理的两大主题 …… 152
9.4 采购管理的战略定位 …… 153
9.5 采购定位模型 …… 154
9.6 供应市场监视与分析 …… 157
9.7 战略采购相关决策 …… 159
9.8 降低采购成本的途径 …… 163
第10章 战略库存管理 …… 171
10.1 库存的重要价值 …… 171
10.2 关于供应链中的零库存 …… 172
10.3 如何管理好库存 …… 172
10.4 库存管理中的几个问题 …… 173
10.5 库存的补充 …… 175
10.6 库存订货量的确定 …… 177
10.7 如何决定安全库存水平 …… 182
10.8 两箱系统和三箱系统 …… 184
10.9 如何管理提前期 …… 185
10.10 做好提前期管理的建议 …… 185
10.11 缩短提前期的技术 …… 186
10.12 库存分类技术 …… 189
第11章 供应链资源管理系统 …… 198
11.1 企业资源管理系统的组成 …… 198
11.2 有效消费者反应 …… 199
11.3 ERP系统中的主要功能模块 …… 202
11.4 项目管理技术 …… 203
11.5 推动式生产方式 …… 206

11.6 拉动式生产方式 …… 207
11.7 最优化生产技术 …… 208
11.8 ERP系统的应用 …… 210
11.9 预测方法与技术 …… 210
11.10 新信息技术提升管理价值 …… 212

参考文献 …… 219

第 1 篇

运营与供应链管理的战略视角

第 1 章

战略、运营与供应链的本质

学习目标

1. 把握管理的对象、目的与核心职能；
2. 认识企业的供应链网络和运营系统，把握运营与供应链的本质；
3. 认识战略管理与其他课程之间的联系。

本章要点

1. 管理的对象和目的；
2. 管理的四大职能；
3. 企业的供应链网络；
4. 企业的运营系统；
5. 运营与供应链的本质。

运营与供应链管理是管理学科中非常重要的领域。如何深入理解企业运营与供应链管理在企业的生存、发展及生产经营管理活动中的重要作用，是学好和用好企业运营与供应链管理知识的前提。要深刻理解和把握企业运营与供应链管理的重要作用与价值，需要从管理的战略视角谈起。其中，我们首先需要把握如下几个方面的本质问题。

1.1 如何实现企业的基业长青

众所周知，管理学科（管理学）与工科（工学）、理科（理学）、医科（医学）、文科（历史学、社会学、哲学等）等其他学科有本质的区别。为什么要学习管理（管理学），学习管理（管理学）的目的是什么，学习管理（管理学）后会在什么场合运用，运用学到的管理知识到底要解决什么问题等一系列问题是我们在学习管理（管理学）之前必须首先认识清楚的核心问题。

为了明确上述问题，这里引入一些实例加以阐述：

■ 随着全球经济一体化步伐的加快，企业之间的竞争日益激烈，加上当前世界政治、经济环境风云突变，企业面临前所未有的发展压力。在这样一个特殊的历史环境下，一些拥有百年历史的知名企业也难以“独善其身”，或者遭遇倒闭破产的厄运，如通用汽车、柯达等；或者陷入艰难的发展困境，如索尼、诺基亚、摩托罗拉等。我国的企业也面临同样的问题。

普华永道发布的《中国企业长期激励调研报告》指出：中国中小企业平均寿命仅为2.5年，集团企业平均寿命仅为7～8年，与欧美企业平均寿命40年相距甚远。中国企业数量众多，但普遍生命周期短，重复走着“一年发家，两年发财，三年倒闭”的路，能做大做强的企业寥寥无几。

■ 2017年，在创业圈最火的词应该就是“共享经济”。据《品途商业评论》统计，2016年中国的共享经济市场规模接近4万亿元，项目从单车、充电宝、手机，到睡眠仓、汽车、雨伞、服装、马扎等，可谓五花八门、层出不穷。

在历经一年多爆发式增长后，“共享们”猛然刹车，共享经济沦为“死亡”重灾区。一年来，共有19家投身共享经济的企业宣告倒闭或终止服务，其中包括7家共享单车企业、2家共享汽车企业、7家共享充电宝企业、1家共享租衣企业、1家共享雨伞企业和1家共享睡眠仓企业。①

通过对企业经营管理实践进行全面总结分析，可以得出这样的一般性结论，即企业经营管理中任何方面存在问题都有可能导致企业陷入经营困境或者倒闭破产的境地，如表1-1所示。

表1-1 导致企业经营不善的原因举例

问题所在	层次划分
宏观政策、经济环境、社会因素、技术变革、市场竞争、战略定位、发展目标、企业文化、社会责任……	战略层
组织架构、公司治理、领导力、人力资源、公司管控、客户关系管理、信息化建设、供应链成员关系、流程制度、金融模式、技术创新……	策略层
资金链、质量、合同、研发、采购、生产、营销、售后、库存、运输、配送、财务、会计、信息处理……	运作层

① http://news.youth.cn/sh/201712/t20171218_11163451.htm.

对表 1－1 中所列举的各方面原因进行深入分析发现，导致企业经营不善或者倒闭的原因可以大致划分为三个层面：

最高层面，即企业战略层面的原因，如市场定位不准、战略目标不明确、没有长远规划、不能从企业全局把握问题、企业信仰和文化缺失、出现重大决策失误、领导者过于冒险等。

中间层面，即企业策略层面的原因，如企业人才缺乏、组织架构不合理、领导能力不足、管控方式不合理、公司治理结构和关系不健全、业务和管理流程及机制不健全、创新能力不足等。

底层层面，即企业运作层面的原因，也就是企业日常的生产经营管理活动方面的原因，比如资金短缺、产品质量不过关、成本居高不下、作业流程不合理等。

如果用一句话加以总结可以得出这样的结论：造成企业经营不善或者倒闭的原因有可能来自企业各个层面、各个方面。

显然，要想保持企业的良性发展，实现基业长青的目标，关键是要把企业各个层面、各个方面都做好。

以下我们就从管理的本质入手来探讨如何实现这一目的。

1.2　管理的对象和目的

首先来思考两个问题：我们学习管理（管理学）的目的仅仅是用在企业的经营管理过程中吗？管理仅仅是用来管人的吗？显然，答案都是否定的。

管理的对象是社会上的任何活动。上到国家与国家之间的交往，下到我们日常的各种事宜（如聚会、生日晚宴、春游、学术会议），甚至人的任何一个动作，都可称为活动。显然，社会上的任何活动都是由人、财、物等有形资源以及语言、知识、技能等无形资源支撑起来的。

这些活动之所以需要去管理，是因为我们在进行任何活动的时候都需要耗费资源，因此总是希望开展的每个活动都能够既有效果又有效率。想让开展的活动有效果，必须做正确的事；想让活动有效率，必须正确地做事。

因此，只有“正确地做正确的事”，才能使社会上的活动不仅有效率，而且有效果。效率和效果的关系问题是管理（管理学）中首先要探讨的一个基本问题，如图 1－1 所示。

综上所述，可以得出如下结论：

管理的目的是为了“正确地做正确的事”。

也就是说，我们学管理（管理学）的目的，是为了在开展任何活动的时候，都能够做到既有效率，又有效果。

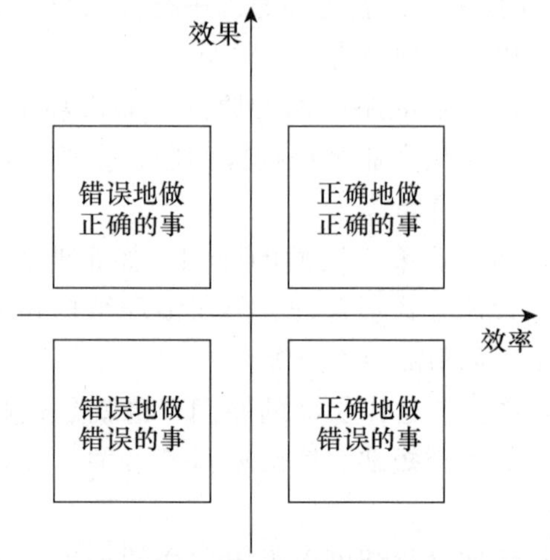

图 1-1 管理的基本问题

1.3 做好管理的核心——四大职能

1.2 节指出，我们学习管理（管理学）的目的是为了开展活动的时候，能够做到既有效率（正确地做事）又有效果（做正确的事）。这里需要首先明确的是，为什么管理（管理学）有助于我们更好地“正确地做正确的事”呢？即为什么管理（管理学）有助于我们更好地开展活动？

为了直观地阐明这一机理，本节以一个生日晚宴活动为例说明。

■ 某同学本周六过生日，他想在周六晚上举办一个生日晚宴。基于以往的经验，他首先拟定了一个举办生日晚宴的活动计划。计划的目标就是要举办一场所有人都满意的晚宴。同时，在计划中拟定晚宴的时间、地点、出席人员名单以及活动的流程等具体细节。

计划做完之后，他开始为活动准备必要的人、财、物等各种资源，如发出请帖邀请出席者、租赁活动场地、准备活动所需要的各种物品、寻找活动的主持人等。在准备人、财、物等各种资源的同时，他还考虑了各种资源之间的匹配关系。比如，计划邀请 8 个人参加生日晚宴，因此没有必要预定太大的包间，能够容纳 10 个人左右较为合适；准备的物品也不宜过多，否则会造成浪费。

随着准备工作的推进，到了周六晚上 7 点，晚宴需要的场地、物资等全部准备完毕，邀请的宾客也都到了。这时，必须有一个晚宴活动的主持人来引导和带领大家动起来，并且要动得合理、动得有效率和有效果，这样才能实现活动的目标。

在晚宴推进过程中，可能有意外情况发生，这时就需要通过控制的手段对资源进行约束。比如，为了避免宾客饮酒过量导致出现意外或者影响气氛，可以提前约定餐桌上摆放酒品的种类和数量，并且不再添加。

通过上述例子可以看出，在开展任何活动时都需要考虑如下四个基本步骤：

第一步，开展活动之前，首先需要做计划。做计划就是要做好两件事，一件是明确要做什么，即明确活动的目标；另一件就是要明确如何做，即通过什么样的途径实现既定的目标。

第二步，制定好计划，接下来就要考虑如何实施计划的问题。任何活动都是各种资源支撑起来的，因此实施计划的第一步必然是获取各种各样必要的资源。同时，还需要理顺各种资源之间的关系，否则资源的配置就会缺乏协调性，有可能导致活动效率降低，效果不理想。把资源获取回来，同时理顺它们之间关系的过程就是组织过程。

第三步，当获取到了开展活动所需要的各种资源以后，紧接着需要考虑的问题就是如何让这些资源动起来，进而形成活动，而且要让资源运动得合理、高效。这时，就需要引入领导职能。领导的本质是要带领各种资源动起来，进而形成活动。但在带领之前，必须首先协调好各个资源之间的关系，带领过程才能更有效。否则，关系不协调的资源有可能并不会跟随带领的指令去运动，这样也会造成活动效率下降，效果不理想。

第四步，有了计划、组织、领导这几个职能，就能够保证活动开展得非常顺利吗？答案显然是否定的。因为在领导过程的驱动下，资源运动起来形成了活动，但并不能够保证所有的资源都会运动得非常合理、高效，并且始终沿着有利于实现既定目标的轨迹去运动。这时，就需要在资源的运动过程中加上控制职能。做好控制工作需要做好三件事，首先，拟定控制的标准，即活动中各个资源运动的规则；其次，找出和拟定的标准有偏差的资源；最后，纠正偏差，使资源的运动合理、合规，进而提高活动的效率和效果。

上述的计划、组织、领导、控制这四个基本步骤，常被称作管理的四大基本职能，也就是管理任何活动时，都必须做好的基本内容。

需要强调的是，因为社会上的任何活动都是由资源支撑起来的，因此，管理的四个基本职能的作用点最终也会落到资源上。管理的核心在于如何通过对资源的合理利用与配置来开展好活动，从而让活动既有效率又有效果。

因此，可以得出如下结论：

做好管理的核心是管理的四大职能（计划、组织、领导、控制）。

也就是说，学习了管理的四大基本职能——计划、组织、领导、控制之后，在开展任何活动的时候，都可以用其加以指导，从而更好地使活动既有效果又有效率，实现“正确地做正确的事”。

在上述四个职能中，“正确的事”需要由计划来实现；“正确地做事”则需要通过组织、领导、控制来完成，如图1-2所示。

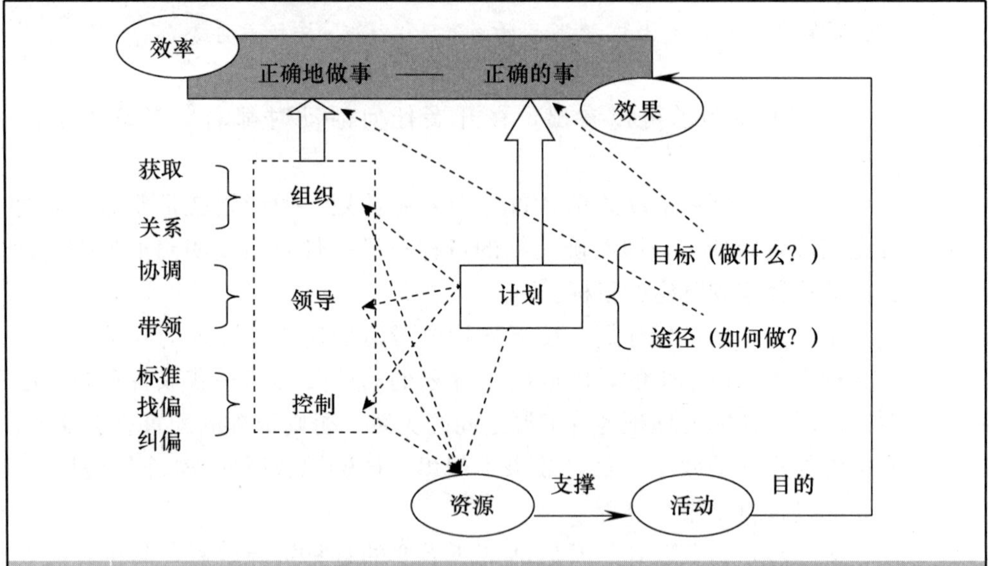

图1-2 管理的四大职能与“正确地做正确的事”之间的关系

1.4 企业战略管理的目的

企业是社会的经济单元，企业的经营管理也是社会上的活动，因此，企业也需要实现“正确地做正确的事”的目的。1.3节指出，“正确的事”是由计划职能实现的，因为对任何组织和个人而言，和目标一致的事情，就是正确的事，而目标是由计划制定出来的。

很明显，企业的计划由企业的战略决定，因此，我们可以得出如下结论：

企业战略管理的目的就是为了让企业做“正确的事”。

也就是说，当把管理学的一般原理（四大职能）放到企业活动中考察时，企业也需要“正确地做（效率）正确的事（效果）”，因此企业的计划职能决定了正确的事（效果），而给企业制定计划是战略管理的本质体现。

企业战略管理解决了企业做“正确的事（效果）”的问题，“正确地做事（效率）”又将如何实现呢？

要明确这一问题，首先要探讨一个关键的内容——企业的战略定位。

1.5 企业的战略定位

对于企业而言，最核心的问题不外乎要提供什么样的产品（包括生产型产品和服务型产品），在什么样的市场销售，进而赚钱。因此，企业的战略定位最终可以体现在它的产品和市场定位上，如图1-3所示。

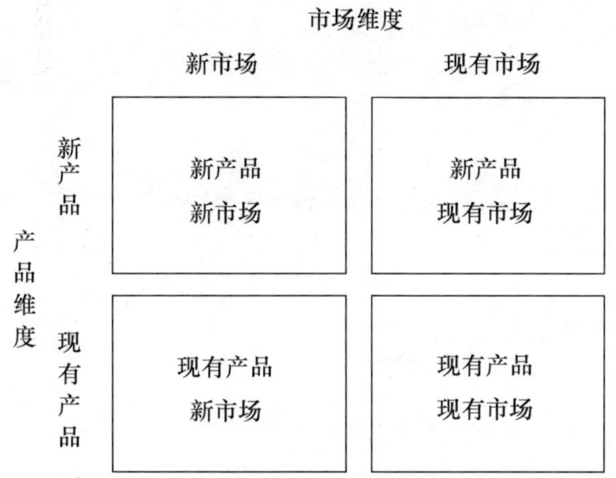

图1-3　企业战略定位的集中体现

简单讲，企业的战略定位就是未来要提供什么产品给什么市场的问题。显然，未来的产品类型只有两种，一种是现有产品，一种是新产品；市场也有两类，一类是现有市场，一类是新市场。

这时，我们可以用战略定位来反映企业的“正确的事”，即企业未来要“提供什么产品给什么市场”，而如何实现这一目的，也就是企业如何“正确地做事”的问题。简言之，企业“正确地做事”也就是如何把产品合理地提供给对应的市场。

1.6　企业的供应链网络

显然，提供合适的产品给对应的市场不是一家企业能够完成的，应该是由包括企业上下游以及横向合作的若干企业共同完成的，这就是企业的供应链网络，如图1-4所示。

供应链的概念产生于20世纪末期，尽管国内外关于供应链的认识有很多不同的版本，但它们都指出了供应链是一个“网络”，而这个网络和企业的经营过程息息相关。关于供应链网络的详细阐述，可见本书第2章。可以说，由企业及其上下游以及横向合作的其他企业（或经营单位、其他组织）形成的网络系统就是供应链网络。从这个角度讲，没有供应链网络企业就不可能将合适的产品提供给对应市场上的消费者，也就无法实现“正确的事”。

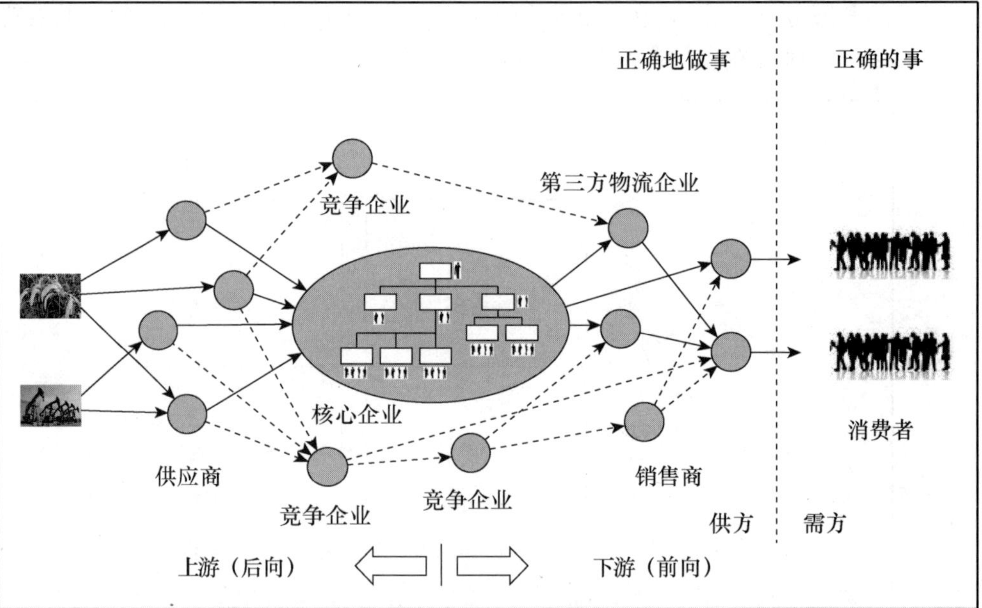

图1-4 企业的供应链网络示意

因此，可以得出这样的结论：企业能否做“正确的事”靠战略；而企业能否“正确地做事”则要靠运营。

1.7 企业的运营系统

简单讲，运营在本质上是把输入转换为输出的过程。输入是通过若干主体转换成输出的，由这些主体构成的系统就是运营系统；输入在运营系统中是通过一系列过程转换成输出的，这一系列过程就是运营过程，如图1-5所示。

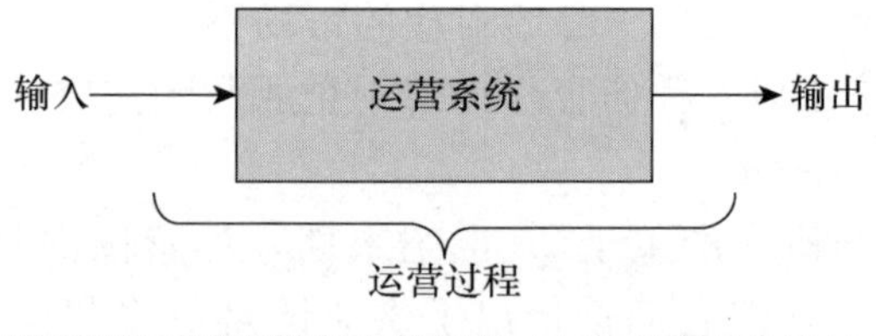

图1-5 运营系统与运营过程

企业的运营管理是对企业的运营系统和运营过程的管理。运营系统是企业的结构，即企业的组织构成，也即图1-4描述的供应链网络结构。运营过程是企业把输入转换成输出的过程，包括了我们常说的四大流：物资流、资金流、信息流和商流。其中，商流是商品所有权转移形成的流。比如我们在网上购物，支付后形成了资金流，同时商品所有权转移给我们形成了商流，随后商品运送形成了物资流。可见，企业中输入转换为输出的过程，实际上体现在这四大流中。

通过对比图 1－4 和 1－5 可以发现，对企业而言，可以建立如下对照关系：

企业的内部和外部运营系统等同于企业的内部和外部供应链网络，又等同于企业的内部和外部组织架构。

企业的内部和外部运营过程，等同于企业的内部和外部物资流、资金流、信息流、商流的流动过程，也等同于企业的内部和外部流程。

1.8　运营与供应链的本质

通过前文分析可以看出，企业战略最终会反映到产品和市场的定位上，如果企业制定的战略无法使其产品或服务满足市场的需求，那么战略是不成功的。任何企业都有自己的产品或服务，企业要想盈利必须保证其产品能够在市场中销售出去，这是一个基本原则。所以，必须围绕产品和市场的定位来制定企业战略，同时通过构建合理的运营系统、高效的管理运营过程来实施战略。企业战略定位和运营之间的关系如图 1－6 所示。

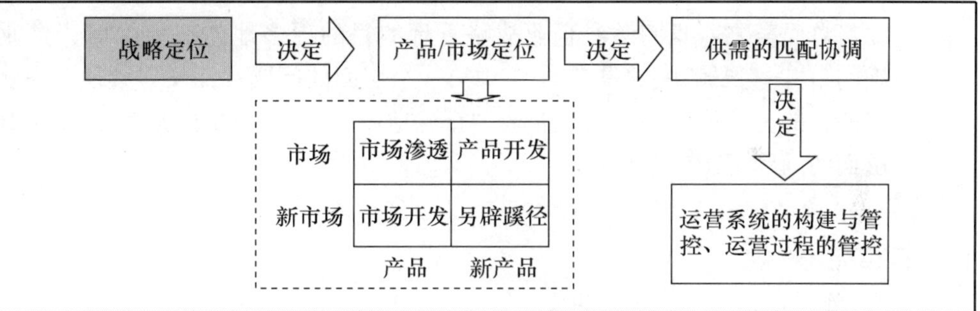

图 1－6　企业战略定位和运营之间的关系

对运营系统的管理，首先是系统如何设计、构建的问题。对企业而言就是建立什么样的系统才能提供出满足客户需要的产品或服务，以及系统建好后，如何对其进行管理和控制等一系列问题。

对运营过程的管理主要考虑的是物资流、资金流、信息流、商流在运营系统中如何流动的过程。同时，还要考虑四大流在运营系统中的什么环节应该分离、什么环节应该结合起来的问题。运营管理是否合理，运营系统和运营流程的效率高低与否，决定了企业能否“正确地做事”的问题。

所以，我们学习任何其他和企业相关的管理类课程，其目的都是围绕如何构建企业的内外部运营系统（供应链网络），如何管理好企业的内外部运营过程（物资流、资金流、信息流、商流的流动过程）展开的。

比如说，学习组织行为、人力资源管理的目的就是为了研究企业组织结构中各个部门之间的关系，研究组织岗位的设计、人员的安排等，从而构建出一个合理的企业内部运营系统，使四大流在企业内部合理流动、衔接顺畅；学习涉外法律的目的就是为了使企业外部的物资流流动更合理；学习供应商管理、商务谈判、合同管理的目的就是为了合理构建一个企业外部的运营系统；学习公司治理的目的就是从企业内部的治理结构角度考虑如何构建一个更好的内部运营系统……

通过上述分析可以看出，企业要想做到“正确地做正确的事”，关键是要在管理上多下功夫。企业的管理大致可以分拆成两部分：一部分是战略，一部分是运营。战略是把握正确的方向，运营是高效地开展企业经营管理活动，只有这两点都做好了，企业才能良性地发展，才能取得成功。

“正确的事”决定了企业的战略定位，即从企业的业务出发，确定提供什么样的产品、从哪类市场中赚取收益。战略确定后，则应该组织企业内部和外部的人、财、物资源，实现组织、领导、控制过程，这也就是搭建企业内部和外部运营系统、管理企业的内部和外部运营过程的内容，这其间必然涉及需要其他工商管理类课程支撑的问题，比如供应链管理、商务谈判、涉外法律、组织行为学、合同管理、人力资源管理、领导力、财务会计、金融、国际贸易、物流管理、信息系统管理、采购管理、生产运作管理、服务管理、库存管理、营销管理等。

总而言之，我们学习企业战略管理的目的更多地体现为如何让企业“做正确的事”，它要解决的是表 1-1 中第一个层面的问题；而学习其他工商管理类课程的目的更多体现为如何让企业“正确地做事”，要解决的是表 1-1 中其他两个层面的问题。

□ 本章思考题

1. 管理在什么场合下适用？
2. 管理的对象和根本目的是什么？
3. 管理具有哪些基本职能？它们与管理目的之间有怎样的关系？
4. 企业的运营系统和供应链网络之间是什么关系？
5. 企业的运营过程主要体现在哪些方面？
7. 请阐述企业如何实现“正确地做正确的事”。

第 2 章

运营与供应链管理的基础逻辑

学习目标

1. 认识供应链管理思想产生的背景与历史必然性；
2. 掌握和理解战略、运营、供应链、物流之间的重要关系；
3. 掌握系统理论及系统的分析方法；
4. 掌握运营与供应链管理中的若干基础问题。

本章要点

1. 供应链思想产生的历史背景；
2. 供应链的基本特征；
3. 供应链是企业运营的根基；
4. 供应链管理与物流管理各自研究的侧重点与二者的区别；
5. 战略、运营、供应链、物流之间的重要关系；
6. 运营与供应链管理中的若干重要思想。

供应链（supply chain，SC）是 21 世纪初最为流行的商业词汇之一。在近 20 年中，供应链管理（supply chain management，SCM）逐渐成为企业界重点关注的管理行为，同时也是管理学界非常流行的前沿性研究热点。在市场环境日趋复杂多变，管理理念与方法日益同质化，全球化竞争日益受到宏观政治、经济等因素影响，企业经营风险不断加大的客观情况下，企业期待着能够在管理理念、方法以及行为等方面取得突破与创新。供应链管理正好能够担当这一重任，特别是最近 20 多年的发展和实践，展示了其带给企业的全方位、革命性的影响与价值。

2.1 供应链思想的产生

2.1.1 什么是供应链

“供应链”的概念产生于20世纪末期。尽管国内外关于供应链的定义有很多不同的版本①，但它们都指出了供应链是一个“网络”，而这个网络和企业的经营过程息息相关。实际上，任何企业所生产的产品或提供的服务（也可称为生产型产品和服务型产品）都是与其上下游或横向关联企业共同合作完成的，而不是单独完成的。由企业及其上下游以及横向合作企业或其他组织和单位形成的网络系统就是供应链。没有供应链，企业就无法存在。

本书将供应链定义为：从产品或服务（起点）一直到最终消费者（终点）之间合理运营的网络系统。如图1-4所示，图中各参与企业②称为供应链网络的节点，节点与节点之间的关系由箭线描述。

2.1.2 供应链思想的产生

纵观一个世纪以来管理思想发展的历程，可以看出这样一个规律：每一个时期管理思想的产生是由各自时期企业面临的环境特点决定的，在不同历史时期出现了不同的适合企业发展的理论。

20世纪初，伴随机器大工业的发展产生了古典管理理论，如泰勒的科学管理，实际上是把人当机器看待，管理过程中很少考虑其社会性。二三十年代，人们逐渐认识到社会关怀和组织温暖在提高组织效率方面的重要性。40年代，基于第二次世界大战中军事后勤物资运输与调配管理等方面的需求，定量管理方法逐步得到发展。50年代，战后的环境趋稳，各国企业都致力于探索适合自身发展的管理理论，从而形成了管理丛林时期。这时，两个一般化的理论逐步受到人们的关注，即系统性思想和权变理论。

六七十年代，战略管理思想逐步发展和成熟。这一时期，随着人们生活水平的提高，市场由供不应求向供大于求转变，企业对资源的争夺更加激烈，以便更好地满足消费者的需求。企业为了在激烈的竞争中更有效地获取资源，需

---

① 美国经济学家史蒂文斯（Robert Stevens）将供应链定义为：“通过增值过程和分销渠道控制从供应商的供应商到用户的用户的流就是供应链，它开始于供应的原点，结束于消费的终点。”美国学者哈里森（Terry P. Harrison）将供应链定义为：“供应链是执行采购原材料，将它们转换为中间产品和成品，并将成品销售给用户的功能网链。”2006年，我国国家标准《物流术语》（GB/T 18354—2006）将供应链定义为：“生产及流通过程中，涉及将产品或服务提供给最终用户活动的上游与下游组织所形成的网链结构。”

② 实际上构成供应链网络的节点不一定都是企业，还可能是介入经济活动的营利性和非营利性的组织或党政机关、事业单位等。比如，由政府采购活动形成的供应链，其节点成员不仅包括提供采购物资的各级企业，还包括处于客户端的一家或多家政府部门。

要长远和全面看待企业的资源管理问题，要前瞻性和系统性地考虑未来几年甚至更长一段时间内如何更好地获取与利用资源的问题，从而产生了战略管理的思想。

到了 80 年代，以客户需求为中心的经营理念逐渐被企业接受。这是因为随着从供不应求向供大于求的进一步转变，客户对产品和服务的要求更加苛刻，需求更加多样化，这要求企业必须以客户需求为导向，否则就会在激烈的市场竞争中失去优势。

例如，20 世纪末期，奔驰汽车公司发现其产品的市场占有率和竞争力逐年下降，对此疑惑不解。后来，麦肯锡咨询公司为其做了市场调研，发现奔驰产品的开发和设计没有以客户需求为导向，因为它一直自诩为汽车业的鼻祖，认为只要是自己开发的产品，就一定会有消费者买账，但现实远不是想象的那样。

在以客户需求为导向的理念中，核心是要对产品的质量进行把控和管理，从而催生了全面质量管理思想。但是，真正要做好产品或服务质量的管理，不是通过质量检测或控制就能实现的，而是要从战略、策略再到运作层面，全方位做好企业管理。

到了 90 年代，管理思想发展到变革时期。这是因为随着社会的发展，企业面临更加特殊的环境：一方面，企业之间的竞争，即对市场和资源的争夺更加激烈；另一方面，客户的多样化、个性化需求更加强烈。企业要想生产出个性化、多样化的产品，必须拥有多样化的资源。然而，一个企业的能力再强也不可能把所需要的资源都通过兼并、收购等方式整合进来。所以，在这个时期，企业的生产经营活动必须具有一个重要的特征：灵活性（flexibility），或称为柔性。灵活性体现在两个方面，一是要灵活地适应外界环境的变化；二是要灵活地获取资源，提供满足客户需要的产品或服务。适应企业对灵活性的要求，20 世纪末产生了两个重要的管理理论：一个是学习型组织，另一个就是本书重点讨论的供应链管理。

90 年代之前，多数企业面临的是产品品种相对较少、生产规模较大的情形，生产方式多以推动式（计划式）为主，以适应市场竞争的低成本要求。因而，企业在内部组织形式以及管理方式上更偏向于采取管理幅度小、纵向层次多的等级制组织结构和追求控制的集权式管理，因为这样的组织设计更有利于专业化分工和降低成本。

另一方面，企业也在不断试图采取一体化方式扩大自己的市场份额、增强竞争力。一体化方式是通过资本运营（比如兼并、收购）形成的一种企业和企业之间的关系，通过一体化可以使若干家企业变成一家企业。企业为了壮大自己的实力，可以在横向上（如兼并、收购竞争企业）和纵向上（如兼并、收购上下游企业）争取相应的资源。一体化方式最大的优点在于可以有效降低企业之间的交易成本，节约生产成本，化解企业上下游市场波动带来的风险；但最大的缺点在于灵活性差——船大难掉头。

随着社会的进一步发展，企业面对更加多样化、个性化的需求，需要获取更多不同的资源，进一步提升生产方式的灵活性，因此传统的追求规模化生产的一体化方式不再适宜。在这样的情形下，企业必须明确什么是自己应该做的、什么资源是自己应该拥有的、什么任务是应该外包给其他企业完成的。同时，20 世纪末现代的通信、互联网以及交通系统的出现，也为企业有效、及时地获取全球多样化资源提供了便利。

为了增强灵活性，获取更多的外部资源，企业纷纷通过外包的方式分散任务，通过合同（契约）的方式整合外部资源。建立在合同基础上的企业间协作关系具有较强的变通性。比如，企业之间签订长期定额合同的灵活性稍逊一筹，而短期非定额合同的灵活性稍强一些。通过合同形式的不同组合，可以很方便地调节灵活性。合同是供应链网络中企业之间协作关系的基础，供应链管理正是建立在这一合同关系基础上的管理理论。

2.2 供应链的核心特征

读者或许会提出这样的疑问：既然供应链是建立在合同关系基础上的企业之间的网络系统，那么这种合同关系与 20 世纪 90 年代以前企业之间的合同关系有什么区别？自从有了企业之间的商品交换关系，合同关系就存在，为什么 90 年代以后的关系才称为供应链网络关系呢？为了解释这个问题，需要理解供应链的五大特征：核心企业（core enterprise）、外包（outsourcing）、合同（contract）、动态性（dynamics）和战略性（strategic）。

2.2.1 核心企业、外包、合同

供应链的第一个特征是核心企业。核心企业只专注于自己的核心业务，而把非核心业务通过外包的方式交由其他企业来完成。因此，外包是供应链的第二个特征。供应链的第三个特征是合同，也就是说核心企业外包的业务是通过合同的方式约定的。

这里需要思考的一个问题是：是否只有实力强的企业才能成为核心企业？答案是否定的。判断核心企业的标准不在于企业实力的强弱，而在于什么是企业的核心业务。企业的核心业务是由企业自己决定的，而不是由其他企业决定的。换句话说，企业把认为不重要的业务外包，是企业自己认为不重要的，而不是其他企业认为不重要的。哪怕只是一个“皮包”公司，把几乎所有业务都外包出去，剩下的也是它的核心业务，是其核心竞争力的体现。所以，任何企业都有可能成为核心企业，并不关乎企业规模的大小与实力的强弱。

除了拥有自己的核心业务以外，核心企业还可以对供应链网络中的其他企业进行控制、计划、调度、绩效考核以及激励等。那么，实力弱小的企业为什

么能对强大的企业行使这样的权力呢？这是由合同关系决定的。只要签订了合同，不管实力大小，企业相互间都有控制权。

以上明确了两点：一是什么样的企业能成为核心企业；二是核心企业可以对其他企业进行控制，其他企业也可以对核心企业进行控制。还有一个问题：一个供应链网络中有几个核心企业？答案是一个。因为供应链网络是站在核心企业的角度看待的，实际上是指核心企业的供应链网络。如果站在供应链网络中其他成员的角度看，该成员就变成了核心企业，而上述的核心企业就成了它的一个协作成员。所以，一个供应链网络只有一个核心企业，每个核心企业也必然有其独特的供应链网络。

2.2.2　动态性

供应链的第四大特征是动态性。为了明确供应链的这个特征，我们看一个例子：某智能玩具生产企业生产的玩具外表是仿真动物毛皮，里面是机芯架构和运动、控制等系统，如图 2－1 所示。

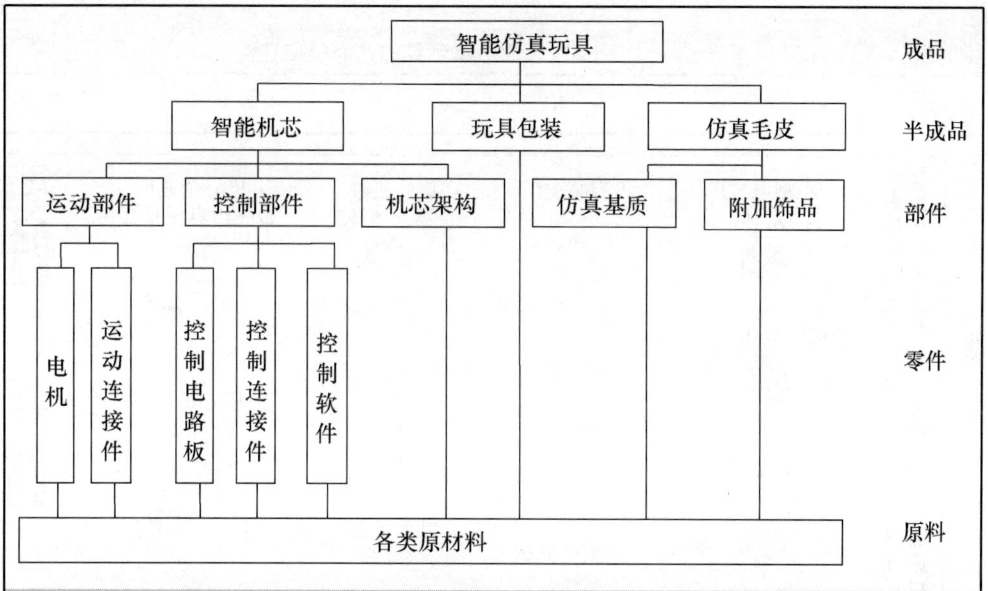

图 2－1　智能仿真玩具的产品架构

假设该公司只负责产品的开发设计、总装和销售，其他环节的生产任务全部外包。按照其与零部件、半成品生产厂商间的关系绘制的供应链网络如图 2－2 所示。

另有一家制衣公司，其产品是儿童冬帽，在帽子的生产过程中也能在图 2－2 所示的各成员中找到一些协作成员。其供应链如图 2－3 所示。将这两个供应链网络绘制在一张图上，会发现有很多企业是同时服务于这两个核心企业的，如图 2－4 中深色圆圈所示。

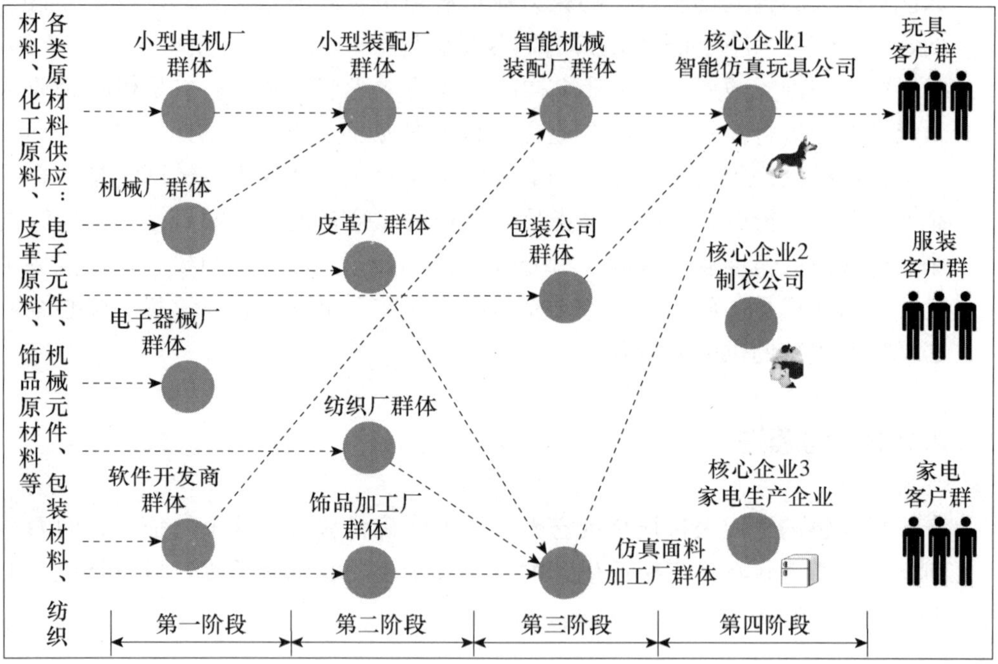

图 2-2 智能仿真玩具的产品供应链

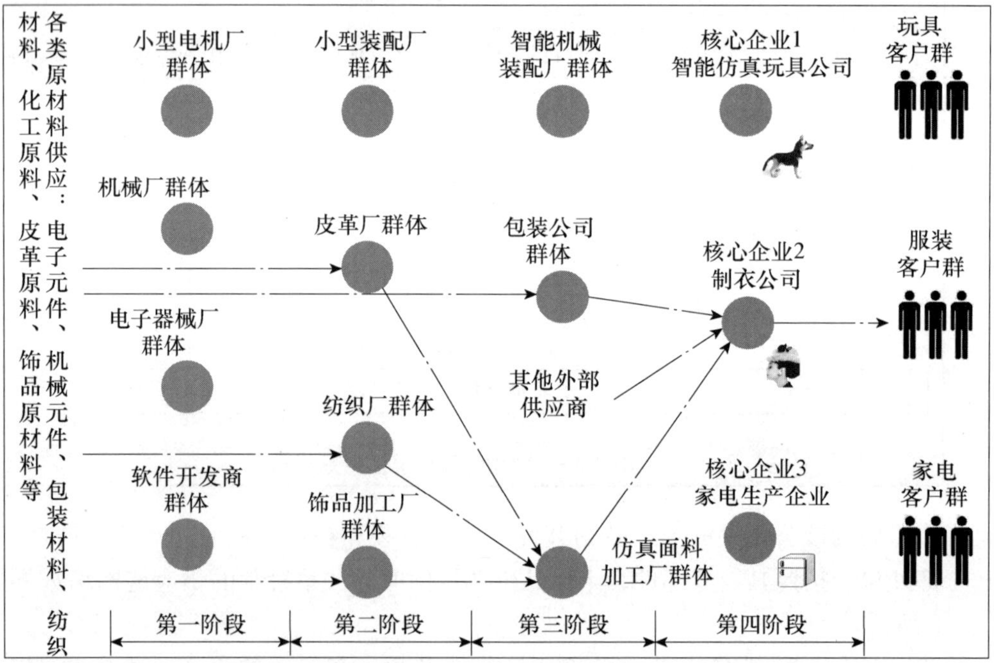

图 2-3 制衣公司的产品供应链

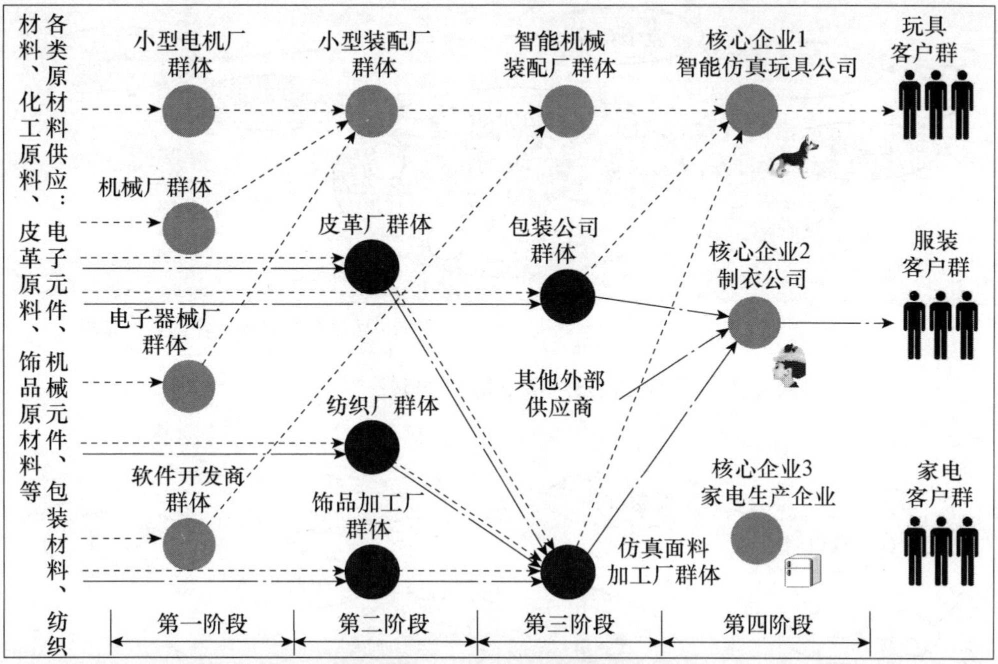

图 2-4　供应链重叠关系

试想一下，皮革厂的供应链网络又会是什么样呢？到底该从哪里入手找出并画出企业的供应链网络呢？这是必须解决的重要问题。在给一家企业做供应链诊断时，首先需要将该企业的供应链网络找出来，看看它是否合理，然后再加以改进。

思考这个问题之前，首先需要判断“找出一个企业的供应链网络”这句话是否贴切。实际上，这句话是不太妥当的，应该是找出这个企业中某个产品的供应链。企业的不同产品或服务有着不同的供应链，比如一个企业既经营房地产，又生产家电，它有两条不同的供应链，这两条供应链并不是重合在一起的。

以上描述了供应链的第四个特征“动态性”。供应链实际上并非像我们想象的那样稳固，只要企业的产品或服务发生变化，供应链就会变化，即便只是产品的销售地点发生了变化，它的供应链网络也会随之改变。

2.2.3　战略性

供应链的第五大特征是战略性。战略的两大特点是前瞻性和系统性。战略的系统性要求我们全面地看待企业管理问题，这个“全面”的范畴应该如何界定呢？

如图 2-5 所示，传统战略管理关注的系统范畴仅仅是本企业内部，聚焦企业之间的竞争关系。而现代战略管理关注的系统范畴是整个供应链网络，要求供

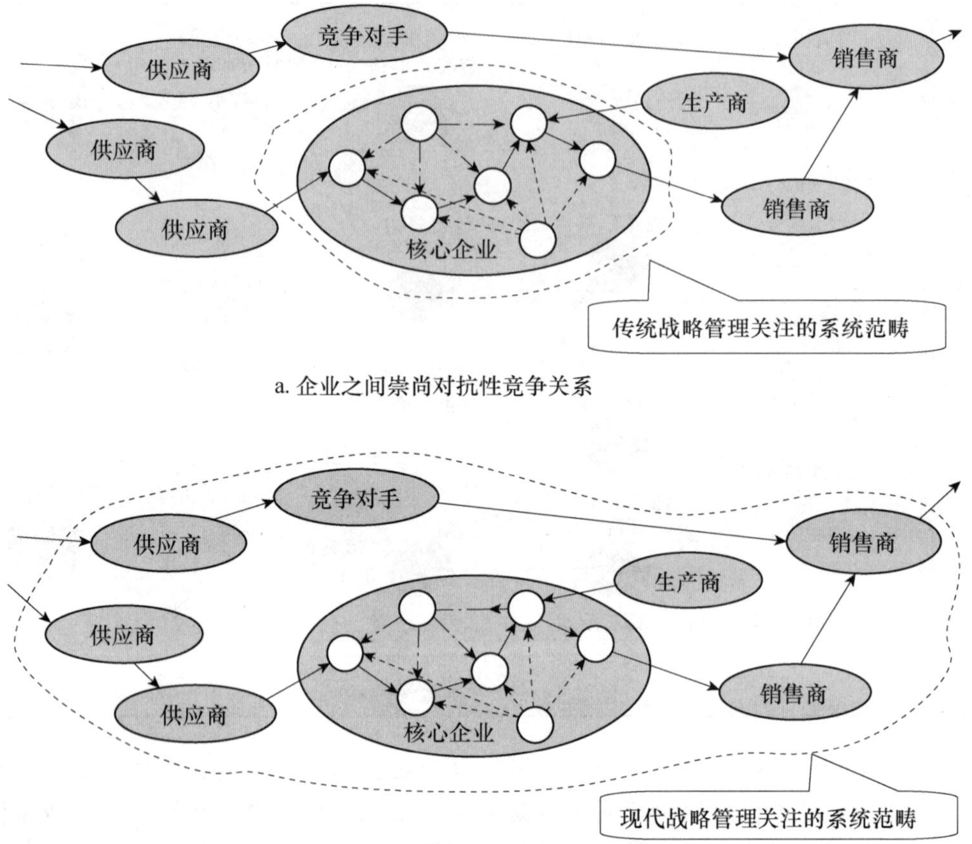

a. 企业之间崇尚对抗性竞争关系

b. 企业之间崇尚合作-竞争关系

图2－5 企业战略管理所关注的系统边界的变化

应链中的核心企业除了要考虑自己的收益与风险以外，还要考虑上下游以及横向合作的其他企业的收益与风险，努力实现双赢或多赢。

总之，基于上述五大特征，再来比较供应链思想和传统的企业间协作关系，就会发现两者之间存在本质区别。

2.3 供应链是企业运营的根基

2.3.1 战略和运营是企业成功的关键

前文指出，企业要想做到“正确地做正确的事”，关键是要在管理上多下功夫。企业的管理可以分拆成两部分：一部分是战略，一部分是运营。战略是把握正确的方向，运营是高效地开展企业日常经营管理活动，只有这两点都做好了，企业才能良性地发展，才能取得成功。

2.3.2　运营的本质

第 1 章指出，运营管理是对运营系统和运营过程的管理。运营系统是企业的结构，即企业的组织构成。运营过程是企业把输入转换成输出的过程，包括人们常说的四大流：物资流、资金流、信息流和商流（产品所有权转移形成的流）。

对运营系统的管理，首先是系统如何设计、构建的问题。对企业而言就是建立什么样的系统才能生产出满足客户需要的产品或服务，以及系统建好后，如何对其进行管理和控制等一系列问题。

对运营过程的管理主要考虑的是物资流、资金流、信息流、商流在运营系统中如何流动的过程。同时，还要考虑四大流在运营系统中的什么环节应该分离、什么环节应该结合起来的问题。

运营管理是否合理，运营系统和运营流程的效率高低与否，决定了企业能否“正确地做事”的问题。

2.3.3　物流是企业的运营过程

尽管单从经济活动的角度看，物流①（logistics）主要是指物资流动的过程，但本书所讲的物流并不是传统的物资运输、仓储、货代等初级活动，而是指现代物流。

现代物流是指从产品或服务的起点一直到最后消费终点所涉及的物资流、资金流、信息流以及商流有效流动的过程。现代物流管理的对象是四大流，而不是单一的物资流。因此，从这个意义上讲，物流就是上文所提到的企业的运营流程。不论是生产型企业还是服务型企业，没有物流，就没有产品或服务提供的过程，企业也就不复存在。

2.3.4　供应链是企业运营的根基

我们在图 1-4 中界定了供应链网络的范畴，从而可以换个视角来看待企业的运营。与传统企业不同的是，现代企业的运营系统实际上是指它的供应

① 早在 1935 年，美国市场营销协会就对具有物流性质的实体配送活动进行了定义：“实体配送是指包含于销售之中的物质资料和服务由生产地点到消费地点流动过程中伴随的种种经济活动。”1980 年，美国物流管理协会明确指出：“物流是有计划地对原材料、半成品及成品由生产地到消费地的高效流通活动。这种流通活动的内容包括为用户服务、需求预测、情报信息联络、物料搬运、订单处理、选址、采购、包装、运输、装卸、废物处理及仓库管理。”2006 年，我国国家标准《物流术语》（GB/T 18354—2006）将物流定义为：“物品从供应地向接收地的实体流动过程。根据实际需要，将运输、储存、装卸、搬运、包装、流通加工、配送、信息处理等基本功能实施有机结合。”

链网络。通过图1－4能看出，产品或服务从其起点（输入）转换为能够让消费者接受的产品或服务（输出）是由供应链网络完成的，而不是由一个企业完成的。所以，企业的运营系统不仅仅涉及企业内部的组织，还涵盖企业外部的组织。

企业外部组织也称为企业外部的供应链网络，包括诸如上下游供应商、销售商，外包的第三方物流企业，以及咨询机构、银行等。企业内部组织也称为企业内部的供应链网络，包括诸如企业内部的采购、生产、销售、人事、财务以及后勤、办公等部门。企业的外部与内部供应链网络衔接在一起，共同构成了企业运营系统，包括四大流在内的物流就是在这个运营系统中运行的。

在图1－4中，虚线右侧是最终的需求方，虚线左侧是供给方，供给方中有很多成员。该供需关系需要多加注意，因为后续章节中无论是研究企业运营系统的设计、构建、诊断问题，还是管理、控制及运作等问题，前提都是必须明确这一供需关系。

2.4 战略、运营、供应链、物流之间的重要关系

2.4.1 运营好坏如何衡量

运营管理中一个非常重要的问题是如何衡量运营系统以及运营过程的好坏。也就是说，企业运营管理的好坏应该通过哪些基本指标来衡量。

运营系统的最终目的是把输入转换成输出。输出对于企业而言就是产品或服务，产品或服务的评价是由客户完成的，所以运营的好坏必须站在客户的角度来衡量。通常，衡量的基本指标有三个，即质量、成本和交货期，这也是运营管理的三大目标。

企业运营系统的好坏不能用效率的高低来衡量，效率再高，如果产品的质量、成本和交货期满足不了客户的需求，也没有意义。有时，企业为了满足下游客户需求，适当降低效率是必须的。比如有的企业为了保证交货期，宁可成本高一些；有的企业为了降低成本，适当延长交货期，只要客户能够满意。可见，企业首先要考察客户如何看待产品或服务的这三个指标，然后才能决定自己的运营管理目标。

2.4.2 战略、运营、供应链、物流之间的重要关系

如图2－6所示，企业战略决定运营战略，运营战略决定了企业如何平衡质量、成本以及交货期之间的关系，进而决定了企业如何构建和管控运营系统以及如何管理运营流程。

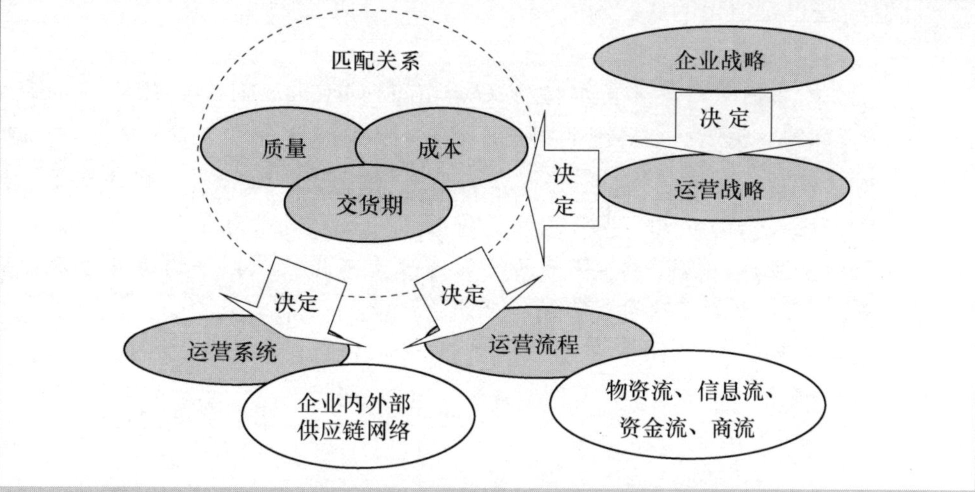

图 2-6　企业战略、运营、供应链、物流之间的重要关系

比如，某企业制定了一个未来 5 年的战略目标，其中销售目标是占有 50% 的市场份额。为了实现这一目标，企业又制定了一个具体战略，即低成本战略。那么，这个低成本战略靠什么来实现呢？要靠企业的运营来实现。这是因为低成本战略体现为企业的产品或服务在成本上优于竞争对手，而产品或服务是靠运营系统提供的，因此其运营战略必然也是低成本运营战略。低成本运营战略体现在两个方面：一是运营系统的设计、构建以及管控方面；二是运营过程中“四大流”的运作方面。这两个方面都实现低成本，企业才能提供低成本的产品或服务。

那么，该企业如何构建一个低成本的运营系统呢？要分两个步骤进行。首先，需要构建企业外部的低成本运营系统。例如，选择低成本的供应商，签订长期定额合同等。构建企业外部的低成本运营系统，也就是构建低成本的供应链网络。其次，需要构建企业内部的低成本运营系统。例如，需要考虑企业内部应该选择什么样的组织结构，是等级制的还是矩阵制的，哪种组织结构更有利于实现低成本。和矩阵制组织结构相比，等级制更传统一些，更有利于实现低成本的生产。这种组织结构如果再配以角色型性格的人员，比如为人实在、踏实肯干、按部就班等性格的人，对于实现组织的低成本生产优势更加有利。因为角色型性格的人进入角色之后就非常专注，经过一段时间他们会对自己的工作非常熟悉，能更好地产生学习效应和经验效应。同时，等级制组织结构由于分工非常到位，每个基层岗位都有明确的规章制度引导和制约员工的行为，因此低成本战略实现起来比较容易。

上述例子说明了企业战略为什么会决定运营战略，运营战略则决定了企业在运营中如何在三个目标之间进行权衡。在保证质量的前提下，企业如果更看重成本，即便将来交货期略长一些也是可以接受的；相反，如果企业的战略定位是快速满足消费者对时尚产品的需求，那么为了保证产品交货期，即使成本高一些也是值得的。

■ 由阿曼西奥·奥尔特加（Amancio Ortega）创办于1975年的著名服装品牌Zara就是一个典型的例子。奥尔特加以570亿美元的个人资产位列2013年《福布斯》富豪排行榜第三位。他成功经营Zara公司的秘诀在于，为消费者快速提供小批量、多款式的低价时装。由于时装有时效性，Zara在产品的设计、生产、物流等各环节的运转速度上不惜投入，平均运营成本比同类企业高15%左右。这种成本的提高换来了Zara的高效运作，一款时装从设计到上架平均只需要10～15天。正是这种快速的运营系统，保证了Zara战略的有效实施。

2.5 运营中的沙锥模型

图2-7为卡斯拉·费尔多斯（Kasra Ferdows）与阿尔努·德梅耶（Arnoud DeMeyer）提出的沙锥模型（sand cone model），它明确阐释了企业运营的三个目标之间的关系。该模型显示出：产品或服务的根基是质量，交货期和成本是建立在质量基础上的，如果质量不过关，成本和交货期便无从谈起。道理虽然很简单，但无数事例表明，企业在把握质量方面很容易出问题，这是必须加以注意的。

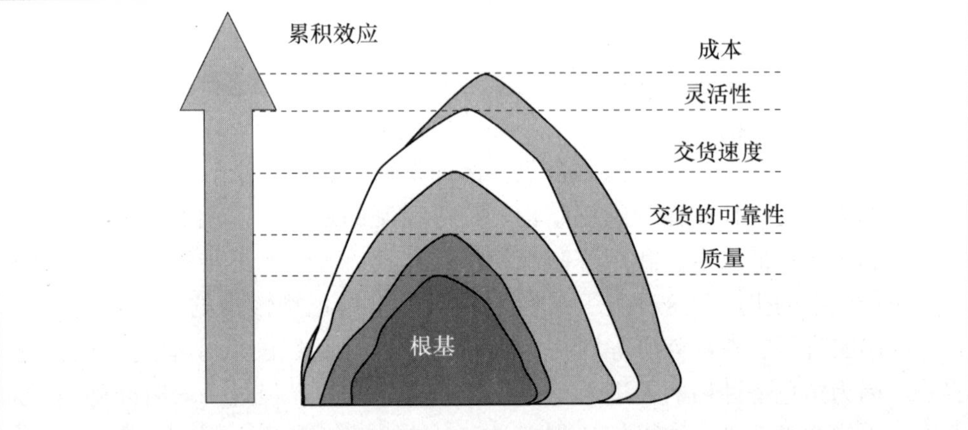

图2-7 沙锥模型

从企业运营系统的整体角度来看，要想把质量控制好，只依赖质量检测环节是远远不够的。比如，当企业采购了一批物资，发现质量有问题，该如何处理？首先想到的可能是退换货，但退换货必将直接影响三大目标中的交货期。再比如，如果退换货以后发现质量还是不合格又该如何处理？更严重的是，如果不能立刻找到合适的新供应商，将面临更大的风险。所以，要想处理好产品或服务的质量问，一方面必须对供应链网络所涵盖的从产品或服务起点一直到消费终点的全过程进行认真控制；另一方面需要从战略层面、策略层面以及运作层面进行把控，而且要全员参与产品或服务质量的控制过程。

例如，2010 年初丰田汽车公司的“召回门”事件成为全球关注的焦点，最高单次召回数量达 800 多万辆。多年来，丰田一直采用低成本的生产与采购措施压低产品成本，与美国通用汽车公司争夺世界第一的宝座。2008 年，通用汽车公司倒闭，丰田成为世界第一大汽车公司，但接踵而来的却是 2009 年 77 亿美元的巨额亏损。不可思议的是，面对汽车质量的缺陷，丰田的高管熟视无睹，甚至了解甚少，因而在应对质量风波时错失最有利的时机。有人将“召回门”事件的根源归结为质量把控不过关；有人将其归结为企业内部组织结构不合理，信息传递缓慢；还有人将其归结为“家丑不可外扬”的丰田传统文化。

或许当我们看到这些年丰田汽车召回事件屡屡发生，会对丰田的战略有所质疑，但丰田选择低成本竞争战略是无可厚非的。乘用车产品发展到了成熟阶段，同质化现象严重，竞争非常激烈，在这种情况下采取低成本战略是不得已而为之的选择。然而，成熟期产品出现质量问题更容易导致企业面临巨大的风险。这一方面是因为该阶段产品的生产批量大，进而带来的损失也大。例如，丰田为了降低成本，把车门的把手型号由 35 种减少为 3 种以扩大生产批量，一旦产品质量把控不好，可能毁掉整个企业。再如 2008 年发生在我国的三鹿奶粉事件，在奶粉中加入三聚氰胺也是为了降低成本，结果毁掉了整个企业。另一方面，成熟期产品的生产企业之间竞争激烈，任何经营管理上的失误都会被竞争对手大做文章，因此战略上必须谨慎。

2.6　运营与供应链管理的框架

通过前文分析可以看出，供应链（运营系统）是一张“网”，是从产品或服务起点到消费终点之间由各节点企业所组成的网络系统。物流（运营过程）则是涵盖四大流在内的“流程”，即在供应链这张网中运行的四大流：物资流、资金流、信息流及商流。两者在管理内容上有明显的区别。

运营与供应链管理首先要考虑的是这张“网”如何设计与构建；“网”建好后，还要考虑如何管理和控制它，即对供应链网络的控制、绩效考核以及激励等；以上两个步骤做好了，才可以考虑第三步，即四大流如何在这张“网”中运作，这就逐步转变成物流管理的问题了。

基于上述分析，运营与供应链管理应包括如下三个层面的内容：

第一个层面是企业运营与供应链系统（包括外部和内部供应链网络）的设计与构建，简称“建网”，包括如何有针对性地为企业设计、构建适宜的供应链网络以及如何对现有的供应链网络进行诊断的问题。比如，企业本来应该和供应商签订长期定额合同，结果却签了短期非定额合同，这说明企业在构建供应链网络时存在问题。再比如，企业本来应该在下游选择一个网络销售渠道，结果却搭建了实体渠道，这也是有问题的。这些都是在建网时出现了失误，需要诊断并加以改进。

第二个层面是企业运营与供应链系统的管理与控制，简称“管网”，包括如何有针对性地对企业的供应链网络进行管理、协调、控制以及激励等一系列问题。比如，如何处理好协作成员之间的关系；如何做好供应链的资源整合与管理；如何协调成员之间的不确定性；如何控制协作成员的行为，让它们朝着核心企业的目标去努力；如何对协作成员进行绩效考核；如何对成员进行激励等。

第三个层面是企业运营与供应链系统的运作，简称“用网”，探讨的是物资流、信息流、资金流和商流如何更好地在供应链网络中运行的问题，涉及企业日常的运营管理活动，比如研发、设计、采购、库存、生产、运输、配送、销售、信息处理、资金结算等，而这些实际上已经属于物流管理层面探讨的内容。

本书的内容体系也遵从这样的框架，从纵向的三个层面分别研究企业运营与供应链系统如何构建、如何管控以及如何运作的问题。

2.7 运营与供应链中的几个重要思想

管理源于实践，管理理论源于人们对实践的认识与再思考。在管理实践中人们总结出了丰富的管理理论，有些虽然已经提出了很久，但其思想仍然具有重要的指导意义。这里简单介绍几个重要的思想，这些思想在分析企业的供应链管理问题时具有重要的参考价值。

2.7.1 系统性原理及其应用

系统性原理在企业管理中具有重要的地位与价值。企业的供应链网络本身就是一个系统。想要管理好供应链网络，就需要用系统性原理分析供应链网络的特征，这也是在战略视角下思考供应链管理的基本要求。

系统有三大特点：第一，系统是由多个要素组成的；第二，各个要素之间具有相互联系、相互影响和相互制约的关系；第三，系统可分为开放式和封闭式。[①] 这三个特点中，第二个特点是最为重要的。

系统思想在企业中运用的一个典型例子是分析部门之间的冲突问题。该问题常表现为两个方面：绩效冲突（有功大家抢）和责任冲突（有过互相推）。造成该冲突问题的原因在于部门之间的关系没有处理好。

---

① 开放式系统和外界环境之间有交换关系，封闭式系统和外界环境之间没有交换关系。企业的运营与供应链系统是开放式系统。

例如，某公司是生物工程和制药行业自动化系统整体解决方案的供应商，其产品涉及生物工程和制药行业所需的计算机自动控制系统和多种专业自控仪表，如补料控制器、研磨控制器、过滤控制器、温度控制器、PH控制器等。该公司的项目部门和生产、采购部门之间的协调存在比较严重的问题。项目部门主要负责产品的市场、设计、安装、调试、售后；生产部门负责控制系统所需零部件的生产、装配，既生产所有控制系统通用的零部件，又按照客户的具体要求生产定制的零部件；采购部门负责外协件的采购和库存管理工作。在激烈的行业竞争中，为了尽快占领市场，该公司实质上实行的是“以销定产”的联动模式，只要项目部门签回订单，就要想方设法去满足。然而一直以来，该公司存在这样的问题：一方面，由于生产部门产能不足，项目部门签回的订单屡屡延迟交货；另一方面，采购部门为了降低采购成本而大批量采购，导致大量库存积压。为了解决这些问题，公司经常召集各部门领导开会，但每次都无果而终。

实际上，问题主要是企业内部各部门不合理的绩效目标所致。采购部门的目标是降低采购成本，但大批量采购导致库存积压；生产部门以产能利用最大化为目标，生产出的某些产品库存积压，某些产品库存不足；项目部门在企业里享有优先权，它们以签单量为目标，很少考虑如何与生产及采购部门衔接的问题。部门之间的目标不一致，直接导致部门之间的关系不协调，产生冲突在所难免。

那么，部门之间的关系主要是通过什么反映出来的呢？答案是流程（企业内部的流程包括前文中讨论的四大流）。流程贯穿于各部门并将它们连接在一起，形成企业内部的供应链网络。所以，部门冲突的关键在于内部流程上存在问题。

我们运用系统性原理来分析这一问题。首先，界定由采购、生产、项目这三个部门（三个要素）组成的系统。其次，要解决这一问题，关键是理顺三个部门之间的关系，而只有能够把握系统全局的人才能完成这样的任务，这个人未必是企业的老板或总经理。再次，有时候我们还会发现，这三个部门组成的系统之外的其他部门，比如人事、财务部门，与这三个部门之间也可能产生冲突，这种冲突是系统外部的因素导致的。这些外部因素可能导致各部门资源分配过程中的不均衡，也将造成部门之间的矛盾。最后，想办法理顺部门之间的关系以及和外界其他因素之间的关系。

现实中要想处理好企业内部各部门之间的冲突问题，需要把握两点。第一，针对隐藏在各职能部门背后的流程展开讨论，理顺它们之间的关系。当然，理顺关系时肯定会产生利益冲突，如何解决部门间利益冲突问题对企业而言至关重要，也是一个较为棘手的问题。第二，解决利益冲突问题的关键在于把握时机。比如，在企业的发展阶段比成熟阶段更容易解决利益冲突问题；在企业危机到来之后比危机到来之前更容易解决利益冲突问题，因为危机到来之后各部门才能认识到整体利益大于局部利益的重要性，才能认识到冲突问题是必须解决的。时机的把握需要企业管理人员在日常工作中不断探索和总结。

运用系统性原理分析和解决企业管理问题可以按照四个步骤进行。第一，明确出现了什么问题。第二，挖掘导致问题的相关要素到底有哪些，比如上例中挖掘了三个要素。挖掘要素时要注意系统的边界，要素不宜过多或过少，要挖掘关键要素。要素太多，容易造成要素间的关系复杂，难以分析；要素太少，则不易反映问题的全貌。第三，分析要素之间的相互关系。这是最重要的一点，特别要把隐藏在要素背后的隐性关系分析清楚。第四，理顺关系。理顺关系时要充分发挥创新思维，不断开拓新的方法与途径，不能拘泥于过往经验，更不能受限于教条。同时，对于不好处理的关系，还要考虑创造条件和把握时机。

2.7.2 商物分离思想

如前文所述，供应链管理的思想产生于 20 世纪 90 年代。传统物流管理的思想产生得更早一些，源于人们对商物分离现象的认识和思考。人们发现在供应链网络中，商流和物资流分离可以给企业带来很大的综合效益，如图 2-8 所示。

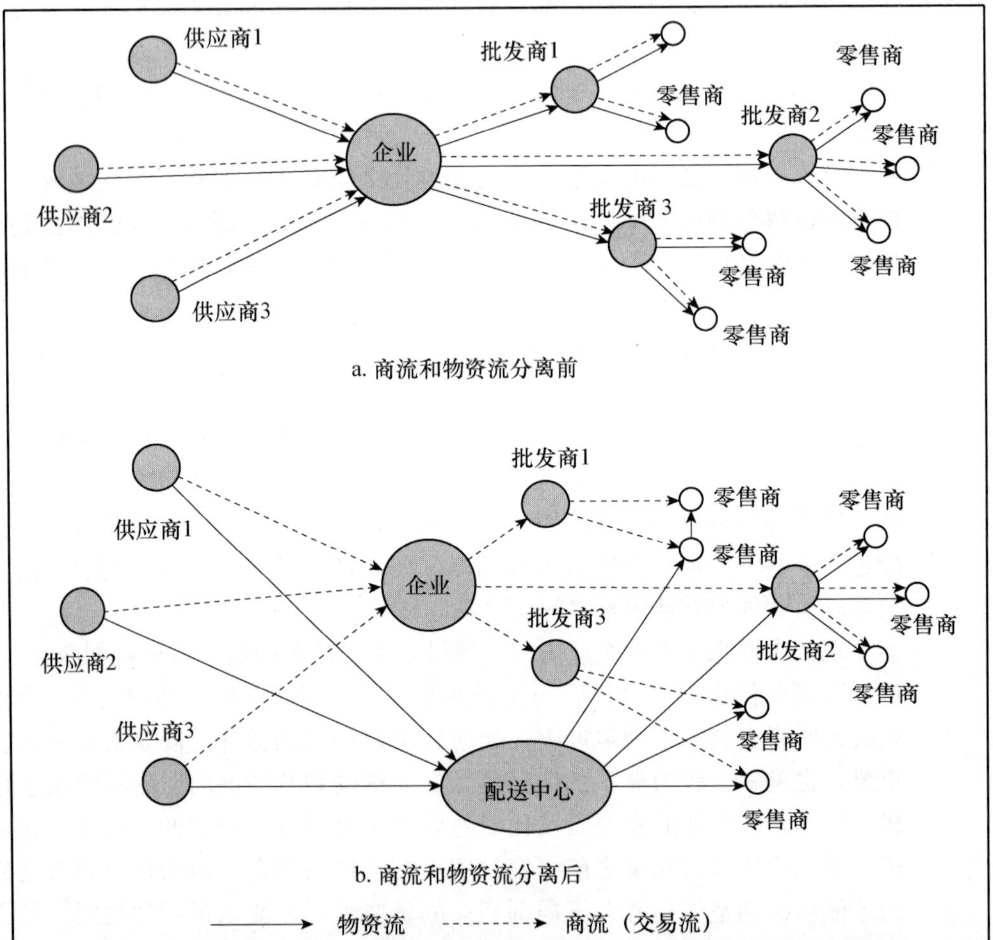

图 2-8　商流和物资流分离前后的供应链比较

该例中，商流和物资流分离之前，走的是同一条路径到达零售商。商流和物资流分离之后，商流走的是虚线，物资流走的是第三方的配送途径。由于可以在配送中心把所有物资进行集合、分拣后再配送到零售商，规模经济效益就体现出来了。商流和物资流分离带来的优势是现代物流业发展的基础。

更广泛地讲，在一个供应链网络中，在不同环节将四大流分开或合并，给供应链网络带来的效益会有很大的不同。因此，有必要研究这几大流在供应链网络中的哪些环节应该结合、哪些环节应该分离的问题。

2.7.3 效益背反原理

效益背反原理如图 2-9 所示。它反映了在一个系统中，一个要素上升必然导致另一个要素下降的关系。这种关系在企业运营管理中体现较多，比如，在一个给定的供应链网络中库存成本与运输成本之间的关系，在库存管理中库存持有成本与订货成本之间的关系，都体现了这样的特点。

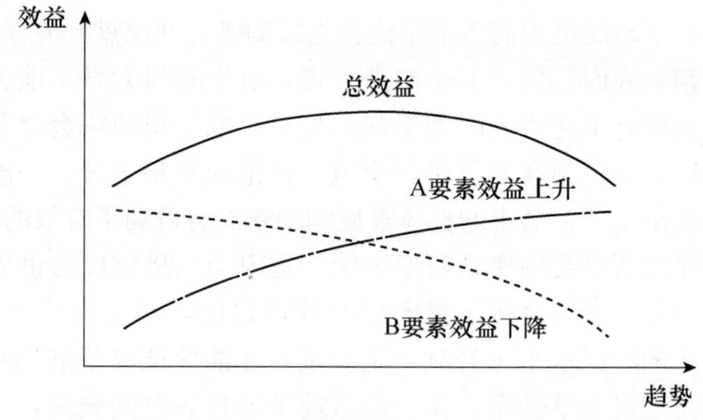

图 2-9 效益背反

该关系也反映了这样一个事实：企业的决策问题在很大程度上都属于多目标决策，很少是单目标决策。比如，企业经营不仅看重成本，还看重交货期，更看重质量，这显然是一个多目标决策。多目标决策的关键是要权衡各目标之间的权重，而权重是由企业的战略决定的，战略一经确定，就决定了企业各层面的多目标决策中各个目标的权重。

2.7.4 成本中心与战略中心

以前人们普遍认为，企业在经营过程中要以降低成本作为一切经营管理活动的核心，这就是所谓的成本中心说。但是后来人们发现这一思想并不全面，于是提出了战略中心的思想。该思想认为，企业的经营管理决策多数情况下属于多目标决策，不应该仅仅以成本为中心考虑问题，而应该以战略为中心来综合衡量和考虑问题。在本章前面提到的丰田案例中，正是因为丰田一直以降低成本为中心来考虑企业经营管理的各方面，才导致了致命的危机。

2.7.5 学习型组织与供应链学习

学习型组织是20世纪末产生的重要管理思想。随着外界环境的不断变化，企业只有不断地学习和更新知识才能适应环境变化的要求，才可能持续发展。

如何才能将企业打造成一个学习型组织呢？关键是要把握学习型组织的三大特点：第一，学习型组织应该能够更好地获取知识；第二，获取知识后要进行讨论和学习；第三，要在学习的基础上加以运用和不断创新。此外，学习型组织还要求全员参与学习过程，全员参与变革和创新。将一个组织转变成能够更好地获取知识、学习以及创新的组织，就是构建学习型组织的过程。

例如，当年三星集团向学习型组织转变的过程中采取的方法很简单却非常有效：调整作息时间，把以前的“朝九晚六”改成“朝七晚四”。以前是下午六点下班，下班后员工们搭帮结伙去吃饭喝酒，回家就睡觉了，根本没时间学习。改成“朝七晚四”后，下午四点下班，由于时间太早不能去吃饭喝酒，只能回家，回家后有了充裕的时间学习，员工获取知识的机会以及时间大大增加。获取知识后，员工会在单位进行交流、讨论和互相学习。一段时间后，学习的效果就显现出来了，员工的整体素质和创新能力得到了有效的提高。

三星之所以要构建学习型组织，是因为三星要成为世界一流企业而不是二流企业。为了实现这样一个宏伟的战略定位，首先要从企业文化的重塑做起，要让员工的知识水平上升到一定高度，才能保证变革的顺利进行。学习型组织的构建是三星变革的第一步。通过简单的作息时间调整，三星就获得了很好的效果。

站在供应链管理的视角，企业不仅要关注如何构建内部学习型组织的问题，还要将该思路拓展到供应链网络这一系统中，构建面向供应链的学习型组织。

例如，“学习的文化”使戴尔的供应链不断获得进步，增强了对市场环境的适应性。戴尔的“最佳实践”（best of practice，BOP）模式就是其作为面向供应链的学习型组织的写照。比如，戴尔在全球有若干工厂，它们每星期都要就一个话题展开讨论，看谁做得更好，哪些地方值得大家学习。加强和供应商的信息沟通是戴尔供应链最重要的成功因素，与供应商充分共享信息有效降低了不确定性。同时，戴尔希望自己的技术和知识让合作企业也能受惠。

2.7.6 精益物流与零库存

精益物流的思想源于丰田的精益生产方式，而精益生产方式源于准时制

(just in time，JIT）生产方式，即在需要的时间，按照需要的量去生产需要的产品。在 JIT 生产方式中消除浪费就是精益生产方式。因此，精益物流可以这样理解：在需要的时间，按照需要的量把需要的物资送到需要的地方，同时消除过程中的浪费。它是实现企业零库存的前提。

零库存是一种理想状态，不可能在供应链的所有环节都实现。实际上，在一个给定的供应链网络中，一个或几个环节实现零库存的前提是其他环节有库存。而且有时候刻意追求零库存不一定是好事，有库存也并非不好。如前所述现代企业经营不是基于成本中心说而是战略中心说，企业必须综合衡量质量、成本、交货期这三个基本运营目标，然后再决定是否应该实现零库存。

比如，客户为 10 日后举行的生日晚宴订购了一套礼服，订购时明确交货日期是第 9 日。商家为了降低成本而安排了统一配送，第 8 日就将礼服送达。这样合适吗？当然不合适，因为第 8 日客户可能不在家，商家应该等到第 9 日再送货，这样客户才能满意，为此商家必须要有一天的库存安排。这一事例反映的就是战略中心说的思想。

□ 案例研讨

菜鸟智慧物流供应链系统

2013 年，阿里巴巴集团和银泰集团携手顺丰、圆通、中通、申通和韵达，以中国人寿集团和中信银行作为资金支持平台，建立了菜鸟物流。菜鸟物流并非自建物流，而是为电子商务企业、物流企业、仓储企业和信息技术企业等搭建共同协作的平台，也就是第四方物流（4PL)。随着信息科技的不断发展，技术不断改变着我们的生活，“双十一”第 1 亿个包裹送到买家手中 2013 年用了 9 天，2014 年用了 6 天，2015 年用了 4 天，2016 年用了 3.5 天。物流的飞速进步与菜鸟物流背后的智能制造系统、大数据平台和卓越的算法能力有着密切的联系。

2016 年“双十一”一天产生的包裹数量达到 6.57 亿个，当天菜鸟网络建在广东增城的物流园区迎来了一年中压力最大的时刻，这是菜鸟网络在全国运行最繁忙的一个节点。在这里等待出库的商品达到千万量级。网上超市货物繁杂，每个订单可能包括品种不同的多个商品，如何加快拣货速度、减少员工拣货出错率成为解决“双十一”快递爆仓问题的关键。

2016 年“双十一”之前，菜鸟仓的一线工作人员一直是推着手推车一样一样地四处寻找货品，但是现在菜鸟启用了智慧货物分拣系统，把快递箱贴上包含订单信息和路径信息的条码，当每一个箱子走到面前，流水线上的扫描仪自动扫描箱子上的条码，货架上相应的提示灯会亮起，工作人员只要按照提示把货物装进箱子，一个任务便完成了。这个系统解放了无数仓库工人，把一个个快递箱变成了拣货机器人，让汗水物流变成了智慧物流。

虽然菜鸟网络智能仓库下的160多个仓库是由心怡、科捷、普罗格这样的合作伙伴负责仓内的运营，但是智能化的设计与升级一直是由菜鸟在推进。菜鸟物流智能化之后，管理的难度和强度也大大降低，一线人员减少了30%，组织变得简单、扁平化。所有的操作都是按部就班的，专业性的培训大大减少。

当区域内出现了某种爆款的商品品类，就会出现小范围的爆仓现象。每年“双十一”都会有一些商品因为打折造成发货量激增，如何布局货品摆放区域，防止爆款拥堵，也是菜鸟物流亟待解决的问题。仓库中作业任务不均衡，商品在布局上不太理想，有些区域非常忙碌，有些区域没有拣货的需求，这种商品摆放的不均衡很影响工作效率。

商超类仓库在设计最初都会利用大数据分析将商品分类，最畅销的A品区在最容易拣货的最外面，次畅销的B品区在中间，不畅销的C品区在仓库的最里面，而且大多会采用人工拣货。发生拥堵大多在A品区，一旦出现爆款，积压是必然的。“双十一”是物流业压力最大，也是最容易暴露痛点的时刻。在新的仓库规划中，菜鸟物流工程师已经尝试将B品和A品交叉布置，这样就让作业再分配的时候能够有更好的均衡性。

为了进一步提高拣货效率，提高物流智能化水平，菜鸟物流AR团队也来到了仓库，他们通过AR眼镜上的摄像头把整个仓库的空间采集进来，然后对空间进行绘制，把一些虚拟的点摆到关键的位置上，并和货架的高度、格子、层数匹配起来。他们利用AR技术，帮助拣货员快速识别货物所在区域，通过AR眼镜，当拣货员走过某一商品，商品的标签就会亮起来，员工不需要思考，直接拿走就可以。

AR技术不但可以帮助一线工人快速拣货，还可以在智能工厂规划和管理中解决各类问题。利用新技术解决物流行业的各种痛点，提高行业整体效率，是菜鸟黑科技成立的初衷，也是菜鸟真正想做的事情。

马云曾经表示，非常感动菜鸟有这样一群优秀的物流算法工程师，为了研究零库存和看不见的成本绞尽脑汁。朱礼君就是马云口中研究零库存的工程师，他研究了独特的仓内算法，利用大数据分析产品的历史数据、活动规划、季节因素、购买因素等综合指标，系统计算出销售规划，这套算法为企业生产计划和供应链管理提供了非常有效的数据支撑。通过朱礼君等人的算法，商家能够分析出来，在全国应该要选择哪几个仓库，仓库应该负责哪几个区域才能达到全国范围内备货的平衡。这种把物流与工厂生产紧密连接的做法，也完成了厂商供应链的深度优化。朱礼君还会为看不见的成本绞尽脑汁，他正在研究一个算法模型，根据物品的尺寸数据，研究如何摆放商品使空间的利用率最高，这样可以节省约5%的包装成本。

阿里巴巴集团合伙人、菜鸟网络CEO童文红说，中国现在的物流问题是一个全局问题，所谓的爆仓问题只是冰山一角，最大的问题是信息化水平落后。

每天中国的物流行业有10万亿条数据生成，接受物流详情8亿条，累计运输里程500亿公里，覆盖全国2800个区县，快递人员有200万人。如果将数据整合在一个数据平台，那就可以服务整个电商生态圈内的所有企业，提高中国物流的信息化水平。中国物流将会有更广阔的天地，而这一切都离不开大数据和算法，这是智能物流和仓储最核心的技术。

数据驱动让不同物流企业在各个环节上无缝对接，资源共享是未来物流业发展的愿景，如今摆在中国物流业面前是数据信息化标准一致性的问题。如果每家公司各自为政，那么就会形成一个个信息孤岛。目前中国物流需要建立的标准太多了，例如数据标准、托盘标准、甩挂标准等。搭建平台是政府倡导的，是推进物流信息化的重要途径，菜鸟网络充分利用社会资源，智能分仓，就近配送，这样越来越自如的调配能力正是来自开放共享的平台意识，货物的流动需要互联互通的渠道，打通数据壁垒才能让智能化的数据有更多的用武之地。

资料来源：央视财经频道《中国财经报道》，有改编。

研讨问题：

（1）新技术的不断发展，会对企业运营效率的提升产生何种影响？

（2）为什么说标准的建立，是提升菜鸟供应链网络效率的关键？

（3）结合自己的认识，探索打通供应链成员之间数据壁垒的途径。

□ 思考题

1. 供应链思想是如何形成和发展起来的？
2. 供应链思想和传统企业间协作关系的本质区别是什么？
3. 如何全面理解和看待供应链与物流管理？
4. 沙锥模型体现出了企业运营中需要关注的哪几个重要方面？
5. 请阐述战略、运营、供应链、物流之间有怎样的重要关系。
6. 如何理解商物分离？该思想在当前的企业经营管理中有哪些借鉴意义？
7. 如何深刻理解成本中心与战略中心学说？

第 2 篇

运营与供应链系统的构建

第3章

企业管理中的一个重要循环

学习目标

1. 掌握基于流程的企业管理全面分析方法；
2. 掌握企业管理中的一个重要循环；
3. 掌握运用“一个重要循环”分析企业管理问题的思路。

本章要点

1. 企业战略管理的系统框架；
2. 基于流程的企业管理全面分析方法；
3. 企业管理中的“一个重要循环”。

3.1 战略管理的基本框架

如前文所述，在企业的运营与供应链管理中，首先需要考虑的是运营与供应链系统如何设计、构建以及诊断的问题，即如何“建网”。该问题应从哪里入手呢？这里不妨回顾一下企业战略管理的三大基本阶段：战略分析、战略制定及战略实施。这三个阶段构成了企业战略管理的基本框架，如图3-1所示。

3.1.1 战略分析

在战略分析阶段，需要分析企业的外部和内部环境，目的是发现企业所面临的机会、威胁、优势及劣势。

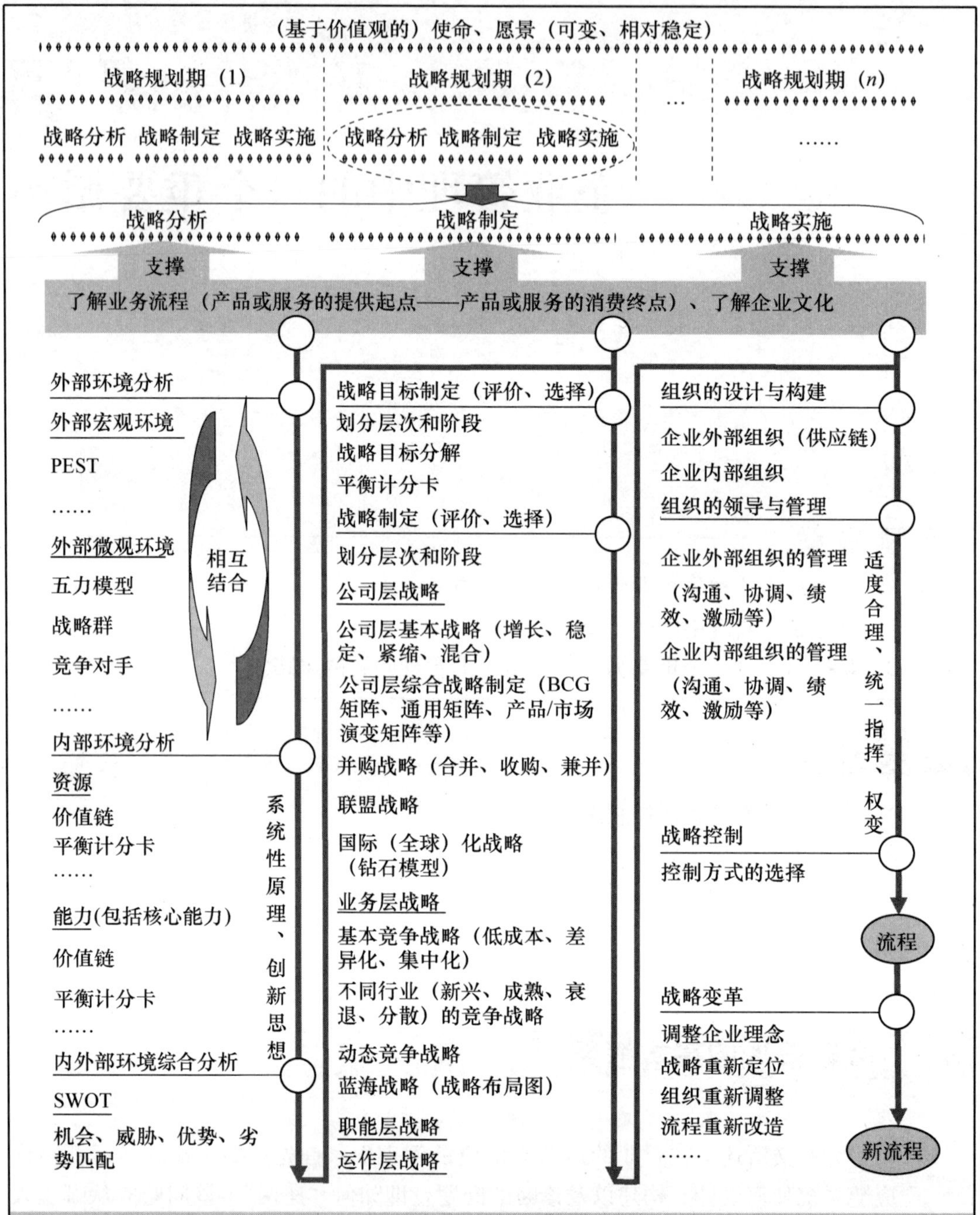

图3-1 战略管理框架

外部环境分析包括两个方面：外部宏观环境分析和外部微观环境分析。外部宏观环境常指政治（politics）、经济（economy）、社会（society）、科技（technology）等对企业及其所在行业可能产生影响的因素，简称PEST；外部微观环境是企业所处行业的竞争环境，往往需要用波特的五种竞争力量模型（five forces model）加以分析。五种竞争力量是指：上游供应商的议价能力；下游购买商的议价能力；行业潜在进入者的竞争能力；替代品的威胁能力以及行业中现有竞争者的竞争能力。

企业的内部环境分析主要涉及两个方面：资源和能力。资源是指可以拿来加以利用的一切要素，如人、财、物等有形和无形的资源。每个企业都可以获取资源，但是应用资源的效果和效率则会大不相同，这反映了能力上的差异。

通过内外部环境分析，可以弄清企业面临的外部机会（opportunities）和威胁（threats）以及具有的优势（strengths）和劣势（weaknesses），从而进行SWOT分析，为战略制定打下基础。

3.1.2　战略制定

战略制定阶段包括两个内容：一是制定战略目标；二是制定实现战略目标的具体途径，即具体战略。具体战略包括公司层战略（如增长战略、稳定战略、紧缩战略、并购战略、联盟战略、国际化战略等），业务层战略（如低成本战略、差异化战略、集中化战略、动态竞争战略、蓝海战略等），职能层战略（如采购战略、生产战略、营销战略、运输配送战略等），以及运作层战略等。

3.1.3　战略实施

战略制定后就进入战略实施阶段，如图3－1所示。显然，无论制定的战略多么完美，如果无法实施，都将是一纸空文。战略靠企业组织（包括企业外部组织和企业内部组织）来实施。因此，在战略实施阶段，首先要考虑如何建立企业组织结构，然后考虑如何对组织进行领导、管理以及控制。做战略实际上是在做计划，只有通过对企业的组织、领导和控制，才能把战略从计划变为现实。

企业实施战略的组织就是企业的运营系统，是实现输入转换为输出（产品或服务）的系统。第1章指出，运营系统由两部分组成：企业外部运营系统和内部运营系统，也称为企业外部供应链网络和企业内部供应链网络。所以，对组织供应链的领导、管理及控制实际上包括对企业内部和外部供应链网络的领导、管理和控制，只有这样战略才能有效实施。

3.2　基于供应链系统全面把握企业管理问题

3.2.1　战略分析如何入手

在企业战略分析过程中，常常会出现不同企业针对同一环境分析出的结果差异较大的现象，进而导致制定不同的战略。

■ 20世纪90年代，肯德基和麦当劳先后进入中国市场。尽管首先对中国市场感兴趣的是麦当劳而非肯德基，但肯德基抢先一步在北京前门开设了第一家分店。之所以如此，是因为麦当劳在分析中国市场后得出结论，认为中国的饮食习惯很难改变，难以接受种类单一的洋快餐；肯德基分析中国市场后却得出了相反的结论。同样是针对中国市场，同样是快餐行业中的企业，为什么在分析外部环境时会得出如此不同的结论呢？原因在于麦当劳当时派出的考察人员是外国人，不了解中国饮食文化和习惯，无法将麦当劳的特色与中国市场相结合，看不到机遇；而肯德基派出的考察人员是华人，认识到中国市场对快餐的需求将快速增长，而且肯德基的炸鸡较为符合中国人的口味。

引入该例子是想阐明这样一个问题：企业的内外部环境分析到底应该从哪里入手，才能有针对性且全面地把握内外部环境中的机遇与挑战？这是合理制定战略方案的关键。

换句话说，企业面临的内外部环境因素直接作用到哪里？显然，它们直接作用于企业提供产品和服务的过程上，也就是运营流程上。著名战略专家安索夫提出了战略管理四要素，第一个要素就是企业定位或者称为经营范围，而经营范围描述的就是产品和市场的定位。所以，战略的定位离不开企业的产品或者服务。不管是企业的外部环境因素还是内部环境因素，直接影响的就是企业产品或服务的提供过程，即流程。

以下再举一例阐述：

■ 某石化企业以前主要从某中东国家的原油供应商处采购原油，现在发现该地区由于政治因素的影响，原油出口受到限制，无法继续从该地区采购。这说明该企业外部宏观环境中的政治因素影响了其石化产品提供流程中的采购环节，对其他环节则没有直接影响。因此，通过外部环境分析，可以明确威胁来自流程中的采购环节。假设该企业曾和另外一个国家的某供应商有过接触，当以上影响产生时可以直接转向该供应商，这说明该企业在采购环节是有优势的。

即使是处在同一个行业中的两家企业，其流程以及上下游合作伙伴也有可能完全不一样。同样的外部环境，对一个企业而言是机会或者威胁，对另一个企业则不一定。所以，在分析企业管理问题之前，特别是进行企业战略分析之前，首先应该把产品或服务从起点一直到终点之间的流程弄清楚，然后再进行内外部环境分析。这样，对不同企业分析的针对性就会更强一些，对分析结果的差异性也能够把握得更好，而且可以明确内外部环境因素作用在企业中的哪个具体环节。

企业战略管理中运用SWOT方法分析企业的机会、威胁、优势、劣势时，建立的SWOT矩阵表（如图3-2所示）中有很多小项，这些小项来自整个企业内外部流程的各个环节。比如机会中的第一个小项（O_1）有可能来自采购环节，威胁中的第二个小项（T_2）有可能来自销售环节等。通过对流程中所有环节的机会、威胁、优势、劣势的分析，就可以绘制出SWOT表格，从而为企业战略的合理制定奠定基础。比如，表中所示的S_1-O_1-O_2，表示企业可以将自己的优势S_1与外部的两个机会O_1和O_2相匹配，制定适宜的战略。

优势	S_1 S_2 S_3 ⋮	S_1-O_1-O_2 S_2-O_1 S_1-O_2-O_3 ……	S_1-S_3-T_1-T_2 S_2-T_1 S_1-T_2 ……
劣势	W_1 W_2 W_3 ⋮	W_1-O_1 W_2-O_1-O_2 W_1-W_2-O_3 ……	W_1-S_1-T_2-T_3 W_2-T_2 W_1-T_2-T_3 ……
		O_1 O_2 O_3 …	T_1 T_2 T_3 …
		机会	威胁

图3-2 SWOT矩阵表

3.2.2 基于流程的企业管理全面分析方法

本书的分析思路为“基于流程的企业管理全面分析方法”（comprehensive analysis method of enterprise management based on process，CAMEMBP）。这是一个非常重要的思路与方法。

例如，在激烈的市场竞争中，某企业想通过降低产品的生产成本来获取竞争优势，但如何降低成本呢？如果只是根据以往的经验来分析和判断往往会有失偏颇，在某种程度上也会忽视某些新的降低成本的机会。比如，根据以往的经验可知降低采购成本可以降低成本，降低生产过程中的成本也可以降低成本等；然而，如果在分析问题之前能够把产品的流程描绘出来，明确产品流程中到底有哪些环节，然后再对每个环节进行具体分析，就会得出非常全面的成本降低方法。

需要注意的是，这里所指的流程是提供产品或服务的大流程，即从起点一直到消费终点的全部活动，实际上也就是企业产品或服务的供应链网络所界定的系统范畴，运用时请参考第1章的图1-4。

■ TCL集团始建于20世纪80年代，最早以磁带为主业，随后渐渐涉入家电、通信、电工等产品的研发和销售。最初，TCL对于降低成本的理解十分粗放，认为低成本等同于低价零部件以及廉价劳动力。2004年，TCL收购法国汤姆逊后产生了巨额亏损，不管如何压低成本也无济于事，TCL由此认识到以往的成本战略不足以支撑企业如今的发展。此后，TCL采取了一系列的策略以扭转企业的亏损状态。首先，TCL对整个家电行业进行了分析，将一些没有前景的产品（如CRT电视）抛弃，保留了真正符合市场预期的产品（如液晶电视）；其次，TCL对其业务流程进行了梳理，通过建立研发中心加强了创新研发等核心环节，同时将生产包装运输环节等非核心业务外包，降低成本的同时节约了资源；最后，TCL明确了各产品的成本动因，有针对性地进行资源配置，提升供应链的效率，从而成功地控制了成本。

可以看出，在上述过程中，TCL正是基于对自身流程的梳理和全面把握，才做到了有效的成本控制。

3.3 一个重要循环

为了全面理解和把握企业管理问题，我们还必须掌握一个重要循环。例如，某快递公司的传统业务是把包裹送到客户手中，这是其传统流程。现在，快递公司发现，客户的需求发生了变化：客户如果在接到包裹的时候得到一支免费的鲜花，满意度将大大提升，进而可以增加快递业务的市场占有率，如图3-3所示。需要思考的是：快递公司是否应该进行战略的调整，即是否应该通过免费送花的方式扩大市场占有率？如何分析和解决这一问题？

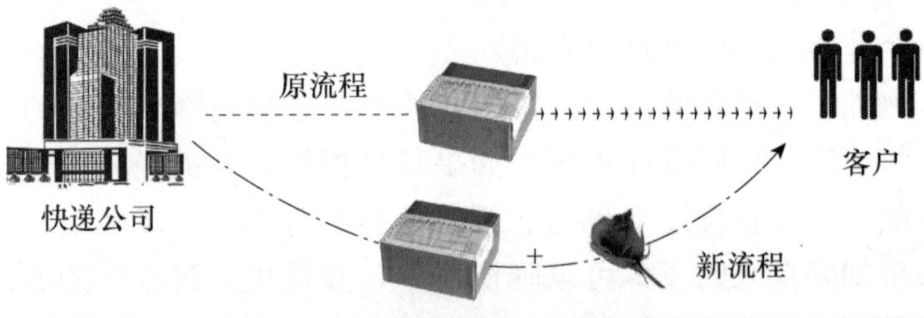

图3-3 快递公司的业务流程

这一问题也可以换一种提法：当企业面临一个新的市场机会时，是否应该调整自己的战略去适应呢？

3.3.1 企业战略调整的步骤

面对这一问题，企业不应当简单地模仿，即“你做我也做”，这样就失去了自身的特色。快递公司到底应不应该进行这样的战略调整，必须经过完整的战略分析过程，明确外部的机会、威胁以及自身的优势、劣势之后才能决定。根据上述基于流程的企业管理全面分析方法，为了全面把握企业面临的机会、威胁以及优势、劣势，在进行战略分析之前，快递公司应首先将自己的服务流程摸清楚。基于此，快递公司应对环境变化（本例中为市场需求变化）采取的行为主要包括如下步骤。

第一步：把适应环境变化的新的流程描绘出来。

需注意的是，这个流程是一个假想的流程。也就是说，如果快递公司要进行适应环境变化的战略调整（比如送花），需要将其原先的产品和服务提供流程改变成一个什么样的新的流程？如图 3－3 所示。

如果我们不知道快递公司战略调整后新的流程是什么，就不会知道将来快递公司的优势、劣势以及机会与威胁到底在什么地方，也就无法进行 SWOT 匹配。在现实中，当人们分析企业管理问题时，都会在心里描绘假想的新的流程，只是没有把它写在纸面上而已。

第二步：分析企业是否应该进行战略调整。

分析在假想的新的流程中，企业所面临的机会、威胁以及所拥有的优势和劣势，在此基础上进行 SWOT 匹配。

比如图 3－3 所示的快递公司，当描绘出新的流程以后，通过外部环境分析发现目前的确有新的市场机遇出现，但这显然对所有快递公司而言都是一个共同的机遇，是否应该进行战略调整还要看其内部环境中的优势与劣势。

假设该快递公司通过内部环境分析发现，以前曾和一个鲜花供应商有过接触，而且建立了良好的关系，能够在同等的条件下采购到质量更好、价格更合理以及供货更及时的鲜花。显然，和其他竞争对手相比，快递公司在这个假设流程中的采购环节是具有优势的。在这种情况下，可以考虑采用 SWOT 匹配中的 SO（优势匹配机会）战略，以实现这一假设的新的流程。

当然从实际情况来看，企业即便发现了机会及优势，也不是一定要调整自己的战略，这是因为企业战略是否需要调整是由企业内外部多种条件共同作用的结果，这些条件包括企业的使命、愿景、价值观，企业的组织、文化特征与历史传统，企业的领导风格、管理方式、人员结构与素质等。

第三步：进行组织变革。

一旦企业的战略发生了变动或调整，其外部与内部组织结构都要发生相应的变化。

针对上例，首先看看快递公司的外部组织结构（也就是外部的供应链网络结构）是否发生了变化。快递公司如果想实现新的流程，必然需要将鲜花供应商加入原有的供应链网络中，使其成为供应链中的新成员。因此，供应链网络中的节点数量和线路都发生了变化，如图3-4所示。

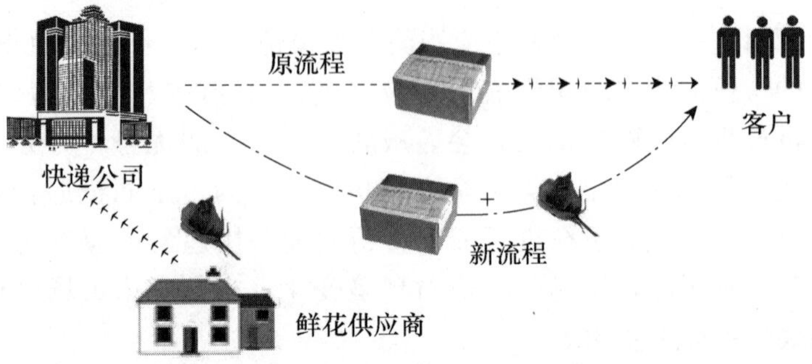

图3-4 快递公司的外部组织结构变化

其次，快递公司的内部组织结构是否也发生了变化？答案也是肯定的。一般来讲，做好企业的组织工作，需要从四个方面着手，即职位设计、部门划分、职权配置以及人员安排。这四方面中的任何一个发生变化，都反映出企业的组织发生了变化。

如果快递公司调整了战略方案，必将面对若干与鲜花处理有关的新任务。如何组织企业内部人员来完成这些任务，对组织提出了新的要求。比如，是招聘新的人员来负责鲜花的采购、修剪、分配、捆绑等一系列工作，还是由现有的企业内部采购人员或快递人员来完成？是在企业内部新设立鲜花处理岗位，还是新组建一个鲜花采购与管理部门，抑或是把这一系列任务归属到以前的采购部门？所有这些问题都是快递公司需要考虑的，要解决这些问题也就意味着快递公司内部的组织结构要发生变化。

可以认为，只要企业的产品或服务流程发生了变化，企业的外部和内部组织结构都要发生相应的变化。只有组织结构发生了变化，才能实施新的战略，因为战略是靠组织来实施的。

第四步：对组织进行新的管理控制活动。

对于变化的企业内外部组织结构，需要采用新的管理和控制方式。先看企业内部，还是以快递公司为例。假设新招了一名鲜花处理人员，如何进行管理？其岗位如何设计？绩效考核指标如何设定？和其他部门以及其他人员之间的关系如何协调？所有这些问题都有待企业用新的管理和控制方式来实现。

再来看企业外部，快递公司必然也要面对诸多如何管理和控制鲜花供应商的问题：是和它建立短期的供应关系，还是建立长期的稳定关系，或者应该建立战略合作伙伴关系？对供应商应该如何进行绩效考评？如何进行激励？这些都将反映在企业对外部组织（供应链网络）的管理及控制的变化上。

上述这些步骤完成后，第一步中假想的新的流程就能够真正实现了。这一已经实现的新流程才是企业适应环境变化要求的新的产品或服务提供流程，也是企业实施其新战略的流程。

3.3.2 一个重要循环

上述四个步骤之间的关系如图3-5所示，它们构成了一个循环，该循环是一个非常重要的企业管理分析工具。

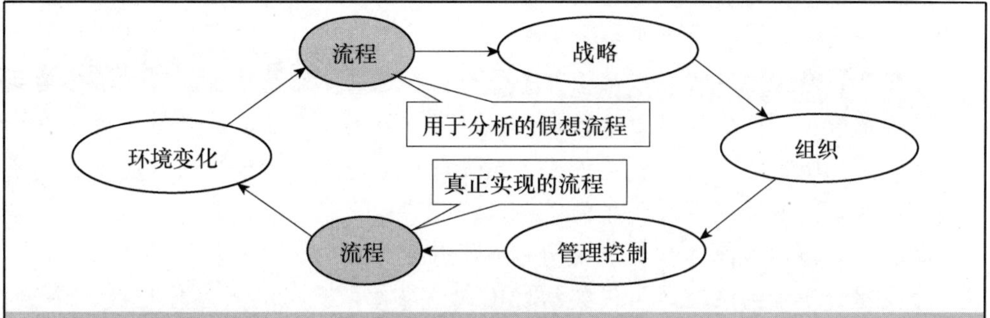

图3-5 重要循环

该循环可以总结为：根据企业的环境变化（不管是企业外部环境变化，还是内部环境变化），首先需要将适应环境变化要求的新的产品或服务流程（假想的流程）画出来；在此基础上，再研究企业的战略、组织以及管理、控制等方面应该如何变化和调整的问题。当所有的步骤都完成后，企业才能真正实现这个假想的流程，而这个流程才是企业适应环境变化要求的新的流程。

实际上，在企业发展过程中，上述循环是随时发生、不断往复的。企业成长的过程也就是企业为了适应环境变化，不断调整自身战略、组织以及管理、控制活动的过程。

□ 案例研讨

互联网时代海尔的转型变革

张瑞敏在美国管理学年会演讲中指出：企业，特别是传统企业，在互联网时代应该用什么模式来发展？互联网时代要从大规模制造向大规模定制转变，如何满足用户个性化需求是非常大的挑战，传统管理理论也将被颠覆。

事实上，全世界还没有一个现成的模式可学，海尔在这方面探索了很多年，也总结出一套互联网时代企业管理的新模式，即“人单合一双赢模式”，具体体现在三个方面：传统的企业战略和组织架构为什么要调整；海尔是怎么做的；海尔追求的三个“无”目标。

首先，传统的企业战略和组织架构将被颠覆。

传统企业战略和组织架构的理论基础，是亚当·斯密在《国富论》中提出的分工理论，体现在两点上：制造和组织。

制造方面的体现就是流水线。有人说，第一次工业革命是工厂式的，第二次工业革命是福特的流水线。当时福特的目标是通过流水线使汽车成本降到500美元以下，最后降到了370美元。流水线直到今天仍然是企业提高效率的主要工具。

组织方面的体现就是科层制，到今天仍在沿用。过去大家学习日本的企业管理，丰田之所以做得比通用好，是因为通用的架构有14级，而丰田只有5级。但到今天，不管多少级都有问题。

在互联网时代，很多传统管理理论都要被颠覆。美国企业史学家钱德勒把现代工业资本主义的原动力归结为规模和范围，中国企业也正在追求规模经济和范围经济，要做大做强，要进入更多产业。

但在信息技术时代，原动力并不是规模和范围，而是平台。实体店要达到淘宝交易额的规模不知道要多少年，淘宝短时间就做到了，靠的就是做平台。有人给平台下的定义很恰当：平台就是快速汇集资源的生态圈。用最快的速度把各种资源汇集到一起，只有互联网时代才能做到。

其次，海尔对战略和组织架构的创新探索。

战略好比人的头脑，组织架构好比人的身体，两者必须相辅相成，协调一致。对海尔来讲，战略就是人单合一双赢模式。“人”就是员工；“单”不是狭义的订单，而是用户；“合一”是让每个员工和他自己的用户结合到一起，“双赢”是让员工在为用户创造价值的过程中实现自身价值。

这一模式几乎把海尔整个组织全部颠覆了。海尔原来是“正三角”式组织，后来变成“倒三角”，员工在最上面，最高领导在最下面。但倒三角站不住，如果要让它站住就必须不停转动。后来海尔又从倒三角变成现在的网状组织，完全扁平了。

举个例子，过去海尔的营销结构，从上到下分别是管全国营销的、管各省营销的、管各市营销的、管各县营销的领导。现在这些层级都没有了，负责一个县所有业务的就是一个7人团队，他们有决策权、分配权、用人权，完全像一个小微公司，整个县的业务由他们自主管理，然后形成平台组织下的自主经营体并联平台的生态圈。

原来企业是串联的流程，研发完了去制造，制造完了去营销，环环相扣。现在变成并联的流程，各个节点都在一起面对用户需求。从产品最初设计开始，用户就参与，一直到最后销售结束。这样，生态圈就不仅仅是企业内部的，而是由整个社会资源形成的。

将企业负责的大单解构为每个员工负责的单。这是人单合一双赢模式的基础，把企业总的用户资源转化为每个员工负责的用户资源，把企业资产变为每个员工的负债，员工从无偿占有资产变成有偿负债驱动增值。

可以这样理解，假如员工卖掉100万元的货，这100万元就是他的负债，如果将来销售商卖不出去，所有问题都由该员工来负责。和原来完全不一样，这种模式驱动每个人对资产非常认真负责。包括费用，过去没人管，现在费用分解到了个人。以前住什么宾馆、能报多少费用，企业都有规定，现在怎么花都由员工自己决定，然后计入他的报表中，如果最后是亏损，那员工就要负全责。这样一来，出差也可能花很多钱，也可能很多差不出了，通过电话或视频解决，总体上减少了出差费用。

过去所有用户由企业负责，现在海尔变成了全员契约，每个用户都要具体到每个员工身上，员工所负责的社区、全县的用户，包括网上用户需求，都由员工自己来负责。满足用户需求之后产生的价值，高于企业平均利润的那部分，员工可以和企业分利。这种机制驱动每个员工全力以赴去创造更高的利润。

这些都在海尔独创的战略损益表中体现出来。这张战略损益表与传统的损益表完全不同，它包括了四个象限：第一象限是交互用户和引领的竞争力。海尔现在从设计阶段开始就有用户参与，网上交互，交互用户变成全流程的用户体验，最终变成消费者。用户成为企业的一部分。海尔有一个考核指标：生产线上的产品最后直接到用户手里的有多少，现在基本可以做到生产线上近20%的产品知道是给哪个用户的，海尔希望这个比例继续提高。

第二象限是人力资源，海尔内部叫自主经营体。海尔现有8万多名员工，分成2 000多个自主经营体，他们要承接第一象限所说的交互用户、实现引领的目标。

第三象限是预实零差。海尔有一个日清体系，即每天的工作必须当天到位，依据“三个零”原则：“零库存”，所有产品用户一旦要货就必须马上提供；“零签字”，张瑞敏认为大企业最头疼的就是签字；“零冗员”，也就是所有人都要有自己的用户，没有用户在组织中就没有存在的意义。

第四象限是人单自推动，即让更有能力的人来产生更高的单，创造更高的用户价值；更高的用户价值再吸引来更优秀的人。

最后，海尔追求三个“无”目标。

企业无边界。也就是不要光盯着企业内部的资源，而是要看到外部的资源。互联网时代，已经出现一些无边界的模式，比如沃尔玛的众包模式：顾客在购物回去的路上，可以顺路给沿线的顾客捎货，沃尔玛给捎货的顾客一定的费用。比如宝洁的研发模式，设计不一定依靠企业内部的设计研发人员，而是整合外部的更多设计资源。

海尔探索的也正是按单聚散的人力资源平台，找最聪明的人为其工作。以海尔的家电研发为例，原来的研发人现在变为接口人，对接外部资源。海尔有研发接口人逾1 150名，接口全球5万多个研发资源单元。海尔美国研发接口人韦恩说，美国最不缺的就是技术人员，缺的是怎么把他们整合过来。他转型为接口人后，整合了很多美国的研发资源。将来，资源接口人的发展方向是创建小微公司，可以独立创业。

管理无领导。过去的领导就是马克思·韦伯的科层制产生的，在互联网时代，用户决定企业，而不是企业决定用户。所以海尔探索的是自治的小微公司，中层消失，管理扁平化。

管理无领导的本质是目标的问题。海尔现在做的是用户360度考核，比如海尔物流限时达，不用分层分级计算打分，只要用户评价，很简单，海尔对用户承诺按时送达，超时免单。到现在为止，海尔赔了不少钱。但这种做法对海尔的体系是一种倒逼，赔不是公司拿钱，而是谁的责任谁拿钱。这样一来，体系中的所有环节都动起来了，共同努力来满足用户。所以，直接由用户考核比公司收集用户意见，再来上下级协调要好得多。

供应链无尺度。过去是大规模制造，现在互联网时代是个性化定制，不仅要按需制造、按需配送，还要按需设计，全流程按需满足用户个性化需求。

在海尔有句话叫“没有成功的企业，只有时代的企业”。摩托罗拉曾经是手机行业的老大，它代表的是模拟时代。到了数码时代，摩托罗拉没有跟上，被诺基亚取代。但诺基亚也没坐稳，被苹果取代了，因为苹果是互联网时代的企业，它把手机变成云计算的终端，不再只是一个通信工具。

海尔通过自主变革和创新，取得了一些阶段性成果。白电是一个充分竞争的行业，海尔保持良好利润的原因主要在于推进了自主经营体，让每个人的薪酬同业绩紧密联系在一起。营运资金周转天数上，海尔做得也不错。在互联网时代，海尔这样的传统企业还要不断摸索前行。

海尔经验可以概括为9个字：企业即人，管理即借力。“企业即人”，意思是企业好坏不在于它有多么好的资产，资产再优秀，设备再好都不能增值，要增值必须靠人。优秀的人可以让资产增值，差的人也可能使企业破产。“管理即借力”，是说管理不是靠自己的能力，而是靠整合资源。你能整合多少资源，就能取得多大成功。

研讨问题：

（1）海尔为什么要进行战略和组织的变革？

（2）海尔是如何运用“一个重要循环”思路进行变革的？

（3）为什么海尔不仅要盯着企业内部的资源，还要看到外部的资源？

（4）在互联网时代，传统企业如何做好转型？

□ 本章思考题

1. 战略管理的基本框架包含哪些主要内容？
2. 为全面把握企业管理问题，企业的内外部环境分析应该从哪里入手？
3. 基于流程的企业管理全面分析方法的本质特征是什么？
4. 当企业面临新的环境时，是否应当调整自己的战略？如何调整？
5. 在“一个重要循环”中，两个“流程”之间具有怎样的关系？
6. 请阐述如何运用“一个重要循环”思路分析企业管理问题。

第 4 章

供需的匹配与协调及建网

学习目标

1. 从战略高度把握供需的匹配与协调问题在企业管理中的重要指导作用；
2. 掌握匹配与协调模型及相关问题的分析方法；
3. 掌握运营系统设计与构建的思路。

本章要点

1. 供需匹配与协调的意义；
2. 供需匹配与协调模型；
3. 供需匹配与协调模型中各象限的内涵解析；
4. 两种供需不匹配情形下的改进和优化方法；
5. 渠道对供需匹配与协调的限制；
6. 价格波动对供需匹配与协调的影响；
7. 运营与供应链系统诊断与构建的基本思路。

我们已经阐述了分析企业管理问题的重要循环。然而，在上述快递公司例子中还需要解决一系列问题。比如，快递公司如果决定调整自己的战略，那么应该寻找低成本的鲜花供应商，还是成本相对较高但交货及时的供应商？应该和鲜花供应商签订长期定额合同，还是短期非定额合同？应该招聘一名大学生来处理鲜花，还是招聘一名工资相对较低的人员来完成这项任务？如何解决这些现实问题呢？那就必须提到企业经营管理中一个非常重要的问题——供需的匹配与协调。供需的匹配与协调是企业运营与供应链系统设计、构建与诊断的核心思路。

4.1 供需的匹配与协调

供需的匹配与协调是指客户需要什么样的产品或服务，企业就要想方设法去提供。但实际上，很多企业并不知道自己的客户到底需要什么样的产品或服务，也不知道自己应该如何去提供这样的产品或服务。

第1章指出，企业要想生存得更好，必须保证自己的产品或服务能够让消费者满意，这是一个基本的经营道理。企业首先需要考察客户到底需要什么样的产品或服务，然后考虑如何提供这样的产品或服务。但必须明确的是，提供产品或服务并不是由一家企业完成的，而是由它的整个供应链网络完成的，如图1-4中竖向虚线左侧所示。

所以，必须研究整个供应链网络构建得合理与否，是否能够给客户提供满意的产品或服务，这是企业诊断时应考察的重要问题。

4.2 供需匹配与协调的价值

4.2.1 判断供应链合理与否的根据

如何判断供应链网络构建得是否合理呢？比如，企业本来应该和供应商签订长期定额合同，却签了一个短期非定额合同；企业本来应该选择一个低成本的供应商，却选择了一个高成本的供应商；企业本来应该精简采购环节，却新增了几个供应商；企业本来应该将生产活动安排在总部周围，却外包给遥远的低成本国家。这些都是供应链网络构建不合理的具体表现。

要想弄清企业的供应链网络到底应该如何构建才合理，一个首要的问题就是研究供需的匹配与协调。这是本章的重点内容。

4.2.2 解决企业现实问题的基础

诸多企业实际运营中的问题也迫使人们从新的视角来看待供需间的关系。比如，当前很多企业引进了先进的管理信息系统（如ERP），但运营绩效并未提升；又比如，企业经营过程中常常会出现产品供不应求或供大于求的现象，很容易造成缺货或库存积压。

当我们探究到底是什么原因导致这些现象发生时，往往会凭经验做出这样的总结：“之所以出现供不应求或供大于求的现象，是因为市场需求预测没有做好”“如果企业的销售部门能够做好产品的需求预测，明确知道企业在将来一段时间内需要多少产品，就不会出现这种问题了”。当然市场需求预测不准确的确是导致产品脱销或库存积压的重要原因，也是企业信息系统无法有效发挥作用的原因之一；但是，现实中有些产品（特别是服务产品）的市场需求本身就是很难准确预测和把握的，那么该如何应对这种情况呢？答案也需要从供需匹配与协调的角度来寻找。

4.2.3 运营与供应链系统构建时的基础

从20世纪末开始，企业面临日益严峻的新考验：由于生活水平不断提高，客户的个性化需求越来越强烈，促使企业不断开发和生产多样化的产品，产品的生命周期也越来越短。这时，企业必须提高自身运营系统的柔性或灵活性（flexibility）来加以应对。这是因为对于这些生命周期短、个性化、多样化的产品而言，企业往往很难准确把握其市场需求状况。由于该类产品或服务是为了满足不同客户的不同需求，企业不可能准确预测出所有客户的个性化需求。只有个性化需求的信息传到企业以后，才能知道需要生产什么样的产品，在生产过程中需要组织什么样的资源和能力。这就要求企业必须建立柔性的生产系统和灵活性较高的运营系统，敏捷应对市场中较难把握的需求变化以及外部和内部环境的变化。

相对而言，那些市场需求状况能够较为准确把握的产品或服务，其生产过程比较容易组织，企业往往可以构建一个较为稳定的运营系统实现其生产。在构建这样的运营系统，进行协作伙伴选择，安排采购、库存、生产、销售、运输等环节的过程中，都可以考虑充分发挥运营过程的稳定优势，发挥规模效益，从而降低成本，提高收益。

所以，要想产品或服务能够满足客户的需求，企业必须在运营系统中做文章，认真考虑供应链应该如何建立的问题。既要考虑企业外部供应链的设计与构建问题，如协作伙伴如何选择、如何谈判、关系如何建立、合同如何签署等，也要考虑企业内部供应链的设计与构建问题，如内部的组织结构如何选择、内部的岗位如何设计、职权如何配置、人员如何安排等。

4.2.4 企业战略制定和实施的需要

第1章指出，从企业战略制定的角度讲，企业战略目标以及具体的战略措施如何制定等一系列问题，实质上也是围绕其产品或服务供需之间的平衡展开的。这是因为，企业战略最终会反映到产品和市场的定位上。如果企业制定的战略无法使其产品或服务满足市场的需求，那么战略是不成功的。任何企业都有自己的产品或服务，企业要想盈利必须保证其产品能够在市场中销售出去，这是一个基本原则。所以，我们必须围绕产品和市场的定位来制定企业战略，同时构建合理的运营系统来实施战略。

可以说，供需的匹配与协调是企业战略与运营战略的中介。企业战略、战略定位、运营系统之间的关系及其与中介——供需的匹配与协调之间的关系如图 4-1 所示。

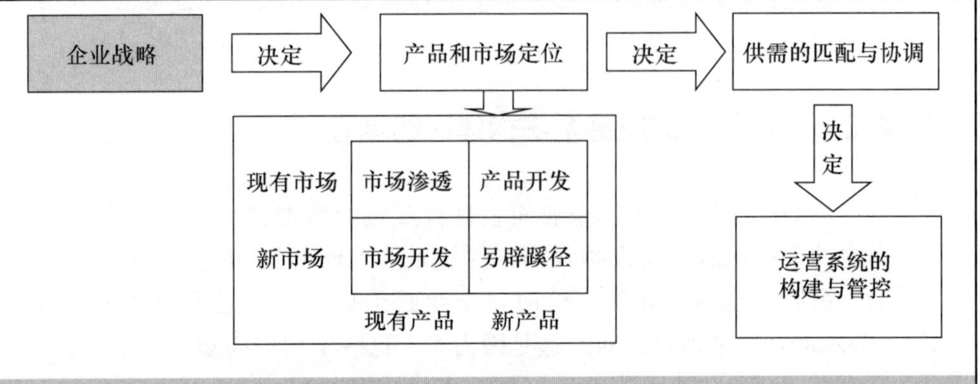

图 4-1 企业战略、运营系统之间的关系及中介

企业如何才能做好供需的匹配与协调呢？这就要从所提供产品或服务的需求特征（需求性质）角度加以分析。

4.3 什么是供需的匹配与协调

这里以生产型产品为例来讨论，服务型产品具有相似结论。一般来讲，我们可以把产品分为两类加以考察，如图 4-2 所示。

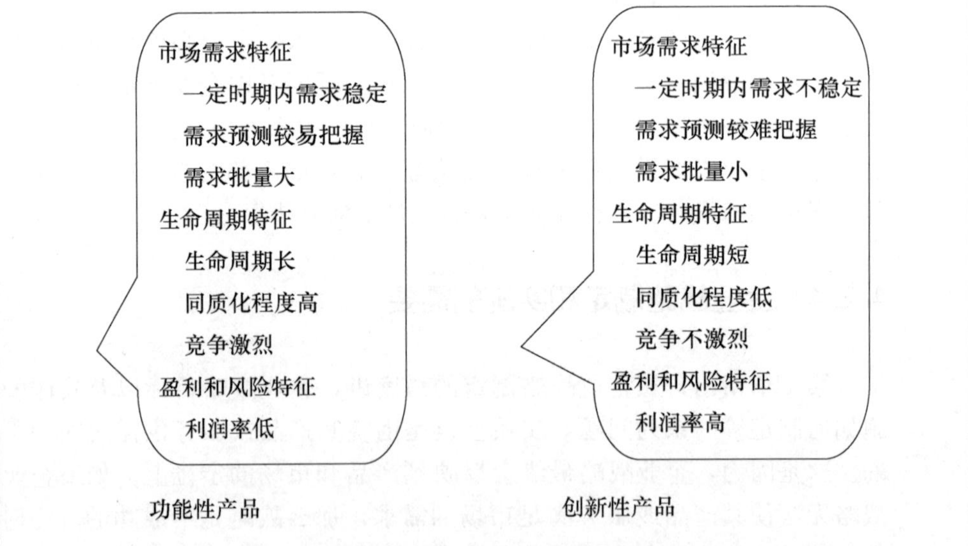

图 4-2 两类产品的需求特征及生命周期特征对比

一类是大众化的日常消费品，比如食用油、普通款式服装、普及型汽车、普及型家电等，称为功能性产品；一类是非大众化的、款式多变的产品，比如

太阳镜、潮流服饰、新款电子产品、个性化定制产品等，称为创新性产品。

4.3.1　两类产品的不同需求特征

首先，从市场需求特征角度分析上述两类产品的异同。显然，类似食用油这样的功能性产品，其市场需求在一定时期内较为稳定，市场需求量相对比较容易把握；而类似太阳镜这样的创新性产品，一般来讲其市场需求相对较难把握，因为每年款式非常多，产品更新换代比较快。

其次，从产品生命周期角度分析，功能性产品的生命周期较长，创新性产品的生命周期一般较短。两类产品在生命周期曲线上的位置一般符合图 4－3 所示关系。功能性产品往往处于生命周期的成熟阶段，市场中产品同质化现象严重，竞争激烈；而创新性产品往往处于起步或成长阶段，市场中产品差异化较强，竞争相对较小。

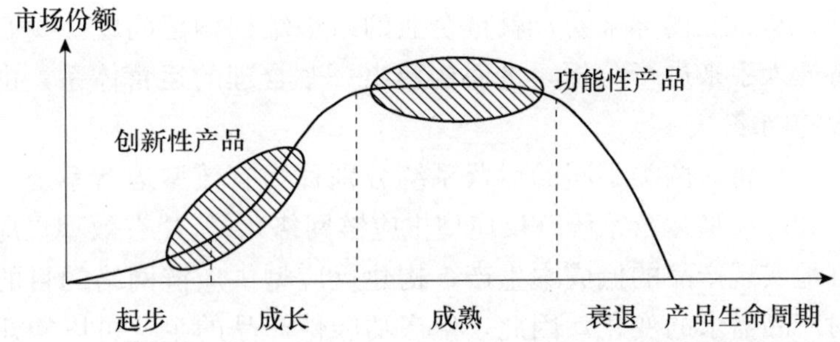

图 4－3　两类产品在生命周期曲线上的位置对比

最后，从盈利和风险特征角度分析。由于功能性产品生命周期较长，竞争激烈，所以其利润率一般较低，但由于产品需求量大，买主很多，因而其经营风险相对较小；而创新性产品由于新颖性强、生命周期较短，市场定位较窄且集中，需求量相对较小，因而其经营风险相对较大，但是由于生产企业相对较少，竞争较少，因此企业可以通过较高的售价获取较大利润。

4.3.2　企业关注焦点的差异

通过上述分析可知，功能性产品大多处于生命周期的成熟阶段，经历了较长时间市场竞争，同质化严重，其生产企业往往采取低成本战略进行竞争，长此以往必然导致该类产品的利润率下降。对于这种利润率较低的产品而言，企业如何能够有效地降低生产成本，是其能否继续生存的根本。因而，企业在构建运营系统时，就要重点围绕如何降低生产成本来考虑。

创新性产品则不同，由于其利润率较高，如果供应不足，将对企业造成较大的利润损失；但如果供大于求，产品的库存积压将在很长一段时期内难以消化，也会带来较大损失。因此，对于生产创新性产品的企业而言，需要考虑的重点问题是如何在产品的生产以及销售过程中快速响应外界需求变化，因而构建一个能够快速响应外界需求变化的运营系统是非常关键的。

对于创新性产品的生产企业而言，能否有效降低生产成本已经不是一个从战略角度考虑的主要问题。这是因为该类产品的利润率较高，成本的节约对于企业最终利润影响不大；而一旦不能快速响应外界需求变化，造成库存积压或脱销，将对企业的利润产生非常大的影响，这是该类企业在制定战略时首先需要考虑的问题。

4.3.3 两类不同的运营与供应链系统

企业必须根据上述两类不同产品的需求特征，构建两类不同的运营系统来保证产品的提供。从企业外部来看，构建运营系统就是企业供应链网络的构建问题；从企业内部来看，就是企业的组织结构构建问题。我们必须从产品的需求特征入手来进行分析，进而构建出一个合理的运营体系，也就是企业内外部供应链网络。

这里将这两类不同的运营系统分别称为有效型运营系统（有效型供应链网络）和反应型运营系统（反应型供应链网络）。构建有效型供应链网络的目的是更好地实现产品的低成本生产；构建反应型供应链网络的目的是更好地响应客户对产品需求的变化。因此，生产功能性产品的企业可以构建有效型供应链网络进行匹配，生产创新性产品的企业可以构建反应型供应链网络进行匹配，这就是企业供需的匹配与协调。

4.4 供需的匹配与协调模型

将两类供应链网络和两类产品在一个图中进行定位和匹配，就得到了如图4-4所示的供需的匹配与协调模型。①

在图4-4中，企业的供需匹配类型应该位于哪两个象限比较合适呢？显然是左上角和右下角。位于左上角时，企业生产的是功能性产品，构建的是有效型供应链网络进行匹配，有助于企业降低产品生产成本；位于右下角时，企业生产的是创新性产品，构建的是反应型供应链网络进行匹配，有助于企业快速响应市场需求的变化，尽快采取有针对性的经营管理措施。

---

① 供需的匹配与协调模型的思想最早由马歇尔·L. 费希尔（Marshall L. Fisher）教授提出。

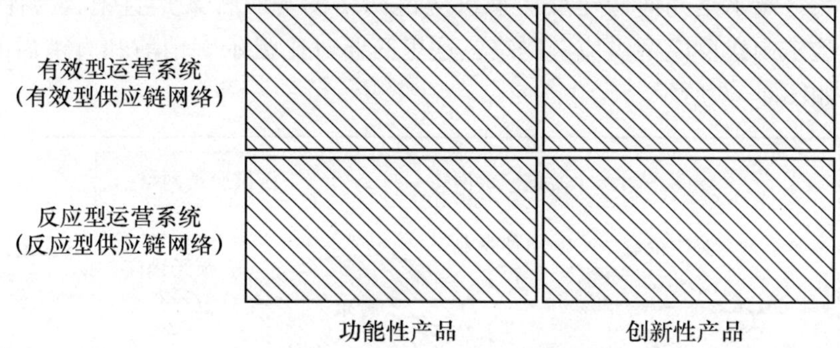

图 4-4　供需的匹配与协调模型

4.5　供需不匹配的处理

现实中，很多企业的供需是不匹配的，位于图 4-4 中右上角或左下角的位置，特别是位于右上角的不匹配关系更常见。

例如，某个成熟行业中的一家实力非常强的企业和上游供应商及下游销售商关系非常密切，议价能力也非常强，因而构建了有效型供应链网络，然而它却在不断地开发差异化较大的新产品即创新性产品，与企业构建的有效型供应链网络是不匹配的，这就是一种位于右上角的不匹配关系。

要想解决这种不匹配的问题，必须把位于右上角或左下角的这两种不匹配关系进行转换，如图 4-5 所示。

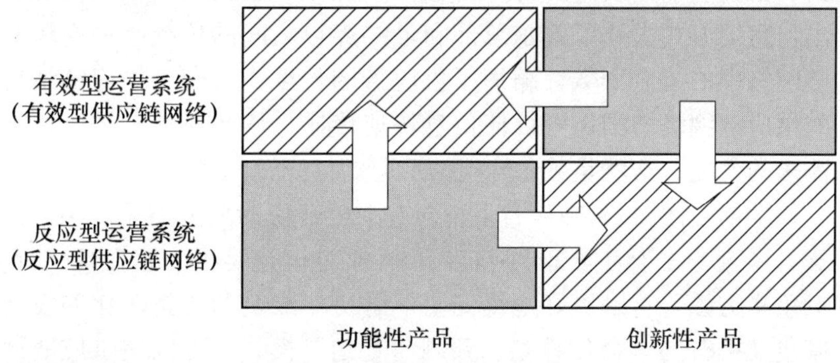

图 4-5　供需不匹配的转换

4.5.1　第一种不匹配问题

第一种不匹配关系位于模型右上角。对于该类不匹配关系的转换，戴尔是典型的例子。戴尔生产的是定制化的电脑产品，个性化定制产品属于创新性产品。戴尔是如何构建反应型供应链网络的呢？答案是直销。为什么直销能够使戴尔构建反应型供应链网络？这里简要对比戴尔直销前和直销后的供应链网络，如图4-6所示。

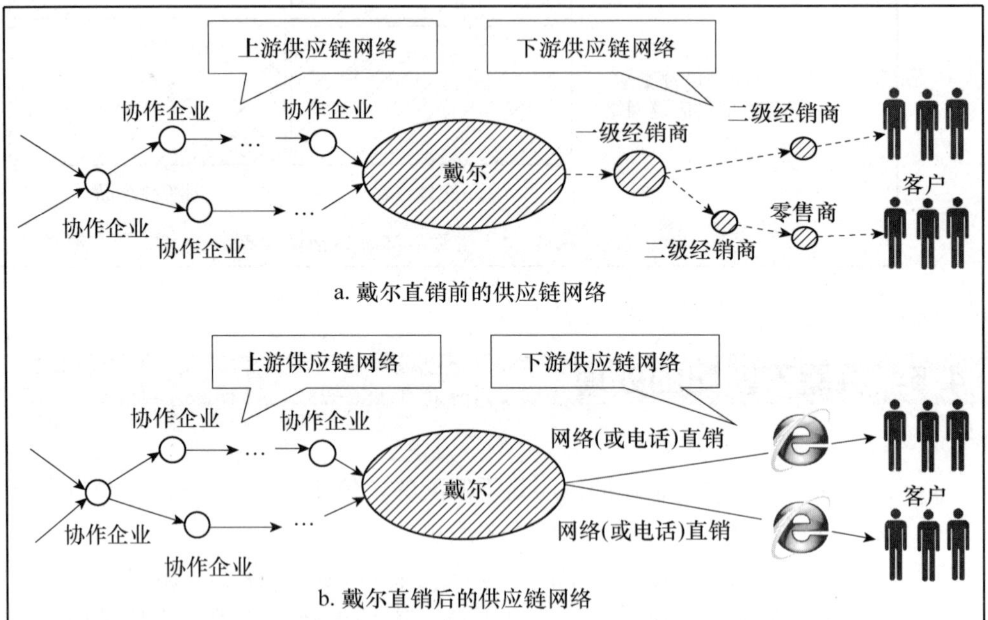

图4-6　戴尔直销前后的供应链网络对比

戴尔作为核心企业，在采取直销模式之前，是通过经销商向客户销售产品的，其供应链网络如图4-6所示。当戴尔采取定制战略以后，去掉了下游的分销和销售环节，改为网络（或电话）直销，直接面向客户。从图4-6中可以看出，直销方式去掉了戴尔总部和最终客户之间的传统经销商环节，减少了供应链网络中的节点个数，缩短了供应链的长度，改变了供应链结构。这种缩短了的供应链网络结构，可以使信息快速传递，从而使戴尔尽快地响应客户个性化需求的变化。这就是戴尔构建的反应型供应链网络。

宝洁是图4-5中从右上角向左上角转换的典型例子。宝洁是日化行业的龙头，一直专注于有效型供应链网络的构建。这是因为它在日化行业属于领先者，竞争实力强，可以更好地得到上下游协作成员的支持。比如宝洁和沃尔玛联合制定及推行的“合作计划、预测与补给”模式，可以使供应链网络中部分环节的平均库存水平下降15%～25%，大大节约了运营成本。但是，它建立的有效型供应链网络只是针对其日化产品而言的，如果开发与日化产品差异较大的新产品，有效型供应链网络的低成本优势就很难发挥出来。因此，宝洁、高露洁这类企业一直专注于日化产品的生产，通过削减产品系列与种类，集中生产生命周期长的成熟型、功能性产品，使自己的有效型供应链网络能够发挥最大效用。

■ 宝洁公司前总裁德克·雅各（Durk Jager）曾经说："很难想象消费者这些年都是怎样忍受宝洁的，我们的所作所为实在是难为他们了。"这番话暗示了宝洁的产品线过于庞杂，不仅品类众多，即使是同样的商品也有十几种不同包装和类型。这虽然符合顾客细分的营销理论，却让消费者本来清晰的购买思路反倒模糊了，产生了迷惑、犹豫的心理。对于日化产品而言，使消费者产生这样的情绪是很危险的，结果可能就是放弃购买这类产品，转而购买那些清晰明了、不用劳神费力的商品。宝洁发现问题后，对日化生产线的所有产品实行配方标准化，清除非重要品牌，把分散的产品规格进行归纳整理。产品的品类与规格锐减后，市场份额却提高了30%。

所以，对处于成熟期的产品，企业通过缩减产品系列和种类，能够有效地预测和把握产品的市场需求，这是发挥其有效型运营系统的前提，是图4-5中左上角匹配关系的体现。

4.5.2　第二种不匹配问题

还有一类企业位于图4-5模型的左下角，这类企业生产的是功能性产品，但构建的却是反应型供应链网络，这也是一种不匹配的情况。一般来讲，这种情况在刚起步或者快衰退的企业里较为常见。之所以如此，是因为这类企业生产的是功能性产品，它们也非常希望能够构建有效型供应链网络来适应其低成本生产，但现实中往往很难构建有效型供应链网络。

对于刚起步的企业，当它进入一个成熟的竞争领域时，该领域中已有众多竞争者，而且市场格局相对稳定。一般来讲，在这种市场中往往会有市场占有率较高的企业占据着市场的主导地位，它们凭借自己的综合竞争实力直接或者间接控制着行业内上下游的相关企业及资源。这对于进入该行业刚起步的企业是极其不利的，这些刚起步的企业很难得到上下游协作成员的支持，在采购、生产、销售等各个环节都不具有成本优势，因此很难构建有效型供应链网络和现有行业中的成熟企业进行竞争。这就是这些刚起步的企业只能构建反应型供应链网络的原因。

对于快衰退的企业也是同样的道理，因为它们已经步入衰退，所以其上下游企业都不愿意和它们继续合作，导致该类企业的议价能力变弱，在这种情况下很难构建有效型供应链网络实现低成本生产，因而只能构建反应型供应链网络。

这里不妨探讨一下，位于左下角的供需不匹配的企业到底该如何应对不利的上下游协作关系所带来的竞争劣势。

对于在产品处于成熟期的行业中刚起步的企业而言，要想构建有效型供应链网络，关键是如何通过上下游其他协作成员的支持来降低自己的采购或者销售渠道成本。一种典型的做法就是采取“抱团取暖”的方式，可以有效地提高对上下游合作伙伴的议价能力，降低生产成本，更好地与当前行业中的成熟企业进行竞争。

4.6 供需匹配时的改进和优化

在图4-5所示的匹配协调模型中，左上角和右下角是两种匹配关系。如果企业已经处在这两种匹配关系下，还可以考虑对其进行进一步优化。

4.6.1 第一种匹配关系的改进

对于左上角的匹配关系，企业往往可以采取如下方法进一步强化这种匹配关系。

由于企业生产的是功能性产品，产品的需求相对能够较为准确地预测，企业可以采取先进的计划系统进行生产，比如企业资源计划（enterprise resource planning，ERP）系统。ERP系统中不仅包括为推动式生产方式设计的模块，如制造资源计划（manufacturing resource planning，MRPⅡ），也包括为拉动式生产方式设计的技术和模块，如准时制（just in time，JIT）生产模块，还包括为推/拉混合式生产方式设计的信息处理模块，详细内容可参见第11章。

对位于左上角的企业而言，可以更多地采取ERP系统中为推动式生产方式设计的模块进行生产安排。制定先进生产计划、精简供应商和组织结构、优化产能等方式，都可以使有效型运营系统的效率得到进一步提升。1999年，宝洁公司将SAP R/3（一种国际先进的企业管理软件系统）运用于其供应链管理，有效地管理和整合了供应链网络中的物资流、信息流以及资金流，加快了供应链网络中的信息传递速度，缩短了提前期，降低了库存水平和运营成本，使其有效型供应链网络的运作效率进一步提升。

4.6.2 第二种匹配关系的改进

对位于图4-5右下角的企业而言，尽管其生产的是创新性产品，但显然产品需求的不确定性越小，企业也越容易把握。因此，如何降低产品需求的不确定性一直是这类企业探讨的重要问题之一。

首先，就是要获取更全面、更及时的市场需求信息以及环境变化信息，进行更准确的分析和及时的预测，尽量降低不确定性。

比如戴尔采取网络直销的方式来提供定制化产品。从其网站上提供给消费者的定制选项（如图4-7所示）可以看出，此时基本上到了电脑生产流程的最后一环组装阶段，比如包括的选项有：电脑外壳选什么颜色、零部件（内存等）

如何配置、选择几年的售后服务等。该阶段显然不会对组装环节之前的其他生产环节造成什么影响，这也是定制型企业减少不确定性的一种常用方法，其实质是企业通过设计产品或服务来引导市场需求，从而减少市场需求的不确定性。

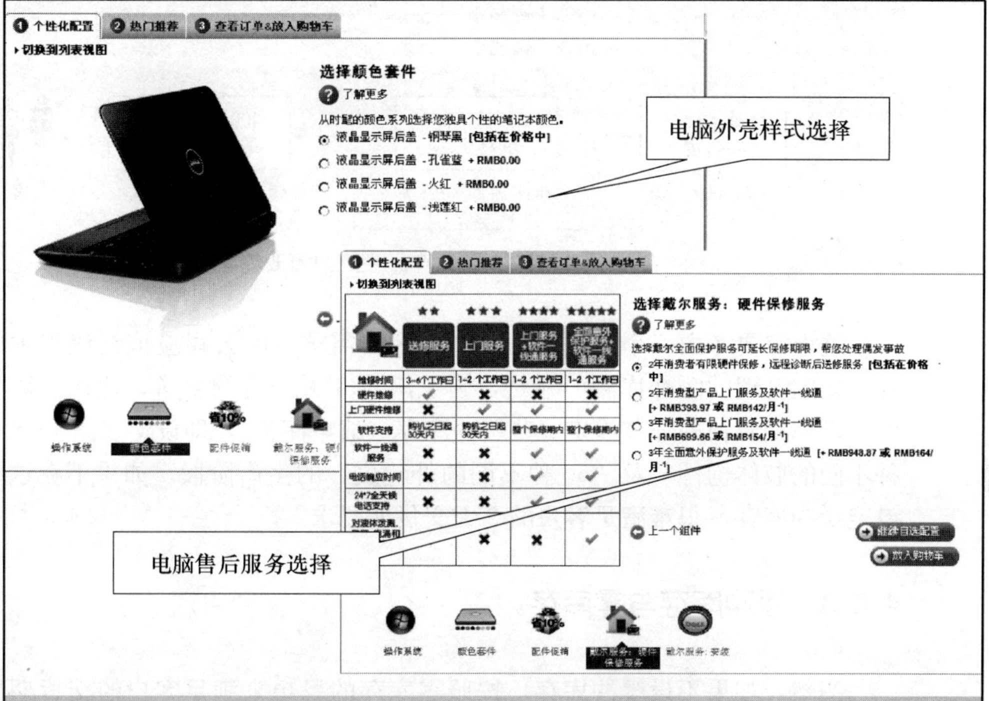

图4-7　戴尔直销产品的个性化定制选项

资料来源：www. dell. com. cn.

其次，企业可通过缩短交货期的方式来减少不确定性。交货期实际上就是订货提前期，往往是指从订单的投放到收到货物的这段时间。显然，交货期越短，在交货期内可能发生的不确定性也就越低。

在尽可能避免或者减少不确定性的情况下，企业还可以通过其他途径进一步增强自己的柔性。比如可以通过在供应链的某些环节设定缓冲库存，或者在某些环节设定额外的或预留的产能来应对不确定性的发生等，如下例所述。

■ A公司是一家生产仿真机器人玩具的企业，该产品由人体骨骼式金属活动支架、运动动力部件、运动控制部件、智能控制部件以及外包皮等组成。目前，公司实施的是网络直销的客户定制模式，客户可以在公司提供的平台系统中选择零部件的类型、款式、功能、物理外观等进行组合定制，公司承诺客户订货后3天之内可以交付。产品生产的简要流程如图4-8所示。

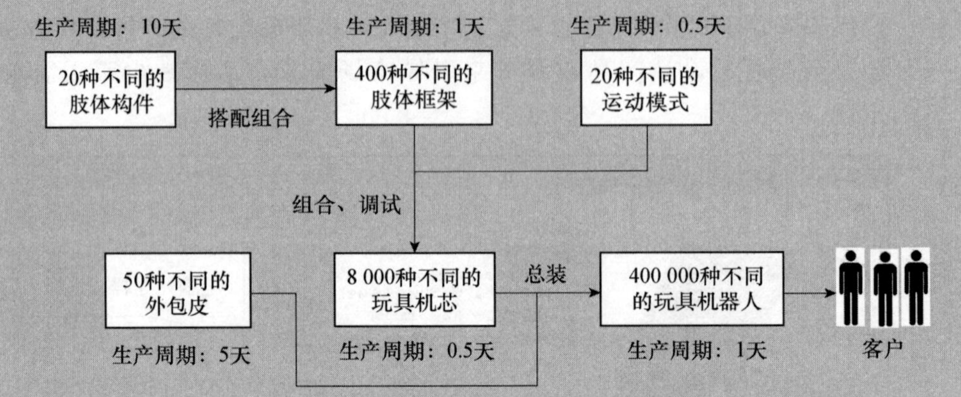

图 4-8　A公司产品生产的简要流程

这里需要考虑一个问题：为了实现客户需求，A 公司应该在流程中的哪些环节设定合理的缓冲库存？显然，为了满足 3 天交货的要求，往往应该在流程中生产周期较长的环节设定一些缓冲库存（战略储备），即设定在图 4-8 中“20 种不同的肢体构件”及“50 种不同的外包皮”的生产阶段。如果不在这些阶段设定缓冲库存，很难满足客户的 3 天交货期要求。

4.6.3　缓冲库存与零库存

当然，如果不设缓冲库存，按照零库存的思想来满足客户的交货期要求也是可能的，但前提是必须拥有设计非常好的供应链网络及效率非常高的信息系统的支撑。更为关键的一点是，流程中的信息传递必须非常准确，同时做到在原材料采购、生产、运输、装配、加工、包装以及资金结算等各环节均不会出任何意外情况。也就是说，在供应链网络中物资流、资金流、信息流等各个方面都高度统一，并且不会产生任何断流、拥堵及滞留的情况下，整个供应链网络的零库存才有可能实现。显然，在现实中，这种情况是很难实现的。为满足客户准时交货要求，企业保有一些缓冲库存是比较合理的。

零库存是当前企业及消费者经常讨论的话题，将在第 10 章进一步探讨。某些企业经常宣称自己实现了零库存，但实际上，零库存在我们所讨论的供应链网络里只可能局部存在，不可能全局存在。供应链网络中某个或某些企业的零库存是在其他企业保有库存的前提下实现的。然而，我们在第 1 章中已经讨论了供应链的五大特点，其中战略性的特征要求我们用系统性的观点来全面看待企业管理问题，也就是不能只从企业自身的利益出发来考虑问题，而要从整个供应链网络各成员企业的整体收益和风险角度来考虑供应链的运营问题。

从这个层面来讲，供应链网络中某个或某些环节能否实现零库存，不只是该企业自身的问题，而是关系到整个供应链网络能否合理运营以及长远发展的战略性问题。如果企业一直坚持实现自己的零库存，而不考虑上下游其他企业的利益与风险，是很难得到上下游协作成员长期支持的，除非这个企业在行业中一直处于主导地位，但要做到这一点很难。

通过前面 A 公司的例子可以得出：在产品生产流程中，生产周期较长的环节往往需要设定一些缓冲库存。这是因为满足客户需求实际上有两个方面的要求：一是满足客户对产品实物（特征）方面的要求；二是满足客户对产品时间（交货）方面的要求。特别是定制产品，满足客户对产品时间方面的要求是非常重要的，这需要通过在供应链网络中的某些环节设定一些缓冲库存及预留产能来实现。

4.7 供需匹配与协调运用的前提

运用供需的匹配与协调的思路来考察企业的经营管理必须有一个前提，即判断企业的产品（或服务）是功能性产品还是创新性产品。那么该如何判断呢？有一个核心方法，即考察该产品的需求能否较为容易地把握。需求容易把握的就是功能性产品，反之则属于创新性产品。我们不需要去把握产品的实物类型到底是怎样的，也不用去把握产品其他方面的特征，只需要把握需求的特征即可以进行判断。

一个产品今天是功能性产品，明天有可能变成创新性产品。比如，一个质量合格的产品，每周销量基本平稳，可以方便地预测它的每周市场需求量。但假如它的质量出现了问题，我们就没法准确预测其市场需求量。功能性产品一旦由于某种原因使它的市场需求变得难以把握，如果再坚持继续降低它的成本就是有问题的。正如第 1 篇提到的丰田公司的案例，丰田汽车出现了质量问题，但丰田章男仍然坚持降低成本，导致了更大的危机。

4.8 渠道对供需匹配的影响

如图 4－9 所示，某企业生产的是多样化、个性化的产品（个性化产品是创新性产品），因此构建了反应型运营系统。但由于有渠道（如经销商、代理商等）的存在，客户往往只能买到需求量大的大众化产品，感觉不到制造商产品的多样性，这就造成了生产企业供需不匹配的现象。该问题应如何解决？

可以看出，由于有渠道的限制，本来匹配的供需状况变成了不匹配。需要思考的是，如果企业多找几个代理渠道能否解决这一问题？答案是否定的。因为各代理商的要求是基本一致的：都希望获取更大的收益，同时规避更多的风险。产品系列中大众化的产品肯定是很多代理商都愿意代理的产品类型，因为市场上的顾客对大众化产品具有较高的认可度，有利于代理商的推广和销售。

而个性化的产品通常大多数代理商都不愿意经营，因为市场上绝大多数顾客对个性化商品的认知程度不高，在购买时具有较高的警惕性。同时，代理商在销售个性化商品时，往往需要投入大量的人力、物力、财力等来提高该类商品的市场知名度，这就会在一定程度上影响代理商的收益。

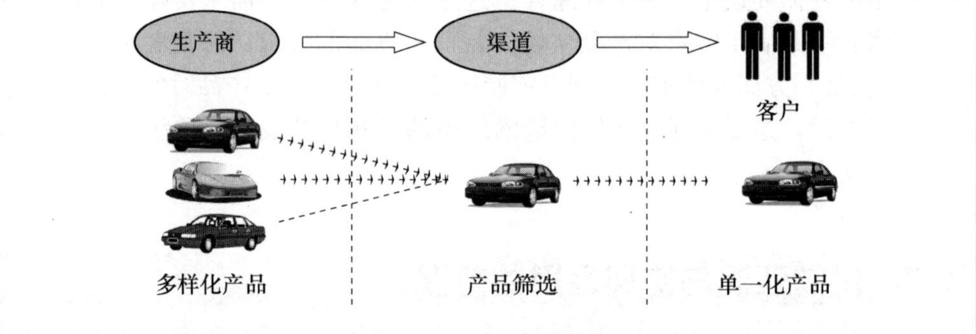

图 4-9 渠道对供需匹配的影响

在这种情况下，企业可以考虑通过直销（网络直销或开设直营店）的方式，将自己多样化产品的信息直接传递给消费者，进而实现供需的匹配与协调，就像戴尔公司的直销模式一样。

4.9 价格波动对供需匹配的影响

围绕供需的匹配与协调，我们来探讨关于价格战的问题。价格战是我们非常熟悉的营销策略。这里探讨的价格战问题，是针对处于产品生命周期成熟阶段的功能性产品而言的。

生产处于生命周期成熟阶段产品的企业，必须弄清这样一些问题：在什么情况下企业打价格战是有利的？在什么情况下打价格战无利可图，甚至可能造成企业破产或彻底失败？是大企业（竞争实力强的企业）打价格战合适还是小企业（竞争实力弱的企业）打价格战合适？这些问题必须通过供需的匹配与协调的思想来分析和解决。

4.9.1 价格战对需求的影响

首先，处在生命周期成熟阶段的产品一般属于功能性产品，其市场需求往往能够较为准确地把握。但是，当企业打价格战以后，这种功能性产品的需求特征会发生什么变化呢？

这里讨论的价格战实际上有两种情况：一种是常见的降价价格战，也就是企业为了吸引消费者纷纷将产品降价促销；另一种则是不多见的涨价价格战。比如，某食盐企业通过媒体宣传食盐在未来几天将要断货，进而每袋盐涨到 10

元。显然，这样的营销方式也可以增加企业的收入。

也就是说，不管是降价价格战还是涨价价格战，都会导致产品需求在短时间内发生变化。在这种情况下，由于产品需求量很难准确把握，就要求企业构建反应型供应链网络进行匹配。但是，对于实力弱小的企业而言，由于其上下游的协作关系往往不如大企业稳固和健全，其产品的市场需求是很难准确把握的。在这种情况下，小企业如何保证其上游供应商及下游销售商能够和自己协调合作，是一个值得思考的问题。

4.9.2　牛鞭效应

由终端需求波动带来的供应链网络中信息传递的放大效应，称为供应链管理中的牛鞭效应（bullwhip effect），如图 4－10 所示。

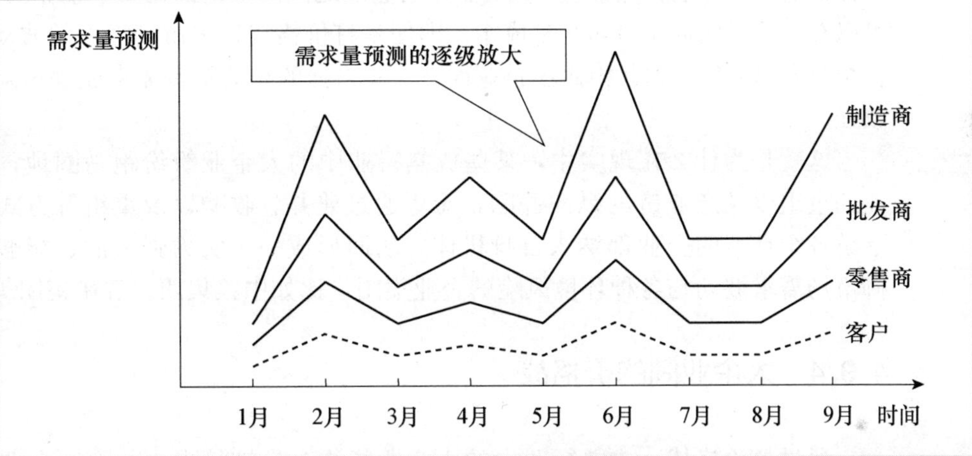

图 4－10　供应链中的牛鞭效应

牛鞭效应反映了这样一种现象：在一个供应链网络中，终端需求的波动会产生逐级放大效应，就像牛鞭挥动后的波动放大效果一样。比如，销售商预测终端市场需求将会增加，必然要向供应商增大订货量，而供应商为了满足下游企业的订货要求，避免缺货风险，必然要增加自己的订货量和库存量，而且其增加的比例要大于销售商订货量增加的比例。而供应商的上级供应商也要更大比例地增加订货量和库存量，依此类推。各级企业增加备货量的目的是为了应对下游市场需求的变化，同时抵御市场需求变化带来的经营风险。

美国斯坦福大学教授李效良（Hau L. Lee）等人研究后发现，牛鞭效应有四大成因：多重需求预测、批量生产/订购、价格浮动和促销以及成员之间的非理性预期。其中，价格浮动和促销是导致牛鞭效应的主要原因，而打价格战是导致价格浮动的主要原因。

4.9.3 价格战对不同企业的影响

打价格战时，市场需求产生了很大的波动，上游供应商很难确定应该安排多少库存来满足下游销售商的需求。因此，对于小企业而言，尽管能够通过价格战在短时间内获得较高的销量，但是往往会破坏和上下游协作企业之间的关系，很难继续获得上下游企业的支持，最终可能不得不退出该行业。这就是通过打价格战，一个行业中实力强的企业可以把实力弱的企业挤出去的原因。

相反，对于实力强的企业而言，由于其拥有较多的供应链网络资源，非常容易获得上下游企业的支持，因而在打价格战时，抵御市场需求波动风险的能力也非常强。

特别是纵向一体化的企业，它们通过资产纽带和上下游企业形成紧密关系，在打价格战时是最有优势的，因为上下游企业之间的供销都在一个企业内部进行，可以有效地降低企业间的交易成本。即便是打价格战带来市场需求的波动，也能在企业内部消化，因此相比小企业而言，实力强的企业抵御需求波动风险的能力较强。

这就是为什么在现实中，某些成熟行业中的大企业纷纷跑马圈地，进行产业的重组以及产业链的纵向并购，希望通过兼并、收购以及重组等方式，把上下游各个环节的企业都纳入自身机体，从而形成一个实力强大的、能够有力抵御市场需求波动与各种环境风险的企业集团，比如中粮集团、五矿集团等。

4.9.4 大企业间的价格战

通过打价格战，成熟行业中的小企业往往容易被挤出去，而大企业仍然留在该行业中成为龙头企业。大企业和大企业打价格战又会出现怎样的情形呢？通常打到最后它们会选择相互妥协，无止境的价格战只能导致两败俱伤，因为大家都有利润底线。

处于成熟期的产品利润率非常薄，当价格战打到一定程度的时候势必影响企业的利润。在这种情况下，如果企业还想保证收益，就要想方设法继续降低产品的生产成本，直接结果将是产品质量下降，这对企业而言是一个致命的打击，因此价格战不能无止境。比如麦当劳和肯德基当年也进行了疯狂的价格战，但最终以双方妥协而告终。

■ 麦当劳和肯德基这两家快餐巨头的价格战一直都很激烈，如果一家发起，另一家马上就会应战。例如，2010年伊始，麦当劳提出15元午餐无限期推广，还推出了9元系列的“亚洲美食惠”；肯德基沉着应战，推出“美味实惠开门红”、冬日热饮买一送一以及不同规格的“乐惠餐”等。2010年2月，肯德基将奥尔良烤翅和香辣鸡翅通过优惠券降至7元和6元；麦当劳随即反击将鸡翅由7元降至5元，并使出奇招“券券通吃”，出示肯德基的优惠券再便宜5毛。这样的价格战消费者自然喜闻乐见，但是对于企业来说，陷入疯狂的价格战是十分危险的。因此2010年11月17日起，麦当劳对部分产品进行幅度为0.5～1元的涨价，肯德基虽然没有立刻跟进，但是也没撑过2个月，从2011年1月31日起将部分单品价格上调0.5～1元。

资料来源：https://doc.mbalib.com/view/ed24e15134978a4f5ce766a1aa3f5798.html，有删减.

4.9.5 短期行为要慎重

总体而言，并不是所有企业打价格战都是有利可图的。企业在打价格战之前，需要判断打价格战以后会对企业的供应链网络产生什么样的影响。这个影响显然不是短期的而是长期的。这就要求企业从战略的高度、从前瞻性和系统性的角度来看待长远的发展问题，不能只看到短期利益。

4.9.6 把握产品需求状况的前提

对于功能性产品而言，它的市场需求往往是能较为准确把握的，但有一个前提，就是只有在该产品质量合格、价格合理的情况下，其市场需求才能够较为准确地把握。

这一点非常重要，当我们去企业考察其产品需求类型时，首先应该判断其产品是不是符合质量标准，以及能否满足人们对该产品的基本价格要求。在此基础上，再考察其市场需求量能否较为准确地把握和预测，从而界定其属于功能性产品还是创新性产品，进而运用供需的匹配与协调理论进行企业诊断。

4.10 运营与供应链系统构建的思路

4.10.1 运营与供应链系统的诊断

企业运营系统（内外部供应链网络）需要诊断的内容实际上非常复杂，如图4-11所示。要想对其全面地诊断与分析，必须借助本章前述内容所提出的基于流程的企业管理全面分析法以及一个重要循环。这些方法结合供需的匹配与协调思想，是进行企业运营系统设计、构建与诊断的核心思路。

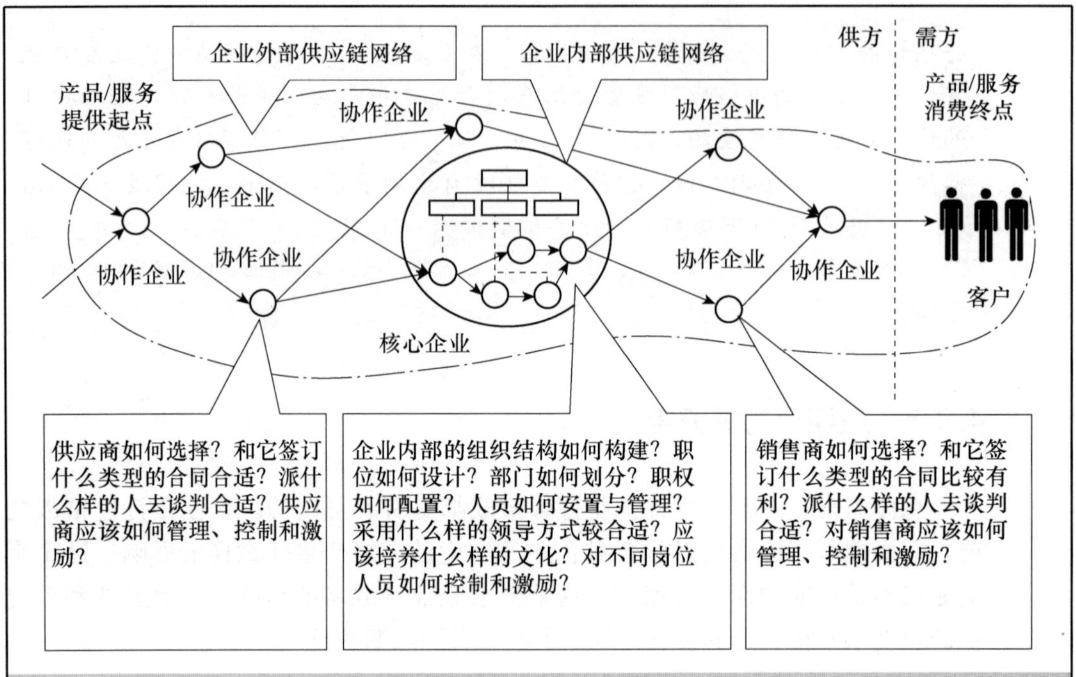

图 4－11　企业运营系统诊断

有了这些方法的支撑，再回到图 3－3 和图 3－4 所描述的快递公司例子，就可以解决快递公司如何构建自己的内外部供应链网络以及如何进行内外部组织的管理控制等一系列问题，其思路如下。

首先，分析鲜花的需求类型。如果鲜花的需求能够较为准确地预测，此时鲜花属于功能性产品，在构建企业外部供应链网络时就可以考虑和鲜花的供应商签订长期定额合同，提升议价力度，降低采购风险和成本；而在构建企业内部供应链网络（组织结构）时，在岗位设置、招人用人的时候可以考虑用成本低的员工处理鲜花业务。这些做法都是在构建有效型运营系统。

反之，如果鲜花的需求波动很大，不容易把握，快递公司在构建外部供应链网络时，和供应商签订的合同不应该是长期定额合同，否则将增加风险；而企业内部招人用人时，要找灵活性强的员工来快速应对市场需求的变化。

另外，目前仍有很多企业认为降低成本是需要考虑的头等大事。但实际上，降低成本并非对任何企业都是最重要的事情，关键要看企业目标如何制定，企业的产品和市场如何匹配，然后再来决定是否应该采取低成本战略。战略管理中有三个基本竞争战略：低成本战略、差异化战略和集中化战略，之所以有的企业采取低成本战略而有的企业采取差异化战略，其根源在于供需的匹配与协调。

4.10.2　诊断与构建的基本思路

总之，需要从战略的高度把握企业供需的匹配与协调问题。供需的匹配与协调实际上是分析企业管理问题的源头所在。如果这个问题不清楚，就无法分析其他管理问题。

通常进行供需的匹配与协调的过程是：企业战略决定了企业所提供产品或服务的需求类型（功能性产品或创新性产品），不同需求类型的产品或服务需要不同的运营系统（有效型运营系统或反应型运营系统）与之匹配，而不同的运营系统又需要不同的组织、领导与控制方法的支持，如图 4－1 所示。

例如，某企业的战略决定了其产品的市场定位为功能性产品，其需求能够较为准确地预测和把握，因此该企业需要构建一个有效型运营系统来进行匹配，从而必须把企业内外部供应链网络都构建成低成本的运营系统才能够与之匹配。在构建企业外部供应链网络时，可以考虑优先选择低成本的供应商，并和供应商签订长期定额合同来提高自己的议价能力，降低采购成本；而在企业内部，需要针对自己的产品类型进行组织结构的设计，构建适合低成本运作的组织结构和管理体系，同时在人力方面可以多选择一些角色型文化特征的人员，而在权力设置上应以集权化管理为主。如果该企业的战略决定了其产品的市场定位为创新性产品，企业就需要构建反应型运营系统来进行匹配，在构建企业内外部组织结构时应采用相反的思路。

所有这些思路和方法实际上都是和企业供需的匹配与协调思想密不可分的。从上面分析可以看出，这不只是供应链管理的问题，还包括了企业管理其他方面的内容。企业全面诊断遵循的就是这一基本思路。

4.11　企业内部运营系统的构建与管控

供需的匹配与协调要求企业构建内外部组织结构时一定要考虑产品或服务的需求类型。这里回顾一下有关组织的内容，以供企业在组织结构设计、构建以及诊断时参考。

4.11.1　组织结构设计

企业内部的组织设计无非是要做好四件事：职位设计、部门划分、职权配置以及人员安排。企业组建内部部门时应该做的是将不同的职责分配给不同的部门和不同的员工，并为其配备必要的职权和资源。在进行企业组织结构设计时，可以重点考察针对某特定任务的职责、职权以及所需要的资源是否都明确分配到了每个特定的岗位上。此外，要尽可能地提高组织的运行效率及效果、组织的透明度，注意不同职能之间的衔接。

企业内部的组织结构到底应该如何设计？每个部门的规模应该有多大？这些问题有时还取决于部门之间的衔接关系。如果部门之间衔接起来特别困难，则要尽量把组织结构的规模缩小。另外，企业应该一方面维持组织的秩序，另一方面积极鼓励组织的创新。

一般而言，企业也需要经历起步、成长、成熟以及转型等各阶段。处于成熟阶段规模越大的企业创新也越困难。企业到了成熟阶段以后，各项规章制度比较丰富和完善，往往会限制员工创造力的发挥。相比而言，起步和成长阶段的企业创新较为容易。所以，在进行组织结构构建时，比如进行部门划分及岗位设计时，需要考虑如何给员工留有创新的余地。海底捞在这方面做得比较有特色：赋予每个基层服务员一定的决策权，每个员工都觉得自己是企业的主人，其工作的自主性和创新性也比较高。关键的一点是，企业管理者需要平衡制度的约束和创新性的发挥之间的关系，这是一个值得深思的问题。

4.11.2 典型的组织类型

常见的企业组织结构类型如图4-12所示，如网状结构、等级结构、矩阵结构及星系结构等，各类型有其自身的特征。比如，星系结构的灵活性最强；网状结构的信息传递速度最快；等级结构的信息传递速度最慢等。这些特点都是企业在构建组织结构时需要考虑的重要问题。如果企业生产的是功能性产品，想实现低成本生产，就可以参考如图4-12所示的等级制组织结构。为什么等级制组织结构可以降低生产成本呢？因为这种组织结构的特点是分工明确，每个人在各自的岗位上各司其职、各尽其责，完全按照岗位的规章制度完成分配的任务，有利于降低成本。但这种组织结构具有明显的缺点，就是纵向等级太多，信息传递缓慢，灵活性差，就像我们在第2章丰田公司案例中看到的那样。

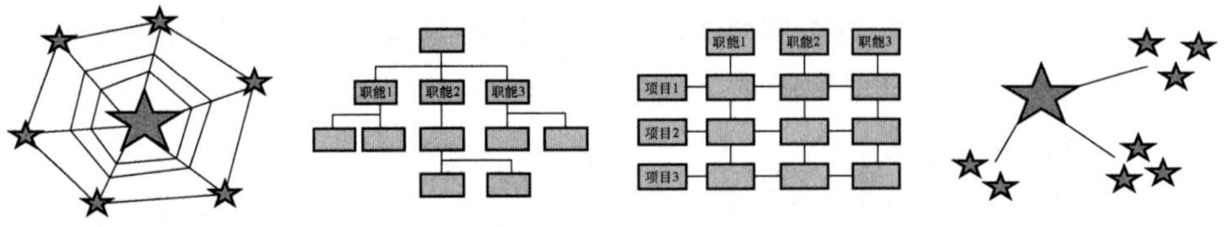

网状(直线)结构	等级结构	矩阵结构	星系(虚拟)结构
优点： 便于全盘控制 反应灵活 决策迅速	优点： 专业化程度高 效率高、成本低 决策集中	优点： 灵活,目标性强 有效的专业协作 培养战略人才	优点： 自主性强 行动灵活 创新性强
缺点： 对决策者要求较高 难以培养接班人 管理者忙于琐事	缺点： 分工过细 内部协调困难 灵活性差	缺点： 政出多头 协调困难 决策分散	缺点： 约束力差 协作风险大 成本高

图4-12 几种常见的组织结构及其特征

了解不同组织结构的特点对于正确选择和设计企业内部的组织结构具有重要的意义。

4.11.3　组织和文化的匹配

企业在构建组织结构时，除了需要考虑供需的匹配与协调以外，还需要考虑其他重要方面的影响。其中，文化的匹配非常重要。比如，在前述的快递公司战略调整案例中，快递公司在战略调整之前，除进行 SWOT 分析以外，还需要考虑企业的文化是否适应这样的战略变动。如果企业的员工和各级领导者持有的都是因循守旧、不思变化的文化理念，战略调整反而不能给企业带来好处。

另外，员工文化特征也是影响企业战略调整及组织设计的重要因素。不同的文化特征对应不同的组织结构，而不同的组织结构又决定了企业生产效率的高低。员工文化特征与组织结构的匹配关系如图 4-13 所示。比如，如果企业构建的是等级制组织结构，最好招募角色文化型的员工，这样才能构建低成本的企业内部运营系统，实现低成本竞争。

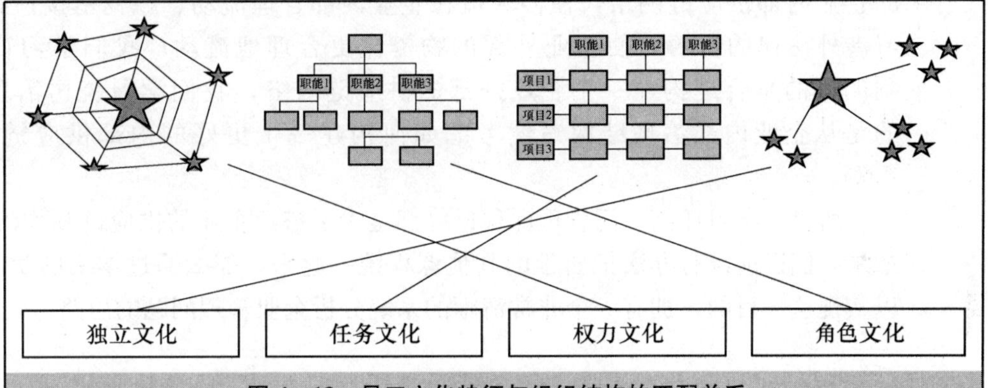

图 4-13　员工文化特征与组织结构的匹配关系

4.11.4　组织和权力的匹配

企业在构建组织结构时，还需要考虑分权和集权的问题。显然，如果企业生产的是功能性产品，最好能够运用集权化的管理方式；相反，分权化的管理方式更有利于创新性产品的生产，也就是更有利于构建一个反应型运营系统。如果相关岗位人员的权责习惯与风格不能与组织的要求相匹配，就要考虑人员选聘、培养和更换等一系列问题。

上述探讨的这些问题，诸如企业文化、员工文化、权力分配方式等，都是影响企业战略制定和实施的重要方面，在企业战略制定之前就应该进行详细的分析。

4.12 供应链和物流的基础地位

基于流程的企业管理全面分析法和供需的匹配与协调思想奠定了企业全面管理和诊断的理论基础，也意味着供应链和物流实际上是企业运营的基础，是分析企业管理问题的基本入手点。

第1章已经做过这样的阐述：物流描述的是企业产品或服务从起点到终点所涉及的流程（包括物资流、资金流、信息流及商流）；供应链是支撑该流程的企业内外部组织结构。供应链和物流构成了企业的运营系统和运营流程。没有供应链和物流的支撑，企业根本无法运营，也就不复存在。所以，任何其他企业管理类课程实际上都是以如何构建企业内外部供应链网络，如何使企业物资流、资金流、信息流及商流合理运营和顺畅衔接为目的的。供应链与物流处于整个企业管理的基础性核心位置。

比如，我们学习组织行为、人力资源管理的目的是研究组织结构中各个部门之间的关系，研究组织岗位的设计、人员的安排等，从而构建一个合理的企业内部供应链网络，使四大流在企业内部合理流动、顺畅衔接；我们学习涉外法律的目的是使企业外部的物资流更合理地流动；我们学习商务谈判的目的是合理构建一个企业外部的供应链网络；我们学习公司治理的目的是从企业内部治理结构角度考虑如何构建一个更好的内部供应链网络，等等。

所以，学习任何一门管理课程最终都是为了搭建企业的供应链和物流系统。如果我们以前没有办法把所学的其他课程统一起来，那么通过本书的学习就可以实现这一目的，拥有一个非常清晰的系统分析企业管理问题的思路。

□ 案例研讨

Zara的供应链设计与构建

名牌时尚服装总能吸引人们的眼球，但其高昂的价格又往往使大多数人望而却步。此时如果有人告诉你，来我店里吧，这里有紧跟潮流的时尚款式，而且只需花费不到顶级品牌1/10的价格就能够拥有神似顶级品牌设计的服装，你会相信吗？你应该相信，那就是西班牙的服装品牌Zara。近些年，以Zara为代表的时尚服装品牌突破了传统束缚，成为时尚界的领导者。一个远在西班牙的服装公司，为什么能够如此迅速地捕捉世界各地的流行信息，快速地生产和销售时尚服装呢？

根据世界服装界的传统，高档品牌时装公司每年会在巴黎、米兰、伦敦、东京等时尚中心开发布会。有这么一群人，长期混迹于T台周遭，从顶级设计师设计的品牌服装中吸取灵感，他们就是Zara的独门秘籍——酷猎手。这些年轻的酷猎手平均年龄只有25岁，都是潮流人士，他们的工作是专门捕捉当下最为流行的时尚元素。不仅如此，他们还负责收集交易会、酒吧、餐厅、街头艺人、行人、时尚杂志、影视明星以及大学校园等各方面的流行元素，并且在第一时间把信息通过 E-mail 发回总部，使得设计团队可以迅速准确地做出设计决策，形成 Zara 的产品主题系列。这些流行元素从设计到上架，平均只需 10～15 天时间。

Zara 的这种策略与传统服装公司大不相同。传统服装公司一般会把精力集中于对流行趋势提前做出判断，从一个服装概念的推出到最后摆在零售店里，整个过程大概花费半年的时间。Zara 则集中于对已存在的时尚潮流的快速反应，因为时装最重要的就是紧跟时尚，而时尚最大的特点就是多变。Zara 的首席执行官凯斯特拉诺曾经说过：在时装界库存就像食品，很快就会变质，Zara 所做的一切就是减少反应时间。

Zara 一年大概推出 12 000 种服装，每种款式每家店只供应十几件。这种快速、少量、多款式的全新生产模式，使得 Zara 成为其所属集团旗下最有名的一个品牌，它的销售收入占整个集团销售收入的 77%。Zara 是 Inditex 集团旗下的子公司，该集团是全球第二大服装零售集团，旗下共有八个服装零售品牌，集团的创人是阿曼西奥·奥尔特加。

1963 年，奥尔特加创办了一家专门生产女式睡衣的制衣厂，开始了自己的资本原始积累，生意一直做得顺风顺水。然而在 1975 年，一家德国客户突然取消了一笔足以让奥尔特加破产的大订单。面对已经生产出来的存货，奥尔特加站在库房门口愁眉不展。不过奥尔特加脑子非常灵活，他在拉科鲁尼亚开了一家名叫 Zara 的小店，把自己积压成山的存货拉到店里降价销售，

结果人们蜂拥抢购，小店生意出奇地好。这让奥尔特加意识到平价时尚服装的时代就要到来了。于是从 1976 年开始，他在西班牙各大城市开设 Zara 分店。经过多年在服装界的打拼，奥尔特加逐渐找到一条不同于传统服装公司的盈利模式——以快制胜。

在服装界，多数发达国家的服装生产往往外包给第三世界国家，比如在 A 国采购布料、B 国印染、C 国再来一道精雕细绣，最终在 D 国产出一条裙子。这样做的最大优势是成本低。可是缺点也很明显，就是速度慢。为了避免由于速度慢而产生的库存积压，奥尔特加的做法非常独特，他把采购和生产大部分都安排在欧洲进行，而且相当一部分是安排在西班牙总部周围一个非常小的范围内。这样做的目的是要缩短空间距离，以快速地获得生产成果。

在总部周围这个范围里，奥尔特加花巨资设立了 20 个高度自动化的染色和裁剪中心，把劳动密集型工作外包给周边的 400 家工厂，甚至交给家庭作坊来做。他决定把方圆 200 平方英里的生产基地的地下挖空，架设地下传输带网络，每天根据新订单，把相应的布料通过地下传输带准时送到工厂。比如酷猎手发现今年夏天印有中国元素图案的裙子会流行，于是发 E-mail 给西班牙总部，紧接着总部的设计师就开始工作，他们把设计好的式样通过信息系统发给附近的工厂，工厂立刻安排加工，一周之内生产完毕，经过检验和贴标签之后，马上传送到配送中心，然后被

迅速地分发到全西班牙甚至世界各地的专卖店上架销售。两三天之后，所有的裙子都被售出，不再补货。奥尔特加这样做的目的，就是要把库存量降到最低。产品积压少，资金周转就快，风险相对就小。为了求快，Zara产品的运作成本比别人高15%。成本虽然高了，但这种高效率的作业管理使生产速度得以提升，最终可以把利润保持在10%左右。

2001年10月，奥尔特加斥资1亿欧元，在西班牙首都马德里东北部的萨拉格萨市又建立了一个物流中心，之前奥尔特加在拉科鲁尼亚已经拥有了一个建筑面积超过50 000平方米的配送中心。新建物流中心实际利用率只有50%左右，这在一般人眼里是资源浪费，但是对奥尔特加来说，新建配送中心能扩大配送范围，提高配送速度。不仅如此，他还建了两个空运基地，一个在拉科鲁尼亚，另外一个在智利的圣地亚哥。拥有如此强大的配送系统，就可以保证所有欧洲的连锁店一天之内收到货物，美国两天可以收到，中国、日本三天之内可以收到。

奥尔特加认为，距离不是用公里来衡量，而是用时间来衡量的。因此，奥尔特加不惜将自己所有的营销经费全部投入物流系统的扩充和改善。当然，即使拥有如此庞大的生产和配送系统，要做到完全没有积压也不可能。在Zara连锁店里，如果有产品超过两周没有销售出去，就会被配送到所在国的其他连锁店里，通常这样的产品数目会被控制在总数的10%以下。这样一来，连锁店里产品的更新速度非常快，各款式存货很少，打折产品也比较少，而且即便打折销售，一般也控制在8.5折以内。

2001年5月，Inditex集团对外公开发行股票，上市当天的认购量超过了发行量的26倍，募得资金23亿欧元，为奥尔特加的全球扩张发挥了重要的作用。接下来，他带领团队在全球60多个国家和地区设立分支机构。截至2009年，Inditex集团在全球73个国家设有4 260家店铺。2008年集团销售额为104.7亿欧元，其中77%来自Zara。

虽然Zara这个品牌定位在中端，但基本都选择在大城市最繁华的地段开专卖店，比如巴黎的香榭丽舍大街、纽约的第五大道、上海的南京路，还有北京的世贸天阶、西单大悦城等，这些黄金地段到处是世界顶级品牌。Zara专卖店的外观豪华，面积也大，动辄1 000多平方米，有的甚至达到5 000～15 000平方米，接近百货商场的面积。在奥尔特加看来，店铺就是最好的广告，因此他很少打广告，更多的是依靠优越的地理位置把顾客吸引到店里来。

资料来源：央视财经频道《商道》节目。

研讨问题：

1. 画出Zara的全球供应链网络，总结该供应链的特点和Zara的竞争优势。
2. Zara为什么要这样设计和构建供应链网络？
3. 为什么Zara的运营成本比同类其他企业高15%？能否降低这一成本？
4. 如果Zara走高端服装品牌路线会面临什么样的问题？
5. 综合分析Zara为什么在繁华地段开设大面积门店。

□ 案例研讨

华为的超级流动性组织

竞争性市场的显著特点之一，就是对各类刺激的反应极其灵活——价格、供应数量、产品规格、技术应用、营销渠道，甚至商业模式都以惊人的速度调整。与此形成鲜明对比的是，组织内部的调整往往慢似蜗牛。这也是为什么许多曾位居全球领导者地位的公司，在面临市场混乱时陷入了困境甚至消失。随着商业环境变化加快，迅速调整已事关生存，让内部架构和流程适应外部环境中的关键因素至关重要。在中国，有一家公司在提升内部灵活性、积极适应市场变化方面做得非常出色，即华为公司。借助于超级流动性，华为已成为全球最大的电信设备供应商，以及全球第三大智能手机供应商。华为如何实现了超级流动性？

一、围绕客户需求设计组织

华为认为，要满足市场上不断变化的需求，最佳方法就是根据客户需求设计并不断调整企业。为此，华为发展出一套让区别于竞争对手的管理实践——只要客户需求改变，就相应调整内部组织。

1. 成立三大业务集团与服务集团。华为采用被称为“拧麻花”的混合结构，即将事业部组织的某些特点与职能平台以及区域销售支持结合起来。组织架构不是围绕特定产品设计，而是创建了三个综合业务集团：电信运营商业务集团、企业集团、消费者集团，每个集团针对特定的竞争对手争夺市场。

在三大业务集团背后，又有三个服务集团提供支持，主要目标为提升应变速度、敏捷性和灵活性。第一个服务集团由数个共享功能平台组成，包括财务、人力资源、采购、物流和质量控制，为三大业务集团提供必要的支持服务。第二个服务集团是区域销售组织，协助三大业务集团与世界各地的客户建立联系。第三个服务集团名为“产品和客户解决方案”，其功能是整合内部研发资源，为三大业务集团的客户提供产品和整合信息与通信技术（ICT）解决方案。

2. 随着客户需求变化调整组织架构。2002年之前，华为的组织结构是集中控制、功能驱动，基于产品线运作，而且层级分明。2003年，随着业务扩展到越来越多国家和地区，华为转型为一个更加基于国家的组织架构。总部负责管理华为在各个国家的代表处（各国分公司），代表处再控制销售办事处。4年后，华为发现客户的新需求是定制网络解决方案，但要想抓住机会就得整合不同产品线、职能部门甚至不同区域的资源和能力。华为毫不犹豫地拆散了原有结构，设立了7个地区办事处，覆盖全球市场。后来华为认识到，市场覆盖范围过大会影响办事处的响应速度，地区办事处于是又迅速调整为16个更为灵活的分区办事处。为了支持定期重组，华为还经常创建新的子公司，向客户提供更优质的服务。

3. 华为以客户为中心的组织创新和设计还有另一个重要基础，就是打造所谓的“资源池”。具体来说，华为将麾下高级人才纳入一个虚拟的人力资源库。此举将顶尖人才与职能部门分离，可以随时在全球调配，从而使得经验最丰富的人才得以完全自由流动，这也是建立超级流动性组织的关键。

4. 组建“铁三角”，即以全球代表处为核心的独特团队结构。该想法诞生于2004年，当时华为在国外的业务团队意识到，最有效服务客户需求的方式是将重要领域的专家团队（如客户管理、产品解决方案和项目实施）聚在一起，从一开始就与客户开展合作，开发新项目。如今，每个新项目启动时都由项目经理组建“铁三角”团队，项目经理有权从人才库里征用具备专业能力的人员。虽然项目负责人职级通常较低，但动用资源时拥有极大的决策权，远远超出了职级限制。这种机制下，决策权下放到一线“战斗”部门，负责人可以根据不断变化的市场状况立即做出关键决策；必要时可以凭借自己的判断“呼叫”总部充分发挥整个组织的火力优势。用任正非的话说：“让能听到炮火的人（如项目经理）指挥炮火。”

通过应用以上各项创新举措，华为做到了以客户为中心，成为几乎完全围绕客户项目而构建的企业。为确保以客户为中心，评估个人业绩时，标准是其所在团队服务客户时的贡献比例。个人薪酬和晋升都要根据团队表现而定；奖金只颁发给获奖团队。

二、通过灵活的职能平台提供支持服务

目前，华为已开发10个支持功能平台，内部称为资源平台，目的是帮助一线项目团队迅速获得所需的能力和资源。这些平台围绕不同能力构建，包括研发和技术、测试、制造、全球采购、市场和销售、人力资源、财务和资本、行政服务、知识管理和数据共享等。

由于以客户为中心的项目团队可以自由使用平台而不用单独设立职能部门，从而在行动时能够做到快速、灵活且流动，华为因此才能发展成为流动性极强的企业。不过，随着华为拓展新客户群以及新地区，平台中的流程数量呈现爆炸式增长，操作变得过度复杂。目前，华为已开始大规模简化流程。

三、中高层管理人员的持续轮岗

在华为，中高层管理者会在不同的工作岗位之间轮换，甚至包括首席执行官。高管轮岗有其缺点和取舍，不过华为认为，该制度在打造超级流动性组织方面，推动作用远超其负面影响。

1. 中层和高管的轮岗可以消除建设“企业帝国”时常见的组织僵化问题。高管在内部建立小地盘的难度加大，在某个部门或子公司积攒资源和权力的动机会降低。同时，所有高管都经历过不同领域和职责，这也意味着他们更加了解不同部门可能提供的更大价值、面临的压力和取舍，因而会在整个组织内实现更强的团队合作。

2. 避免讨好上司。对华为的项目负责人来说，拍上司马屁毫无意义，因为再过一两年就会离开目前的职位，转岗到下一处。薪酬和晋升前景并不取决于上司喜不喜欢，只看项目有没有帮助客户盈利。

3. 培养管理者，让他们比较轻松地获得高管资历中需要的“多种能力”。升至高层后，华为的管理者不再是干了一辈子的研发、财务或营销人员，而是多面手。

4. 有助于促进创新。随着中层和高管轮岗，每项工作都可以从新角度审视。这是华为组织灵活流动的另一个关键因素。

5. 激励管理者提高新想法的实施速度。身处快速变化的商业环境中，速度是关键。同时，在工作的可延续性方面，也鼓励新任管理者在前任工作基础上创造性地发挥优势和能力，而不是推倒重来。

四、超级流动的企业文化

上述举措正是在华为以变革为核心的企业文化指导下展开的，进而打造出华为超级流动的企业文化。

这种极其注重变革的企业文化的形成可追溯到 1996 年，当时华为成立不到 10 年。那一年，公司要求最强大也最有影响力的营销和销售部门全体辞职，然后根据实际条件和业绩评估重新聘用。这一举动打破了已经扎根并开始影响组织活力的公司政治和权力争斗，并让华为发出明确信号，即个人和企业的成功，来源于根据不断变化的市场及时在资源和个人能力之间形成动态契合。

但这样的文化很难如愿维持。于是，任正非启动第二次大规模辞职。这一次，7 000 名员工需要根据个人条件和业绩重新申请工作岗位，而不能靠资历。另外，旧的员工编号作废，每个人的资历无法通过工号显示出来。为了强化这一变革举措，任正非呼吁员工忘记公司历史，着眼于未来努力前进，即便这样做有可能影响短期的利润。

华为打造超级流动性组织的秘诀就是保持激进。华为定期拆解和重组自身，每一轮“自毁”更新之后，变得更强大。从这个意义上，华为体现了“创造性破坏”的概念。通过不断创新，促进人才、知识和资源的快速流动，华为的模式远远超越了学习型组织或敏捷型公司。

然而，华为追求超级流动性也并非没有潜在问题。华为在一定程度上低估了边界的重要性，因为边界可以帮助不同部门培养身份认同感，并提升忠诚度。超级流动性还可能会妨碍企业“留存记忆”，即妨碍通过不断学习形成常规，而这些常规往往可以为决策者提供个人行为的参考框架。如果缺乏这些基本要素，组织可能变得低效，特别是在许多公司面临当今混乱复杂和高度竞争的环境时。事实上，面对不确定性的增加，这些帮助个人应对各种复杂情况的组织参考系统可能比以往更为重要。

资料来源：https://mp.weixin.qq.com/s/9S_cm7n915fuKDBTstC4Zg.

研讨问题：

（1）归纳和概括华为实现超级流动性的逻辑框架。

（2）华为的超级流动性组织适合什么样的公司？

（3）如何应对“低估了边界的重要性”的问题？

（4）针对自己熟悉的企业，研讨企业的流动性问题。

□ 本章思考题

1. 供需匹配与协调具有怎样的意义和价值？

2. 供需的匹配与协调模型中各象限分别具有什么含义？
3. 企业可能存在哪些供需不匹配问题？如何改进？
4. 如何克服渠道对供需匹配的影响？
5. 在什么情况下企业打价格战是有利可图的？
6. 企业运营系统设计、构建与诊断的核心思路是什么？

第 5 章

大规模定制模式下的运营与供应链构建

学习目标

1. 掌握大规模定制的概念及实施过程中的核心问题；
2. 掌握延迟策略的思想；
3. 掌握寻找客户订单分离点的方法。

本章要点

1. 大规模定制的概念模式的本质；
2. 大规模定制模式实施过程中的核心矛盾；
3. 延迟策略的含义与作用；
4. 寻找客户订单分离点的基本思路；
5. 大规模定制实施的难点与途径。

如本书第 4 章图 4－4 所示的供需的匹配与协调模型，对于右下角的匹配情况而言，尽管生产创新性产品的企业应该更多地关注如何构建反应型供应链网络，但并不是说企业没有必要考虑降低生产成本的问题。大规模定制模式的出现，为解决这一问题提供了基本的思路。

5.1 大规模定制模式

大规模定制（mass customization，MC）① 是一种新的企业经营理念，是

① 1970 年美国未来学家阿尔文·托夫勒（Alvin Toffler）在《未来的冲击》（*Future Shock*）一书中提出了一种全新的生产方式的设想：以类似于标准化和大规模生产的成本和时间，提供客户特定需求的产品和服务。1987 年，斯坦·戴维斯（Start Davis）在《完美的未来》（*Future Perfect*）一书中首次将这种生产方式称为“mass customization”，即大规模定制（MC）。

以“规模效应”满足客户“个性化需求”的生产或服务模式，被誉为21世纪的主流生产模式。[①] 其核心思想是：既满足客户的个性化、多样化需求，又能够使企业得到规模生产效益。21世纪以来，随着消费的不断升级，该模式得到了广泛的应用。

■ 2016年7月15日，上汽大通“我行MAXUS”C2B业务平台正式发布，以制造模式创新、技术创新，率先成为第一家实施C2B智能化大规模定制的汽车企业。上汽大通的C2B模式打破以往车企闷头造车的传统，打破流水线式千篇一律的汽车业传统，转变为以用户为中心、以用户为驱动，让用户DIY爱车，从天窗到座椅数量，再到互联网大屏等23项功能，提供上亿种选配。用户不仅能享受全程参与造车DIY个性化汽车的乐趣，而且不用为不想要的配置买单。[②]

■ 海尔衣联网是COSMOPlat在服装大规模定制领域的工业互联网云平台，依托衣联网智慧家电和物联网技术，为用户提供贯穿衣物洗、护、存、搭、购全生命周期的解决方案。通过与服装家纺领域、洗染行业、衣物物联技术行业等跨界合作，实现了开放共享洗护生态圈内各个利益攸关方的共赢增值。[③]

大规模定制模式的核心思路是通过产品结构和制造流程的重构，运用现代化的信息技术、柔性制造技术等，把产品的定制生产问题全部或者部分转化为批量生产，以大规模生产的成本和速度，为客户提供个性化的商品。

显然，该生产方式中有一个核心矛盾需要解决，就是个性化、多样化需求和企业规模生产效益之间的矛盾。如何解决该矛盾是大规模定制模式实施中的核心问题。

5.2 解决矛盾的基本思路

显然，企业要想实现规模生产效益，必须有一定批量的相同或相似的任务在生产过程中的同一环节完成。这个批量从哪里获得？只能从客户的订单中挖掘。不同客户的订单到来之后，其中通常会有相同或相似的要求。因此，需要对客户订单加以分析和研究，从中找出相同或相似的地方，而这些地方是可以实现规模生产效益的。

所以，企业首先需要进行订单的分类处理，要在接到一批客户订单后集中

---

① 1993年B.约瑟夫·派恩二世（B. Joseph Pine Ⅱ）在《大规模定制：企业竞争的新前沿》一书中提出“大规模定制是21世纪的主流生产模式”的思想。

② http://gongyi.people.com.cn/n1/2016/1207/c408508-28932669.html.

③ https://baijiahao.baidu.com/s?id=1607682820270437772&wfr=spider&for=pc.

处理，并不是接到一个客户订单马上就开始进行生产。比如，戴尔一个半小时统计一次订单。这个时间对戴尔来讲既可以满足客户个性化需求对产品交货期方面的要求，又可以实现订单的集中处理，找到订单中相同或相似的环节统一安排生产，提升规模生产效益。

5.3　延迟策略

5.3.1　延迟策略与客户订单分离点

不同订单中相同或相似的地方越多，对企业实现规模生产而言就越有利。那么，如何来调节不同订单中相同或相似的地方呢？这就要借助延迟策略（postponement）的思想，如图 5－1 所示。

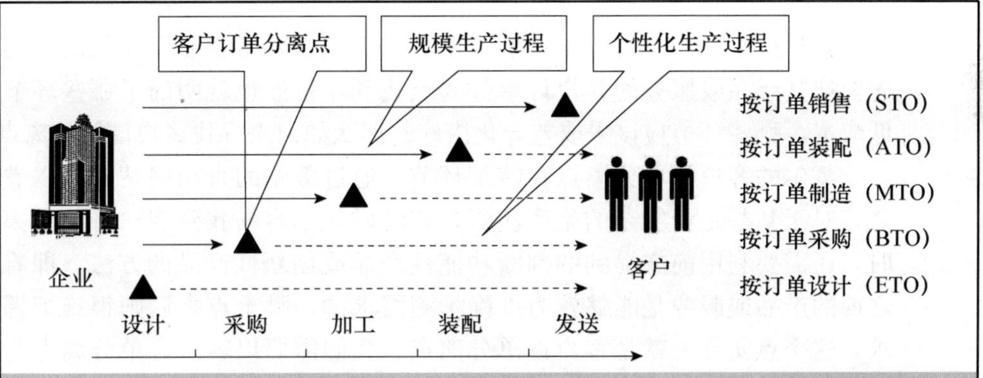

图 5－1　延迟策略示意

分析图 5－1 中右侧所示的五种生产模式，哪一种的个性化程度最强？显然是按订单设计的方式。而按订单销售的方式只是在产品的销售阶段才产生了差异，在销售阶段之前所有的生产过程都可以采取规模生产的方式来进行。

从图 5－1 中可以看出，企业只要能够把握不同订单到来以后的差异点在什么地方，就可以很好地调节规模生产效益与客户个性化需求之间的关系，进而解决二者之间的矛盾。这个差异点叫做客户订单分离点（customer order postponement decoupling point，CODP）。

如图 5－1 所示，客户订单分离点越靠近客户端，在整个生产过程中可以采取规模生产的阶段就越多，规模生产效益也就越高。相反，客户订单分离点越靠近设计端，在整个生产过程中可以采用规模生产的阶段就越少，规模生产效益也就越低，但是却可以给客户提供更加个性化的产品；当然，这样的生产模式会产生较多的成本，只要客户愿意支付较高的费用，企业也是可以满足其高度个性化要求的。

5.3.2 基于客户订单分离点的运营系统的构建

在一个企业内部，由于有客户订单分离点的存在，必须考虑在该点之前以及之后应该分别构建两个什么样的运营系统（供应链网络）来适应不同阶段产品生产的要求。显然，在客户订单分离点左侧，由于采取的是规模生产方式，各阶段的产品需求相对来说较为容易把握，因此需要构建一条有效型供应链网络来进行匹配；而在该点右侧，由于生产的是创新性产品，各阶段的产品需求较难把握，需要构建一条反应型供应链网络来进行匹配。这也是在一个企业内部的同一产品或服务流程中需要同时构建两种不同类型运营系统（供应链网络）的原因。

5.3.3 如何寻找客户订单分离点

客户订单分离点的思路特别重要。比如我们要给企业设计供应链网络，首先要把其产品或服务的客户订单分离点找到，自然也就明确了哪些环节应该降低成本，哪些环节应该采取差异化措施。那么如何来寻找客户订单分离点呢？

戴尔的客户订单分离点在装配环节，通过戴尔的直销网站就可以看出。但是，对于某些企业复杂的生产流程，有时候就不容易找到客户订单分离点。这时，还需要利用前文提到的判断功能性产品或创新性产品的方法，即看哪个点之前的产品或服务是能够较为准确预测需求的，哪个点之后则很难把握市场需求，这个点实际上就是客户订单分离点。我们需要以客户订单分离点为分界点来构建两种不同的运营系统。

除了找到客户订单分离点以外，还需要知道产品或服务从其起点到消费终点之间到底经历了哪些环节，而把握这一问题需要从流程入手。

5.4 实施延迟策略的条件

尽管延迟策略能够为企业带来巨大的竞争优势，是未来企业转型升级的重要战略举措，但其应用也有一定的前提条件。首先，客户订单分离点的位置不应该接近极限，也就是说在正常情况下，完全定制化和完全规模化都不是企业应该探讨的问题。其次，定制产品开发时，需要考虑是否可以模块化处理的问题。模块化是将复杂的处理过程进行简单化，分解成为不同的模块，再由分解后的各个模块集成规模化处理的动态模式。实施延迟策略，企业在产品或服务的研发阶段就需要有长远规划，设计出模块化产品。最后，以生产型产品为例，零部件需要可标准化和通用化。标准化是对零部件的类型、性能、规格、质量、所用的原材料以及工艺等统一标准，并使之贯彻于整个处理过程。标准化后，就可以根据不同的需求和用途，按照规定的标准进行处理和使用。

5.5　实施大规模定制模式所需的能力

企业实施大规模定质需要具备一定的能力，生产型企业，主要有柔性生产制造能力、智能化管理能力以及动态能力，服务型大规模定制与此类似。

首先，传统的刚性生产线往往只服务于单一产品，难以满足多样化和个性化的制造要求。柔性制造（flexible production）则具有批量小、品类多的特点，可以实现对生产过程的精细把控。这种拉动式的生产模式，对企业的生产线和供应链提出了比较高的要求。制造系统中的“柔性”主要体现在设备、工艺、产品、产能、生产等环节。包括柔性制造系统（FMS）、柔性制造单元（FMC）、柔性制造线（FML）、柔性制造工厂（FMF）等等。

其次，柔性生产系统需要智能化管理能力加以支撑。面向大规模定制的智能化管理是通过数字化的智能技术手段对产品的全生命周期进行管理与控制。

最后，柔性的生产系统与智能化的管理体系都需要动态能力进行必要的支撑。大规模定制过程需要保证整个生产系统的动态组合和调整能力，以满足大规模定制所要求的柔性和快速响应能力，企业的动态调整能力也是企业竞争力的重要体现之一。

5.6　大规模定制模式下的供应链管理运作

前述分析可知，实施大规模定制时，柔性的生产系统与智能化的管理体系都需要动态能力进行必要的支撑，而企业的动态能力来源于对供应链资源的有效管理。因此，大规模定制模式下的供应链管理运作体系与机制同传统的供应链体系运作机制相比具有很大的不同。主要体现在如下三个方面。

5.6.1　大规模定制模式下供应链管理的主要内容

大规模定制模式下的供应链管理主要内容有计划、合作与控制从供应商到客户的物资、资金、服务和信息等的流动。目标是提高客户的定制服务水平，降低总交易成本，以达成二者之间的平衡关系。除此之外还包括：战略性合作伙伴关系管理、大规模定制模式下供应链运作体系中以客户订单为基础的产品需求预测和计划、大规模定制模式下的供应链设计方法、企业内外部之间物料供应与需求管理、基于大规模定制模式下的供应链产品设计与制造管理、生产的集成化作业管理、生产过程的跟踪和控制、基于大规模定制模式下供应链管理的客户服务与物流管理、不同协作成员之间资金流管理、交互信息管理等。

总之，大规模定制模式下的供应链管理体系应该注重产品品质、成本与客户服务满意水平之间的关系，强调整体获利，即整个供应链体系的收益最大化。

5.6.2 大规模定制模式下的供应链管理模式

受大规模定制模式的特征以及供应链生产模式特征的影响与决定，大规模定制模式下的供应链管理模式应具有如下几个特点：(1) 大规模定制模式下的供应链应采用系统化观念，将供应链上的所有节点看作一个整体管理和运作。(2) 大规模定制模式下的供应链管理应更加注重从战略的角度进行供应链管理的规划与运作。(3) 大规模定制模式下的供应链管理体系强调系统集成的管理思想，强调集成管理下的优质计划调度体系运作。(4) 大规模定制模式下的供应链管理应注重客户的优质服务为运作目标，强调定制产品的服务效果。(5) 大规模定制模式下的供应链体系应注重服务品牌战略的形成并发挥其重大作用。(6) 大规模定制模式下的供应链管理体系应是产品供应链体系和服务供应链体系有机结合的综合体系。

5.6.3 大规模定制模式下的供应链管理基本运作机制

大规模定制模式下的供应链管理运作机制同一般的供应链管理运作机制相比，应更注重合作机制、决策机制、激励机制和自律机制。(1) 在合作机制方面，大规模定制模式下的供应链体系更注重不同企业之间的战略伙伴关系，更注重定制服务目标的导向，更注重动态联盟与集成化、模块化制造之间关系的协调，更注重合作和竞争关系中矛盾的协调与解决。(2) 在决策机制方面，大规模定制模式下的供应链更注重信息环境的开放性，更注重新的决策技术的应用，更注重多个协作成员的综合决策信息分析，更注重全体协作成员多赢目标的实现。(3) 在激励机制方面，除应注重传统供应链管理思想和 TQCSF（时间、质量、成本、服务、柔性等）的管理理念，还应重点突出服务的重大作用与意义，因为这是满足客户定制服务满意水平的前提。同时应将定制化品牌管理作为一项意义重大的项目去加以应用，从而建立一个健全的业绩评价与激励机制，使得大规模定制模式下的供应链体系发展有一个巨大的推动力。(4) 在自律机制方面，应紧跟世界科技与管理发展前沿，不断提高定制产品、服务的水准与质量，并通过激励机制提高供应链体系整体运作效率和管理水平，从而达到增强企业效益，提高供应链相关协作成员核心竞争力的目的。

5.7 大规模定制模式下的供应链柔性计划与调度

生产计划与调度问题是供应链的核心问题。早先的生产计划和调度主要是在一个独立的企业内部进行，这并不是说这种计划与调度过程只发生在企业内部，而是因为当时的供应链体系不健全，限制和制约了计划和调度规划的拓展和实施。在供应链体系下，一个成熟的生产计划调度模式是贯穿于供应链体系下各协作企业之间，既有企业内部的计划调度，又有企业之间协作计划调度的系统性体系模式。

供应链环境的特征有高度的动态性和不确定性，反映在客户需求的随机性和资源供给的随机性两个方面，决定了其计划调度过程的复杂性。

5.7.1　供应链环境下的生产计划体系

供应链环境是一个由多个协作成员组成的网络组织，供应链环境下的生产调度体系必须能够保证体系中的各成员快速、灵活地响应市场需求。有效的供应链调度体系集成了成员之间所有的计划、调度和决策业务。主要包括市场需求、预测、采购、库存、资源分配、设备管理、主生产计划、物料需求等。当然，针对不同行业和特征的供应链体系，上述计划和调度的内容不尽相同。

实际的计划调度体系运作过程往往是以供应链中的核心企业为主导，在同其他各协作成员进行合理协商的基础上进行。供应链计划的根本目的是以核心企业为龙头，把各参与供应链的企业有机地结合起来，优化整个供应链的资源，以最低的成本和最快的速度生产最好的产品以及提供最优质的服务，从而满足客户的需求，以达到快速响应市场和客户需求信息的目的。

在供应链环境下进行生产计划制定，有多种制约因素的影响，其中特别强调的是协作成员的关系、需求的随机性、资源的可利用等。因此，在制定生产计划的时候应突出考虑如下几个方面的问题，即柔性约束问题、生产进度信息问题以及生产能力的匹配问题。同时，十分重要的一点是应该考虑供应链体系中各协作成员之间复杂的协作与竞争关系问题。这些问题使得供应链环境下生产计划的具体编制过程更加复杂。

供应链环境下生产计划的决策特征有如下几个方面，即开放性、动态性、集成性、群体性以及分布性。这些特性的存在决定了供应链管理环境下生产计划调度必须有一套完备的协调机制，其中包括生产活动与生产活动之间的协调以及生产主体与其他生产主体之间的协调。

5.7.2　供应链运作体系中的调度问题

在供应链环境下，调度问题是在供应链生产计划实施过程中的一个核心过程和环节。与生产计划相类似，调度往往也有运输调度、库存调度、采购与供应调度、配送调度等类型。按调度对象划分则有原材料调度、零部件调度、产品调度以及服务调度等。按调度作用的范围划分，则一般有企业内部调度和企业之间调度之分。供应链调度（supply chain scheduling，SCS）主要探讨的是企业之间的协调与调度问题。

对于一个动态供应链体系而言，供应链调度可以称为协同匹配问题。也就是说，在特定的调度时间（time）内，某种特定产品生产和服务的提供，即调度事件（event），同哪些协作成员也即调度对象（object）建立何种协同调度策略（tactics）来完成。其构成了供应链环境下调度过程的四个要素。T-E-O-T要素之间的合理衔接、柔性规划与运作是构成供应链体系高效运作的关键。它在提高供应链体系整体运作效率，发挥各协作成员之间最大潜力，提高客户和各协作成员之间多赢的收益水平等方面具有重大的意义。如果将此作为一个供应链管理的战略来考虑，则一个优秀的调度过程将上升为一个T-E-O-T战略。

在供应链管理中，当客户的随机性需求（stochastic demand）和协作成员的随机性可用资源（stochastic resource）波动十分强烈的情况下，T-E-O-T策略不可避免地会出现如下一些基本特性，即动态性、复杂性、灵活性以及相对性。这些特性的存在，一方面是供应链环境因素影响和制约的结果；另一方面则是为了适应这种特定战略环境所必须具有的良好性能要求的体现。因此，企业探讨合理的供应链调度机制与策略是实现大规模定制这一特定生产模式的重要基础。

□ 案例研讨

红领的大规模定制

一家制衣工厂一天可以生产3 000件完全不同的衣服，一个款式的衣服不再是过去的大、中、小三个号码，而是9 000个号码，你觉得这可能吗？

红领集团的张代信一大早就忙着和助手赶往青岛港，他们接到的最新订单是要在五天内为青岛港的30多名员工定制工装，所谓定制就是要求每套衣服都合体，而不是统一尺寸。

一个小时量完30多人，将近700个数据，秘密就在他们开来的大巴车里，这个比普通大巴车长出五米、高出近一米的大块头，是他们专门定制的。青岛港的员工已经在大巴车外排成了长队，员工们是第一次用这样的方式定制工装，都觉得很新鲜。量体有专门的单间，客户换好紧身衣后，3D扫描数据就会实时呈现在电脑里。张代信他们制衣所需要的19个部位、22个数据可以同时测出来，精度可以达到毫米。张代信说："我们每天要接大量的个性化定制订单，一旦出错，等于这个衣服废掉了。经过这么长时间的积累，我们有一整套比较成熟的经验和标准化的模式，所以现在准确度很高。"

不到一分钟，一位客户的量体就结束了，此时刚刚量好的数据已经传回了工厂的大数据定制中心，传统服装生产的三大关键工艺——打板、排料和工艺要求可以统一在这里快速完成。"这些都是今天下单的实时数据，通过从国内外市场发回来的实时数据，我们可以自动导出客户所需要的版型。比方说这个订单，这就是客户所需要的一套版型，我们通过这个版型就可以生成它需要的一个款式，然后发给裁剪，进行自动裁剪。”张代信介绍说。

短短几分钟，制版师刘阿娜已经完成了七八个订单的制版。服装业常说：抄款容易抄版难。在手工打版时代，就算像刘阿娜这样拥有几十年打版经验的师傅，完成一套西装打版，最少也需要一整天，而现在只要20秒。刘阿娜说：“通过大数据，我们经过13年的积累已经拥有了超过百万万亿组数据。”

屏幕上层层叠叠的蓝线，是数据库里已经存好的各种型号的大数据。以前批量生产的服装往往只有大、中、小三个号，最多也不超过十个，但在这里每套衣服存着9 000多个型号，从1米3到2米，高矮胖瘦、各种身材的数据都有。只要新输进来的量体数据没有极特殊的情况，计算机都能瞬间完成匹配。

在厂房里的自动剪裁区，工人们正在将塑料薄膜真空吸附在布料上。固定后，那些弹性大表面光滑的面料在剪裁过程中就不会滑落变形。王存波是自动裁床改进项目的总负责人。王存波说：“没有上设备之前，是用手工剪的，300个人一天只能做500～600套。上了自动化设备以后，我们现在只有210个人，一天产能可以达到1 800～2 000套。”使用自动设备后，布料上的线不是粉笔画的，而是激光投射出来的。王存波他们还对装置进行了技术改进，个性定制经常会用到条纹和格子面料，怎么能让对线对格精准无误和申请数据完全匹配？这需要用激光投影来校准。王存波说：“因为格子面料跟素色面料不一样，个性化的定制有大格有小格，需要通过激光投影仪把激光打下来，根据面料格子大小进一步调整，来满足我们产品的要求，这样做能更精准更细化。”技术改进后，试织的面料已经裁出来了，对格的精准度让他很满意。王存波说：“这是刚才那个大袖，你看这个大袖这两片裁完之后就是非常对称，接口也是正好的，包括后背的领子，竖条横条都是一模一样的。这些都是裁格子布料最难的地方。”

剪裁好的面料通过智能物流的吊挂系统传到缝纫区域的不同工位，每一个吊挂上的布料都不同，它们来自不同的订单。如果说量体、排版、裁剪这些工序可以靠智能化的机器设备来替代人工，那么在缝纫环节，小到穿针引线这样的工序总共有320道，如果全部开发智能机器来替代人工，成本高不说，像丝绸、羊毛这些面料的缝制手感，机器也无法达到像人一样的精细，那这里的智能化是怎么实现的呢？每个吊挂上的布料都挂一个电子标签，里面存着相应的加工要求，工人们只要刷一下卡，就可以在他们面前的小屏幕上读取到这些加工要求。

在工人头顶上方有几百种缝纫线，用哪种线？用什么方式缝制？工人们不用担心会出错，只要按照屏幕显示指令加工就可以了。以前完成这些工作都是车间主任先去工艺师傅那抄份密密麻麻的工艺说明书再分配给大家。按照现在每天3 000个订单，几百个款式的生产量，至少需要500个车间主任才能完成。工人们都说：“我们现在没有车间主任了，派活都是通过刷卡显示来实现，比如说这个显示的轻微后掰肩，就是每个客户都不一样的要求，有的客户就是溜肩，在这里都能直接显示。”

虽然个性定制比非个性定制成本高出了1.1倍，但2015年该工厂定制业务的收入实现翻倍增长，利润率达到25%以上。

这天车间里来了一批东南亚客商，由于业界一直认为工艺复杂、变化多样的传统制衣产业很难进行智能化改造，当他们得知中国有一家智能工厂能做到成衣个性化、批量定制，都觉得很惊讶！

“口袋固定板放到哪个面料上面，然后再把哪个面料放上，最后放到缝纫机上。”在这里，一个口袋制作被拆成了九道工序，工人们有的勾袋盖，有的画袋类，还有的专门负责熨烫，每个人只负责一道工序。东南亚客人不断向米庆阳提出各种问题，在传统的服装工厂，像这样的工艺往往都只用一人从头到尾完成。米庆阳说：“每一个工艺我们都把它拆解到每一个操作的小单元，一个单元就是一个动作，每一个员工按动作进行操作。比如，衣服的拿起是一个动作，把衣服放到缝纫台上是一个动作，缝纫是一个动作，缝制完之后再把衣服挂到吊挂线上又是一个动作。我们把整个缝制过程的所有动作拆解到最细，每一个动作的标准工时实际上我们是知道的，把所有标准工时组合到一起就是一个工序。我们实际上把所有的资源，包括人、机器、设备所有的点通过计算的环节全部排到一起，而每一个人、每一个机器的资源，在我们系统里面都是做了管理的。”

整条服装流水线被拆成300多道工序，按产能每天3 000个订单，9万个工序，近20万个工艺，以什么样的方式分配给生产线上的2 000名员工，再以什么方式组合能够科学高效？秘密就在米庆阳负责的信息中心，它是整个智能工厂管理系统的后台大脑。在信息系统中，每一道工序都对应一个软件模块。他们自主研发的这套软件系统实际上就是一个智能化的车间主任，通过算法自动完成每天的排产。

智能工厂的这套后台系统究竟有多大价值？董事长张代理最有发言权。像这样来找他购买智能系统的厂商半年来已经有近60家。张代理瞄准的已经不再仅仅是服装产业，他现在想为更多的行业领域输出智能工厂。张代理说：“这套系统摸索到六七年的时间，我们就发现了我们不仅是在做服装，而是在发掘一套完整的方法论，这套方法论通过标准化加个性化，解决所有的问题。我们在对自己改造升级的过程中发现，传统工业的升级改造是一个巨大的蛋糕，每个企业都需要，并且市场需求巨大。这套方法论既能够帮助别人，成就别人，又可以发展自己。我们很多时候做了些错事，就是因为缺乏数据支撑。中国如果有数据支撑的话，我认为可以在原有的基础上再造几个中国，这是因为中国的基数非常大，只要把数据用好了，就可以出现非常大的奇迹。”

资料来源：央视财经频道《中国财经报道》，有改编。

研讨问题：

1. 该工厂的客户订单分离点在哪个环节（设计、采购、加工、装配、销售）？
2. 该工厂为什么采用流动量体车量体？
3. 该工厂能实现完全零库存吗？
4. 该工厂是如何降低定制服装生产成本的？

□ 本章思考题

1. 大规模定制模式实施过程中的核心矛盾是什么？如何解决？
2. 延迟策略是如何帮助企业在实现生产规模效益的同时满足消费者的个性化需求的？
3. 如何寻找客户订单分离点？
4. 企业如何合理确定客户订单分离点？
5. 分析企业如何通过供应链管理助力大规模定制的实现。

M

第 3 篇

运营与供应链系统的管控

第 6 章

供应链的资源整合与关系处理

学习目标

1. 了解供应链合作伙伴关系中的常见问题；
2. 掌握资源整合的三种基本方式；
3. 了解第四方物流；
4. 掌握供应链关系处理的核心要点。

本章要点

1. 供应链合作伙伴关系中的常见问题；
2. 供应链资源整合的三种基本方式；
3. 三种整合方式的特点及成功关键；
4. 第四方物流的本质及其与第三方物流的差异；
5. 供应链关系处理的三大核心要点。

6.1 供应链合作关系中的常见问题

作为企业外部运营系统的外部供应链网络，实际上反映的是企业和企业之间建立的一种关系。所以，管理好供应链网络的关键是如何处理好企业和企业之间的关系。

尽管道理简单，企业在实际合作过程中往往存在一些问题。比如合作企业双方的主动性和积极性比较差；合作中只注重短期利益，如采购时极力地压价，不考虑对方的接受程度及今后的合作关系；行动过程中往往以自我为中心，都希望其他企业找上门来合作，特别是国有企业更是如此；合作中由于自律性较差，经常出现道德风险；企业间的信息传递工具落后，妨碍合作信息的有效传递等。这些问题是普遍存在的，企业必须在日常经营管理过程中想办法加以避免或杜绝，否则合作很难取得成效。

正如斯坦福大学李效良教授指出的，成功的公司总是力图使供应链上其他各方与自己保持利益一致。这非常关键，因为供应链上的每家公司，无论是原料供应商、产品装配厂、经销商，还是零售商，都在努力使自身利益最大化，那么在供应链的实际运行中，若有任何一方与其他各方的利益产生分歧，其行为都将对整个供应链的效用产生消极影响。

供应链网络中的核心企业为了实现其战略目标，获取外界资源的方式多种多样。不论核心企业采取何种资源整合方式，必然面临处理好和其他资源关系的问题，但针对不同的资源整合方式，关系处理的要点不尽相同。因此，我们首先来考察不同资源整合的特点及其关系如何处理的问题。

6.2 供应链资源整合

供应链是由若干企业共同参与组建的一张网，这张网支撑着企业产品或服务的产生过程，网中所涉及的所有企业的资源都属于供应链的资源。供应链的资源整合过程就是把供应链网络中涉及的资源加以利用的过程，也可以说是网中的企业通过其供应链网络获取外部资源并加以利用的过程。

现实中供应链资源整合的方式有很多，常用的有三种，即兼并或收购方式、战略联盟的合作伙伴关系方式以及外包方式，如表6-1所示。

兼并收购方式是企业之间通过资产纽带的关系建立起来的资源整合形式。该战略常称为并购战略。该关系的特点是稳定性强，相对而言适合低成本战略实施，但灵活性相对较差。与并购方式相反的是外包方式，外包是企业之间通过合同关系建立起来的资源整合形式。合同关系的关键点是契约关系，本质上表现出了法律面前的平等关系。该战略常称为外包战略。与资产纽带关系不同的是，合同关系的特点是灵活性强，但稳定性相对较差，因此相对而言，适合差异化战略的实现。

鉴于并购战略的稳定性和外包战略的灵活性，企业还需要有一种中间形态的资源整合方式，这就是战略联盟的合作伙伴关系。在战略联盟的合作伙伴关系中，合作双方的战略框架协议保证了双方合作目标的一致性。该战略常称作联盟战略。

如果企业进行国际化的供应链资源整合，则上述三种整合方式又常称为跨国并购、国际战略联盟以及跨国外包。下文将对这三种资源整合方式的核心要点进行概括性阐述。

表 6-1　供应链资源整合的三种基本方式

资源整合方式	关系基础	战略名称	战略特点	国际化战略名称
兼并、收购	资产纽带	并购战略	稳定性强，灵活性差，适合低成本战略	跨国并购
战略联盟的合作伙伴关系	资产纽带（合资企业）或合同关系	联盟战略	战略框架协议，目标一致性	国际战略联盟
外包	合同关系（契约关系）	外包战略	灵活性强，稳定性差，适合差异化战略	跨国外包

6.3　并购整合方式

6.3.1　并购战略

企业并购是指一个企业通过购买另一个企业的全部或部分资产或产权，从而影响、控制被收购企业，以增强竞争优势，实现经营目标的行为。并购后的双方企业之间形成资产纽带关系。企业实施并购战略的主要形式有兼并、收购以及合并三种方式。三者相互联系又相互区别。

兼并是在市场机制的协调和作用下，企业之间通过产权交易转移所有权的方式。通过兼并，一家占优势的企业吸收其他一家或多家企业进而壮大自己的力量。兼并，用公式简化表示为 A+B=A。其中，A 为兼并主体，B 为被兼并企业。

收购是一家企业用现金或有价证券购买另一家企业的股票或资产，以获得对该企业的全部资产或部分资产的所有权或控制权。收购，用公式简化表示为 A+B=A+aB。其中，A 为收购主体，B 为被收购企业，a 为收购后的控制系数。

合并是两家或两家以上的企业依照公司法规定的条件和程序，通过订立合并协议，共同组成一个新的公司的法律行为。合并，用公式简化表示为 A+B=C。其中，A，B 为合并双方，C 为合并后的新企业。

企业进行并购的主要动机是想通过并购行为发挥出协同效应（即“1+1>2”的效果），这也是企业进行资源整合的最根本的动机和目的。因为只有发挥出协同效应，整合过来的资源才会给企业创造出更大的价值。

协同效应可以在企业价值链中的任何一个环节发挥出来，如研发、设计、采购、生产、销售、售后、物流、财务、人力等。一般而言，从企业经营的本质来讲，企业中的协同效应可归纳为三个方面，即经营协同、财务协同和管理协同效应。

企业的经营协同效应主要来源于规模经济和范围经济。通过并购可以扩大企业业务规模，通过规模经济降低成本、提高效率。例如，企业在并购之前，其经营水平和经营规模达不到实现规模经济的潜在要求，并购后由于经营规模的增加，则可以实现规模效应。从范围经济角度讲，企业并购后获得的相关资源有助于不同的业务之间产生经营中的共鸣，有效地提升附加价值。

通过财务协同效应，企业往往可以方便地实现低成本的内部融资和外部融资。例如，并购后企业的举债能力可能大于并购前各个公司之和，从而带来税收上的节约，或者举债成本的降低。

管理协同效应主要发生在企业的管理活动中，管理能力和管理效率不同的管理活动主体（如管理部门、管理人员等）可以通过资源与能力整合实现管理水平的整体提升，提高管理效率。

6.3.2 并购成功的关键

尽管成功的并购能够给企业带来多方面的收益，如有效地拓展市场、实现资源的共享与互补、提升企业的综合竞争优势、实现价值增值、改善生态体系等，但前提是并购之后能够发挥出协同效应。协同效应的发挥，关键在于并购双方能够合理处理关系。很多现实的并购案例（特别是海外并购）已经证明，没有双方关系的深度融合，并购成功的概率不大。

一般而言，合作的双方在处理关系时，关键的问题是双方的文化能否很好地融合到一起。可以说，文化融合是协同效应发挥的前提。如果在并购过程中，不能有效处理文化差异导致的冲突，企业之间的业务整合就会出现很多困难，可能会给企业的并购带来诸多麻烦，更有甚者会导致企业并购的失败。

■ 2003年11月4日，TCL集团和法国汤姆逊公司正式签订协议，重组双方的彩电和DVD业务，组建全球最大的彩电供应商——TCL-汤姆逊电子公司，即TTE公司。TCL把其在中国、越南及德国的所有彩电及生产厂房、研发、销售网络等业务投入合资公司，而汤姆逊则投入其位于墨西哥、波兰及泰国的制造基地，所有的销售业务以及研发中心。在合资企业TTE中，TCL与法国汤姆逊共同出资4.7亿欧元，其中汤姆逊持有33%的股份，TCL占67%的股份，重组双方的彩电和DVD业务，组建全球最大的彩电供应企业。跨国并购后的2005年，TCL股价大幅下跌，经营遭遇巨亏，昭示着并购的失败。

可以看出，TCL并购后失败的主要原因有：文化、法律、制度环境的差异。即使尽可能地透明化管理，文化语言的障碍、财务报表的差异、公司传统的不同，都会造成信息和交流的不对等。TCL注重产品的更新、速度和低成本，汤姆逊强调产品细节、质量，这就形成了冲突。双方都有很强的企业文化，交流上又存在障碍，这让整合起来非常困难。人事问题也是不容忽视的重要因素。

并购后人才流失比率是正常情况下的 12 倍而且大多是企业高管，这大部分源于双方文化的差异，文化差异越大，并购失败的概率就越高。并购后管理的难度也有所增大，法国员工怕接下来会有越来越多的中国员工进入削弱他们的影响力，为此而恐慌，但是核心员工的流失对刚组建的新企业来说是巨大的打击。如何进行及时的强有力的文化整合是保证并购后企业正常运行的一大难题。

那么，怎样才能处理好企业之间的文化融合呢？一般来讲，要想更好地和对方的企业文化相融合，需要从两方面入手：一是尽量为对方做出贡献；二是充分尊重对方。对于并购而言，作为并购主体的企业一定要想办法给被并购企业带来战略利益，同时尊重被并购企业的原有文化，这样并购过程中的矛盾就会减少，并购成功的概率也会增大。

同时，如果企业进行的是跨国并购，一定要关注不同企业所属民族文化之间的差异，因为民族文化差异的影响远远大于企业文化差异的影响。

通过上述分析，并购关系处理时，需要考虑的关键问题可以通过图 6－1 反映出来。

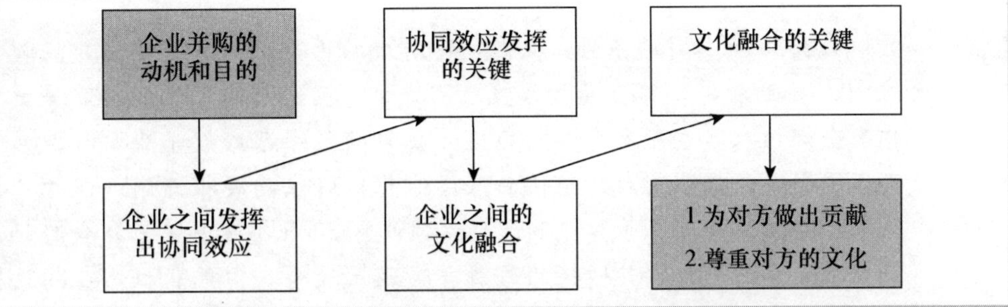

图 6－1　企业并购时需要考虑的关键问题

6.3.3　应对恶意并购

并购战略给企业带来诸多战略利益的同时，也可能给企业带来意想不到的风险。随着上市企业越来越多，很多企业面临被恶意收购的风险。因此，如何防范与应对二级市场上的恶意收购是当前上市公司必须面对的一个问题，这就引出了并购战略中需要探讨的另一个核心问题——反并购策略。

一般来讲，企业在应对外界资本恶意收购时，根据不同的经营情况、不同环境下的资本市场监管要求与政策以及自身企业的不同战略诉求，通常可以采取的反并购策略有保持控股地位、交叉持股、白衣骑士法（寻求股东支持）、降落伞法、毒丸策略以及修改公司章程等。

其中，寻求股东支持（白衣骑士法）是常见做法。当企业的股权较为分散，同时行动一致人所持有的股权比例又较少时，往往可以通过引入其他友好型资本持股避免被外界资本恶意收购。

■ 2008年三聚氰胺事件对乳制品行业影响很大，导致乳制品行业相关企业的股价暴跌。当时，蒙牛公司的价值被严重低估，并且高层管理者所持有的股权较为分散，持股比例不超过25%。这时，国外的乳制品企业发起了对蒙牛股票的大肆收购，引起了蒙牛高层管理者的担忧。为了抵御恶意收购，保护民族品牌，蒙牛通过引入中粮集团持股，有效抵御了国外企业的并购。

降落伞法也是一种常见的反并购策略。它是按照聘用合同中公司控制权变动条款对企业中高层管理人员进行补偿的一种规定。在公司章程中可以事先约定，在目标公司被恶意收购的情况下，公司中高层管理人员无论是主动还是被迫离开公司，都可以得到一笔巨额安置补偿费用，金额可高达数千万甚至数亿元，使收购成本增加，进而在一定程度上抵御恶意收购行为。但其也存在潜在弊端，巨额补偿规定有可能诱导管理层低价出售企业。

此外，运用毒丸策略来反并购也是企业常用的一种手段。

■ 2005年2月，不甘心只做网络游戏的盛大公司通过公开市场收购了新浪19.5%的股份，其目的就是将新闻资讯、网络游戏、休闲游戏等数字娱乐内容全部植入其数字家庭，实施盛大公司的数字家庭娱乐战略。但盛大的收购遭遇新浪的强烈反对，很快新浪迅速推出股东购股权计划（俗称“毒丸计划”）。按照该计划，于股权确认日（预计为2005年3月7日）当日记录在册的每位股东，均将按其所持的每股普通股而获得一份购股权。在购股权计划实施的初期，购股权由普通股股票代表，不能于普通股之外单独交易，股东也不能行使该权利。只有在某个人或团体获得10%或以上的新浪普通股或是达成对新浪的收购协议时，该购股权才可以行使，即股东可以按其拥有的每份购股权购买等量的额外普通股。盛大及某些关联方目前的持股已超过新浪普通股的10%，而购股权计划允许其再购买不超过0.5%的新浪普通股，其他股东不能因盛大及其关联方这一0.5%的增持而行使其购股权。一旦新浪10%或以上的普通股被收购（就盛大及其某些关联方而言，再收购新浪0.5%或以上的股权），购股权的持有人（收购人除外）将有权以半价购买新浪公司的普通股。如新浪其后被收购，购股权的持有人将有权以半价购买收购方的股票。每一份购股权的行使价格是150美元。在一般情况下，新浪可以以每份购股权0.001美元或经调整的价格赎回购股权，也可以在某位个人或团体获得新浪10%或以上的普通股以前（或其获得新浪10%或以上普通股的10天之内）终止该购股权计划。

2006年11月，盛大向花旗环球金融转让370万股新浪股票，盛大获益9 910万美元，并使盛大所持新浪股份减至11.4%。2007年2月，盛大再度出售 400 万股新浪股票给花旗环球金融，作价 1.296 亿美元。该交易结束后，盛大仍持有新浪股票 210 万股。而 2007 年 5 月，盛大把剩下的全部 210 万股新浪股票出售，盛大获益 7 650 万美元。至此，盛大公司不再拥有新浪股份。至此，长达两年的盛大收购新浪大战宣告结束。而随着数字娱乐家庭战略的失败，盛大逐渐回归游戏主业。①

总之，不论企业采取何种策略来应对外界资本的恶意收购，都应该注意不同策略的特点、功能与适用场合。在不同国家、不同地区的资本市场上，即便是同样的应对策略，其运用的先决条件也是不同的。但不论采取何种策略，适时拟定并动态调整和修订好企业的公司章程都是非常重要的，因为公司章程是企业的根本大法。拟定一个合理的章程，在保护企业利益的同时也可以规避很多潜在风险。

6.4 联盟整合方式

目前来看，供应链企业之间非常流行的一种协作关系是战略联盟（strategic alliance)，它实际上是介于企业并购和普通外包合同之间的一种关系。前述分析可知，并购整合模式可以有效地降低企业之间的交易成本并抵御外部风险，同时又由于船大难掉头而变得灵活性较差。普通的外包合同关系虽然灵活，但是抵御风险的能力不强，而且企业之间的交易成本较高。鉴于此，需要一种介于二者之间的模式，这就是战略联盟的协作伙伴关系。

战略联盟的协作伙伴关系实际上也有两种构成方式：一种是通过合同建立起来的关系；还有一种是通过合资建立起来的关系，具有资产纽带关系的特征，要求合作双方的出资对等，一般各方出资比率均要求在 25%～75%之间。企业如果既要保持相对灵活性，又要保证抗风险的能力，理想的发展方向就是战略联盟的协作伙伴关系。

6.4.1 战略联盟

战略联盟是企业为实现自己的战略目标，与其他企业在利益共享、风险共担的基础上形成的优势互补、分工协作的松散式网络化联盟。战略联盟建立的基础是合作各方的关系是建立在统一的战略框架协议之下的，保证联盟各方目标的一致性。

作为企业资源整合的重要战略途径，联盟战略也可以给企业带来获取收益

① https://wenku.baidu.com/view/80c397d480eb6294dd886cdc.html.

与规避风险等方面的诸多战略利益。比如，通过战略联盟的合作伙伴关系可以助力企业提升自己的综合竞争力。在科技日益发展的今天，技术的更迭速度加快，技术积累与知识分散化之间的矛盾往往制约着企业的核心力量发展，已经没有哪个企业能够长期拥有某种产品的全部最新技术，企业单纯依靠自己的能力已经很难掌握竞争的主动权并且可能带来很大的投资和经营风险。为此，试图通过战略联盟的方式挖掘外部可利用资源、实现内外部资源的优势相长是一个不错的选择。通过战略联盟可以方便地实现单个企业无法企及的重要项目（如持续高投入的研发项目等），同时还能有效地防控因技术转型带来的潜在风险。这不仅是企业本土经营必须面临的问题，也是当前技术与市场的全球化特点对企业提出的要求。企业通过战略联盟的方式还可以有效拓展新的市场，实现战略定位的转移。战略联盟往往可以有效地使企业以较低的成本跨越进入新市场的壁垒，获取时间上和空间上的竞争优势。

■ 20世纪80年代中期，由于日本市场存在大量正式、非正式的贸易壁垒，摩托罗拉开始进入日本移动电话市场时举步维艰。1987年，它与东芝结成战略联盟制造微处理器，并由东芝提供市场营销帮助，此举大大提高了摩托罗拉与日本政府谈判的地位，最终获准进入日本的移动通信市场，成功地克服了日本市场的进入壁垒。

此外，战略联盟还可以有效防止行业内的过度竞争，在保证联盟各方利益平衡的基础上相互制衡，这就是我们常说的双赢局面。例如，石油输出国组织（OPEC）就是各石油产油国为了避免彼此之间的过度竞争，通过协议合作的方式，控制产量、保证石油价格和各自的收益而成立的。

6.4.2 联盟成员的选择与控制

通过联盟方式实现供应链的资源整合，联盟成员的合理、正确选择是必须考虑的重要问题。因为在现实中，联盟间经常会因为文化的差异难以融合到一起，并且由于联盟的松散性和缺乏有效的约束和控制力，处理伙伴关系时往往有些僵化，互不信任、利益本位主义、自我山头主义等思想观念仍客观存在，容易导致联盟关系的破裂或者联盟关系有名无实。因此，企业在选择联盟对象构建伙伴关系时，应特别注意评估其各方面的兼容性问题。比如，文化的兼容性、战略的兼容性、组织管理的兼容性、业务活动的兼容性以及其他活动的兼容性等。

此外，因为联盟松散型的特征，在建立联盟关系时，还应注意合理拟定联盟的控制方式，是选择股权控制方式还是非股权控制方式，一定要认真把握。

6.5　外包整合方式

在企业的供应链资源整合中，除了并购与联盟方式之外，外包战略也是一种重要的途径。外包是企业利用外部资源为企业内部的生产经营活动服务的过程，并且该服务活动与企业内部活动相互关联或衔接。

一般来讲，只要是企业内部的活动都可以采用外包的方式来完成，因而可以形成各种类型的外包。比如，生产外包、服务外包、研发外包、采购外包、信息系统外包、物流服务外包、客户关系服务外包、售后服务外包等。

企业通过外包可以有效实现外部资源获取，有利于企业分散风险，开拓市场，促进产品或服务生产流程的优化，获取专业化服务和配套支持，优化人力资源结构，优化企业资本结构，有效地实现质量、成本、交货期之间的协同与匹配，增强企业的核心竞争力等。

需要注意的是，外包可以是双向行为，企业可以将需要完成的任务外包给其他企业来完成；企业也可以利用自身的资源优势，外包其他企业的业务。外包是社会经济发展进步的产物，是社会化分工进一步深化的产物（比如当前非常普遍的第三方物流服务外包等）。通过外包，企业可以实现自身资源无法企及的活动领域，使社会资源得到充分利用。

除了一般的业务外包之外，第三方物流与第四方物流也是外包方式的拓展。

6.6　第三方物流

基于物流业务外包形成的第三方物流（the third party logistics，3PL）模式是我们非常熟悉的概念，也就是物流公司所从事的业务。由于这种模式的专业性强，在综合服务、规模以及信息整合方面都具有明显的优势，因而是目前工商企业普遍采用的物流服务外包方式。同时，第三方物流也是实现物流资源有效利用，形成社会化物流服务平台的基础。

企业将物流业务外包给第三方的价值体现在很多方面，如专业技能服务、物流成本优势、分散投资风险等。

（1）专业技能服务。众所周知，第三方物流公司一般具有专业物流管理人员和技术人员，比如运输高危化工产品的专业人员等。企业将物流业务外包后，可以充分利用其专业化物流设备、设施和先进的信息系统，发挥专业化物流运作的管理经验与技术，在提高效率的同时，避免了不必要的技术投入与物流风险，同时还可以方便地实现物流流程的跟踪，提升服务水平。

（2）物流成本优势。第三方物流属于资源社会化配置和利用的典范，在某种程度上实现物流全流程的最优化管理。这样，企业可以有效节约仓储、运输、信息系统等物流设施的投入、持有和运营成本；更为重要的是，第三方物流有效地实现了商物分离的理念，提升了社会化物流配送的规模效应，降低了单位成本。

（3）分散投资风险。一般来讲，物流基础设施涉及仓库、配送中心、车辆等重资产项目，投资巨大，而规划不合理的物流基础设施投入会给企业带来较大的投资风险。企业通过第三方物流合作与外包则可以有效减少投资风险。

6.7 第四方物流

为客户提供多样化、个性化的专业物流服务是传统第三方物流企业的主要业务，但随着社会的发展，以及企业业务外包领域的不断拓展，越来越多的企业希望能够得到一揽子外包服务的支持，以便集中精力做好自己的主业。但是，第三方物流企业毕竟起源于物资流的服务外包，其核心优势在于提供与传统物资流活动相关的服务，如运输、配送、仓储、货代等。如果第三方物流企业要提供多样化外包服务，将会遇到资源、能力、技术、人才、客户关系以及资源的系统整合等方面的限制，还会遇到企业文化、战略导向、组织结构、管理方式、业务流程等方面转型的制约。另一方面，第三方物流企业也难以站在供应链整体的战略高度，从构建供应链一体化战略合作伙伴关系的角度进行整合方案的设计与规划。

第三方物流的这些局限性限制了其在供应链复杂资源的整合过程中成为主导企业。因此，埃森哲管理咨询公司于1998年提出了第四方物流（the fourth party logistics，4PL）的概念，强调第四方物流是一个能够给客户（一般是企业客户）提供一体化解决方案的供应链集成商，其使命是提供包括第三方物流服务在内的一整套供应链的解决方案。

6.7.1 第四方物流的本质

第四方物流企业是一个提供咨询业务而不是物流业务的供应链集成商，它能够充分整合、调配和管理供应链系统的资源、能力与技术，为供应链提供全面的解决方案。第四方物流的目的是对供应链的资源进行有效、合理的整合，在满足客户需求的前提下，实现供应链全体成员的收益共享与风险共担。第四方物流的核心能力在于它能从战略的高度统揽供应链管理的全局并进行优化。①

概括地讲，第四方物流所做的供应链资源整合咨询方案应该包括的内容，实际上就是本书所介绍的供应链管理三个层面的内容：首先要根据客户企业的战略要求对其供应链进行设计与构建，然后给出针对这个供应链的管理与控制方法，进而对供应链日常运作中的物资流、资金流、信息流以及商流进行合理的规划与管理。

---

① 姚建明．第四方物流整合供应链资源研究．北京：中国人民大学出版社，2013.

显然，第四方物流的咨询方案是非常庞大且复杂的，基本上涉及了企业管理的方方面面，所以其门槛也非常高，不是一般咨询公司能达到的。特别是对于全球化经营的企业，其供应链网络的触角可能伸到全球各个地方，所需的咨询业务自然也非常多，包括法律、经济、政治、外交等各个方面，需要高水平的专业人员为其设计第四方物流方案。

尽管第四方物流的概念产生较晚，但这种对供应链进行一体化整合的思想实际上已经被很多国内外企业运用。

图6-4为深圳怡亚通公司的业务图，图中显示怡亚通的客户只专注于两块核心业务（产品研发、产品战略及实施；市场战略、营销策略及实施），而把中间的整个生产过程全部外包给怡亚通。怡亚通取得这些业务后，需要构建一站式供应链管理服务平台，其中所涉及的业务非常多，如供应链联盟的设计、采

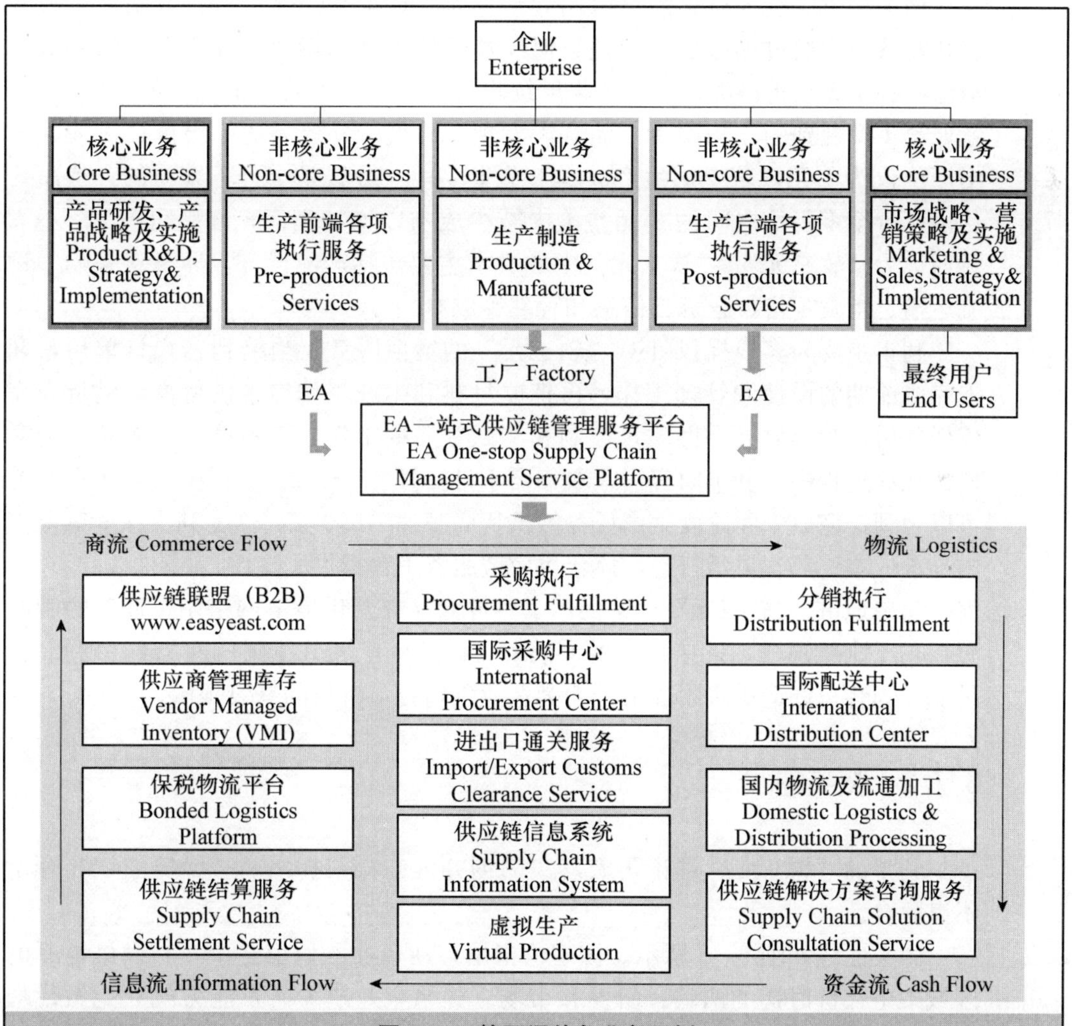

图6-2 怡亚通外包业务示例

资料来源：www.eascs.com.

购执行、分销执行、国际采购、供应商管理库存、保税物流平台、进出口终端、国际配送等。显然，各种业务的实现均需要各方面人才的配合与支持。

再比如，香港历史最悠久的出口贸易商利丰集团的供应链资源整合模式也具有代表性。利丰是做贸易起家的，目前的业务已经不仅仅局限于传统贸易，而是通过提供一体化的供应链平台为企业服务。

例如，肯德基每年要在圣诞节之前为其全球门店定做圣诞树，利丰接到肯德基的订单后并不是自己进行生产，而是通过构建一体化的供应链网络平台，将圣诞树的业务外包给全球多家生产企业，并设计配套的采购、运输、通关、信息服务、资金结算、技术支持以及质量控制等一系列涉及物资流、资金流、信息流、商流的活动规划，以实现将圣诞树准时、保质、保量交付到肯德基的全球各个门店。

利丰的供应链战略思想可以用“软三元”理论来描述。一直以来，多数制造企业致力于通过缩减成本获益，但经过长期激烈的竞争，许多产品的制造成本已经到了无法再减的地步，如果继续降低成本将步入质量不合格的危险境地，就像第1章提到的丰田案例。而利丰发现，假设一件商品的零售价是4元，其出厂价仅为1元，若要从生产成本上节省5～10分钱是十分不容易的，然而要从出厂价至零售价之间的3元差价中减少成本以增加利润，却是可行的，这3元即称为“软三元”。“软三元”中的成本主要包括产品设计、原材料采购、物流运输、批发零售、融资、信息和管理等成本。

利丰主要为客户提供针对“软三元”的增值服务。当接到客户订单后，利丰完成前期的设计和管理工作，再把原材料和生产工作交给供货商，供货商完成任务后，利丰再接手做质量控制和测试等后期工作，直到最后把成品交给客户。在该过程中，利丰向客户收取相当于订货额6%～12%的佣金。遍布全球的可以为利丰完成中间阶段生产任务的供货商多达7 500家，这为利丰在全球范围内寻求成本优势、灵活打造一体化供应链服务平台提供了支撑。

简单地讲，“软三元”理论揭示了一件商品在其供应链网络中，75%的利润源存在于流通领域，只有25%的利润源可以从生产环节找到，这75%的利润源是能够为客户创造更多附加值进而为企业创造更多价值的有效领域。

6.7.2 微笑曲线

利丰的“软三元”理论与宏碁集团创办人施振荣提出的“微笑曲线”理论不谋而合。

微笑曲线如图6-3所示。该理论指出，在行业的价值链中，利润最丰厚的区域集中在价值链的两端：研发和市场。如果企业缺少研发能力就只能做代理或代工，赚点辛苦钱；如果没有市场能力，再好的产品，过了产品生命周期也只能当作废品处理。显然，从微笑曲线来看，利润高的环节也就是上述“软三元”理论中75%利润源的所在领域。

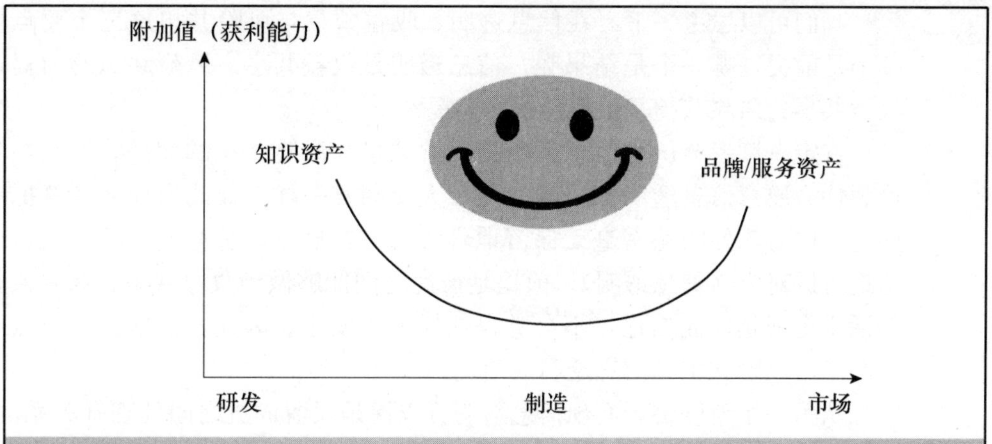

图6-3 微笑曲线示意

给企业做服务实际上最有效的方式是给企业提供一站式的供应链管理平台，好的供应链管理平台能帮助企业有效地从75%的利润源中获取利润，而不用紧盯着制造环节的成本。

6.8 供应链关系的处理

不论核心企业以何种方式进行供应链资源的整合，整合后如何处理好供应链成员之间的关系显得尤为重要。

例如，就拿联盟整合方式而言，尽管联盟战略有诸多优点，但因为联盟关系的松散性，做好联盟战略的首要前提是处理好联盟伙伴之间的关系问题。

6.8.1 供应链关系处理的三大核心要点

在企业之间处理合作关系时，需要把握三个核心要点：信息透明、收益共享与风险共担，如图6-4所示。

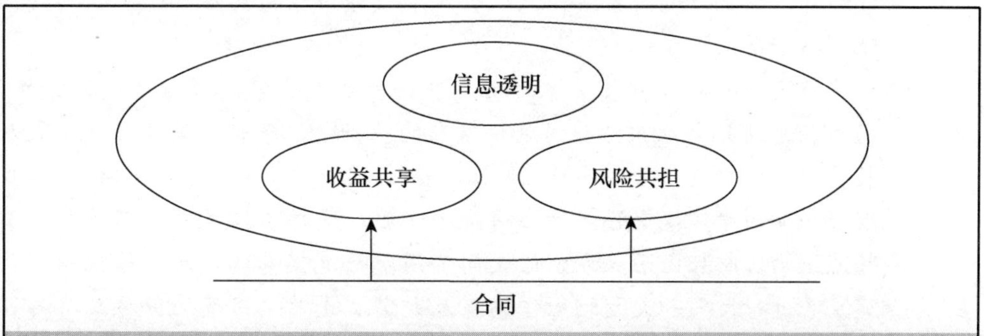

图6-4 企业之间处理好关系的三个核心要点

我们可以思考一下：在信息透明、收益共享与风险共担这三个要点中，哪一个是前提，哪一个是结果呢？信息透明是收益共享、风险共担的前提，还是收益共享、风险共担是信息透明的前提？

肯定有读者会认为信息透明是收益共享与风险共担的前提。那么，联盟伙伴为什么愿意信息透明呢？就像两个人交朋友一样，彼此为什么愿意把自己的信息、内心深处的秘密毫无保留地告诉对方？显然，愿意把自己的信息毫无保留地告诉对方（信息透明），前提是彼此之间能够做到收益共享、风险共担，换句话说也就是彼此信任，不会觉得这样做不安全。因此，在这三个要点中，收益共享、风险共担是信息透明的前提。

从另一个角度讲，实现信息透明可以说是联盟成员之间处理好关系的目的。因为一旦合作伙伴之间能够实现信息的充分透明，会有效提升联盟供应链网络的运行效率，降低各环节的成本。

■ 宝洁，全球最大的日用品制造企业；沃尔玛，全球最大的商业零售企业，它们之间的合作并非一帆风顺。曾几何时，有着“充满自我扩张欲的家伙”之称的宝洁与沃尔玛经历过长时间的“冷战”。宝洁总是企图控制沃尔玛对其产品的销售价格和销售条件，而沃尔玛也不甘示弱，针锋相对，威胁要终止宝洁产品的销售，或把最差的货架留给宝洁。

当然，双方很快认识到深度合作的好处。1987年，为了寻求更好的手段以保证沃尔玛分店里帮宝适婴儿纸尿裤的销售，宝洁负责客户服务的副总裁拉尔夫·德赖尔（Ralph Drayer）和沃尔玛的老板山姆·沃尔顿（Sam Walton）终于坐到了一起。那个时刻，被认为是协同商业流程革命的开始。

“宝洁-沃尔玛模式”的形成其实并不复杂。最开始时，宝洁开发并给沃尔玛安装了一套持续补货系统，具体形式是：双方企业通过电子数据交换（EDI）和卫星通信实现联网，借助这种信息系统，宝洁公司除了能迅速知晓沃尔玛物流中心内的纸尿裤库存情况外，还能及时了解纸尿裤在沃尔玛店铺的销售量、库存量、价格等数据，这样不仅能使宝洁公司及时制定出符合市场需求的生产和研发计划，同时也能对沃尔玛的库存进行单品管理，做到连续补货，防止出现商品结构性机会成本（即滞销商品库存过多，与此同时畅销商品断货）。

而沃尔玛则从原来繁重的物流作业中解放出来，专心于经营销售活动，同时在通过EDI从宝洁公司获得信息的基础上，及时决策商品的货架和进货数量，并由制造商管理库存（MMI）系统实行自动进货。沃尔玛将物流中心或者仓库的管理权交给宝洁公司代为实施，这样不仅沃尔玛不用从事具体的物流活动，而且由于双方企业之间不用就每笔交易的条件（如配送、价格问题）等进行谈判，大大缩短了商品从订货、进货、保管、分拣到补货销售的整个业务流程的时间。

具体作业流程是：沃尔玛的各个店铺都制定了一个安全库存水平，一旦现有库存低于这个水平，设在沃尔玛的计算机通过通信卫星自动向宝洁公司的纸尿裤工厂订货。宝洁公司在接到订货后，将订购商品配送到各店铺，并实施在库管理。与整个商品前置时间缩短相适应，两个企业之间的结算系统也采用了电子资金转账（EFT）系统，通过这种系统企业之间的财务结算就不需要传统的支票等物质形式来进行，而是通过计算机以及 POS 终端等电子设备来完成。事情正如山姆·沃尔顿对拉尔夫·德赖尔所说的："我们的做事方式都太复杂了。事情应该是这样的——你自动给我送货，我按月寄给你账单，中间的谈判和讨价还价都应该去掉。"

在持续补货的基础上，宝洁又和沃尔玛合力启动了合作计划、预测与补给（collaborative planning，forecasting and replenishment，CPFR）模式。这是一个包含 9 个步骤的流程，它从双方共同的商业计划开始，到市场推广、销售预测、订单预测，再到最后对市场活动的评估总结，构成了一个可持续提高的循环。流程实施的结果是双方的经营成本和库存水平都大大降低，沃尔玛分店中的宝洁产品利润增长了 48%，存货接近于零。而宝洁在沃尔玛的销售收入和利润也增长了 50%以上。

宝洁和沃尔玛除了合力启动 CPFR 之外，还采取了供应商管理库存（VMI）模式。这是一个非常重要的管理模式，它是将买方的库存管理业务外包给供应商的一种库存管理模式，库存的物资还是属于下游买方企业的，而由上游的供应商来进行管理，下游的买方企业需要支付给上游供应商一部分管理费用。

VMI 模式与传统的库存管理模式存在理念、方法以及效果等方面本质的差异，如表 6-2 所示。

表 6-2　VMI 和传统库存模式的比较

比较的方面	VMI 模式	传统库存管理模式
买卖双方信息透明程度	供应商可以实时了解用户的库存水平、物资的使用情况等相关信息	用户一般不愿共享自己的信息，供应商很难获取到用户的信息
库存计划	供应商根据双方的情况制定库存计划	用户根据自己的实际情况制定库存计划
采购订单	采购订单由供应商投放，用户只需提供需求预测和要货申请	用户根据自己的库存情况进行采购订单的设计和投放
库存补充	补货时间、批量等由供应商确定	补货时间、批量等由用户确定

可以看出，在传统的库存管理模式中，采购订单显然是由用户投放的，用户根据自己的需求情况来进行采购计划的编制。而在 VMI 模式下，用户的

采购订单则是由上游的供应商投放的，客户只需要对市场需求进行简单的预测。在传统采购模式下，客户只在有需要的情况下，才将采购订单发给供应商，并且一般情况下不会和供应商主动共享需求和预测信息，而在VMI模式下，供应商可以实时了解客户的库存水平，也可以掌握客户存货的使用时间、地点以及数量等相关信息。

在传统库存管理模式下，用户订单投放的时间、订单批量的大小以及交货需求时间全部由用户来确定，供应商只能被动地接受采购订单。而在VMI模式下，订单的投放时间和订单批量大小均可以由供应商来决定，并按照用户需求日期及时补货。

在传统的库存管理模式下，用户负责维护库存计划。而在VMI模式下，库存计划是由供应商根据双方协议来确定的。显然在VMI模式下，供应商获取了更多下游客户的信息，因而也具有更高的管理库存的自主权。

资料来源：百度百科：宝洁-沃尔玛模式.

6.8.2 三大要点实现的保证

显然，在VMI模式下有一个重要的问题需要讨论。比如，沃尔玛的商品库存由宝洁进行管理，那么，如果沃尔玛门店出现商品缺货或者库存积压，导致损失的风险由谁来承担呢？如果仅由上游供应商宝洁来承担这一风险，显然宝洁不会愿意采取VMI模式与沃尔玛合作，唯一的解决途径就是由双方共担风险。因此，我们可以说收益共享与风险共担是企业合作之间的前提，是合作的企业双方（或多方）实现信息透明的前提。

同时，在现实管理过程中，合作各方的收益共享与风险共担靠什么来约束呢？显然，只有通过合同。所以在制定联盟协作合同的时候，合同条款特别重要，一定要拟定好，把收益因素和风险因素同时考虑进合同条款的拟定过程中，这样自然就可以建立良好的战略联盟协作伙伴关系。

□ 案例研讨

阿里新零售智慧供应链

酝酿了一整年的阿里新零售供应链平台终于揭开神秘面纱，阿里抛出了新零售的一个“核武器”——智慧供应链。新零售时代，要求企业在正确的时间，把正确的商品用正确的方式销售给正确的客户。如果没有一流的供应链，这一切都无从实现。

阿里巴巴集团研究员、供应链平台事业部产品技术负责人何峻解密了阿里供应链平台如何利用大数据实现精准选品、智慧预测、最优线网布局。

阿里供应链研究院负责人游五洋还介绍，除了菜鸟网络供应链服务能力不断提升，阿里内部也生长出很多带有供应链属性的业务，比如天猫国际、盒马鲜生、淘宝心选等。它们与菜鸟网络协同作战，打造了一套国内乃至全球最顶尖的智慧供应链体系，用不同的模型来适配不同类型的商家。

面对变化越来越迅速的市场，企业痛点急速叠加：无法精准预测消费需求，难以前瞻性地规划生产和销售，产品在不同渠道孤立流转，有的渠道堆积如山，有的渠道经常缺货，企业一不小心就会进入亏损死胡同。而阿里新零售供应链平台希望帮助商家的生意“越做越简单”。

菜鸟赋能“三部曲”

今年，某跨国消费品牌中国负责人找到菜鸟，希望帮忙优化供应链。

中国是该品牌的全球第二大市场，但是相比全球普遍两到三个月的周转时间，它在中国市场的速度要慢半拍，通常是三到四个月之间。

该品牌上架了天猫超市，一部分产品入菜鸟仓，同时还在天猫开设官方旗舰店，用的是自己的仓储。它们还有传统的线下渠道，又是一个供应体系。线下占10%的销售额，而线上增速很快，是线下的十倍多。

通过梳理该品牌的供应体系，菜鸟发现了库存周转率慢的根本原因：线上线下渠道完全割裂，商品在线上销售完以后，补货常常跟不上，也无法从线下渠道调货，缺货率达到惊人的22%。

针对这个问题，菜鸟将它的线上渠道整合为一体。官方旗舰店和天猫超市的商品与自身库存做了一个智能分仓，统一调配商品。因为这个简单的举措，它的库存周转率提升6%，缺货率下降5%。

菜鸟网络首席战略官陈威如认为：进入新零售时代，消费者对商品到达的时间、交付的体验要求更高。而商家的痛点有三个：极致的交付体验、更加弹性的管理商品库存和流通、优化全链路的效率，最终达到降本增效的目的。

菜鸟的解决方案是供应链升级“三部曲”：全链路、全渠道、全场景。

第一步，整合线上渠道，实现一盘货，线上大部分商品流通已经数字化，比较好实现。

第二步，线下数字化，包括门店、仓储、物流整个体系的数字化，以便掌握商品流通，动态的线下计划协同，不同门店、仓储的实时调拨。

第三步，线上线下的全渠道一盘货。由于加盟商、经销商的存在，线下和线上的货权目前很难统一，因此也是最难攻克的环节。“线上跟线下的逻辑不同，而且各有痛点，在很多组织里面线上跟线下还是两拨人在做”。但无论如何，这是必须要走完的一步。

一家年销售额过百亿元的服装品牌就遭遇了这个问题。它在线上除了天猫旗舰店，还有淘宝店，并入驻其他一些电商平台。另外，包括直营店和加盟店在内，线下有2 000多家门店。线上四分五裂，与线下也完全割裂。而服装行业商品迭代周期很快，快速上新、快速出货，加上SKU较多，库存管理非常困难，经营成本大幅提升。

菜鸟做了一件事情，帮这家企业把菜鸟合作伙伴的仓储全部数字化打通，通过智能分仓实现线上一盘货，用最合适的仓库、最合适的链路出货。但是，因为经销商买断了货权，线下一盘货还无法做到。

陈威如认为，新零售给品牌商、零售商、物流业带来的挑战可能需要三到五年才能消化掉。“这不是一家公司的事情，需要整个生态圈一起努力解决。”

盒马供应链破局

作为中国新零售先锋，盒马鲜生从一开始就是一家全渠道公司，线上线下一盘货是自然而然的事情，完全不存在不同渠道的货权问题。

零售是世界上就业人口最多、环节最复杂的一个行业，也是最能体现供应链效率的一个行业。从商品开发、仓储物流、销售到售后，需要很多支部队协同作战，数字化则是最有效率的指挥棒。

盒马鲜生副总裁张国宏透露，盒马建构商业模式的时候，就是用数字化方法和实践去改造整个经营链条。更重要的是，数字化经营过程沉淀的数据，在一些决策点构建的模型和算法，可以推进决策数字化，大大提升决策的效率和准度。

盒马正紧锣密鼓地推进供应链数字化。“希望把供应链整个节点全部变成可控的，能够数据化并且透明化，”张国宏说，“有了这个基础，未来做供应链管理，包括供应链决策都能有很多柔性。”

不久前，盒马宣布免除进场费、新品费、促销费等一系列乱七八糟的渠道费，采用买手制从源头重塑供应链体系，与供应商打造互利双赢的“新零供关系”，底气就是来自正在推行的供应链数字化建设。

盒马的主打产品是生鲜，属于非标准化产品，易损耗，而且保质期通常很短，但是盒马又要求非常高的新鲜度，这就给供应链带来巨大的挑战。

比如，盒马自有品牌“日日鲜”，由盒马供应链团队亲自开发，产品上架后只卖一天。从基地、干线运输、DC（配送中心）到门店，再到送货上门，全部时间不超过20个小时，天天如此。这个过程中涉及商品的设计、分装、包装，以及冷链运输，是当今中国最复杂的链路之一。

目前，盒马已进入全国13个城市，预计到2021年进入全国所有一二线城市和发达地级市。它的采购面向全国，陕西猕猴桃运到浙江，海南西瓜运到山东……所有的商品都围绕“全国基地+全国DC+城配+门店”这条供应链主线运转。

盒马一个门店的后仓只有1 000多平方米，每天平均处理一万个生鲜订单，要在30分钟送达，并且缺货率和投资率只允许千分之几。张国宏认为：“按照传统的玩法靠人工一段一段拼起来根本玩不下去。”

盒马的方法是把供应链拆解为若干关键节点，各个节点的货物状态、员工行为全部切割成最细小的动作，把这些信息输入系统，数字化生成可追踪的指标，“商品在什么空间、哪个位置，准确度99%以上”。

由此，订单的数字化管理成为现实。目前，盒马在售的标品已经全部实现自动订货，生鲜等非标品也开始由手工订货向自动订货升级。

天猫国际大爆发背后

今天，中国消费者购买的进口商品大约七成通过天猫国际。自 2014 年上线以来，天猫国际一直保持三位数增长。

支付和物流产业的长足发展推动了全球商品流通的速率。天猫国际 70%的品牌在中国没有实体业务，互联网帮助它们以最简单、最便捷的方式进入中国市场，比如开市客（Costco）在 2014 年开通天猫国际海外旗舰店，2017 年上线天猫旗舰店，2019 年 8 月首家实体店才登陆中国内地。

天猫国际的业务分为平台和直营两种，像开市客这样有知名度、SKU 较多的，适合平台模式；而 SKU 较少、知名度较低的品牌适合直营。

日本一家创业公司研发了 ReFa 牌美容仪，刚进入中国的时候还没有什么知名度，通过天猫进口直营业务快速启动，受到中国消费者追捧。截至 2018 年 7 月，ReFa 系列产品累计销售突破 1 000 万台。

天猫国际的供应链分成两个部分：前台由天猫国际基于 C 端需求计划供应链，后台由菜鸟物流完成仓储配送。两者精准咬合才能保证业务顺利开展。

计划供应链的核心是进货、补货、库存、周转的预测。国际物流逆向成本很高，一旦消费者退货，必将产生高昂的逆向物流费用，因此只有精准的前瞻性预测，才能做到更高的售罄率、更低的退货率。

问题在于，中国的销售曲线有巨大的波峰和波谷，海外销售曲线则是平滑的，“最多到了圣诞节、‘黑五’抖动一下，日常销售非常理性”。所以，计划供应链在中国的难度远远高于海外。

天猫进出口业务总经理刘鹏介绍，以前的模式下没有数据，现在有了互联网，有了数据，有了调控手段，可以更好地做前置，“在整个大数据和算法模型上，进行比以前更精准的预测”。

AI 指挥的智能供应链

菜鸟网络的仓配赋能、盒马鲜生的新零售破局、天猫国际的跨境进口，背后都离不开阿里巴巴智慧供应链这个大脑的分析、判断和指挥。

阿里研究院供应链平台技术负责人何崚认为，一个理想的供应链应具备六大要素：

（1）有一个合理的货品结构，精准匹配消费者的需求结构。

（2）有一个精准的销售计划，去实现销售目标。

（3）高效的库存周转。

（4）快速的履约能力。

（5）供应链成本优势。

（6）提前感知消费者未来的需求，去安排前瞻性的生产计划。

“过去不要说做到这六点，其中一点都很难做好，”何崚说，“大数据技术沉淀以及AI人工智能的发展，为供应链效能提升带来很多机会。”

2018年3月，阿里推出基于AI算法的精益化生产模型，帮助商家的ERP安排生产计划、原料计划和补货计划，从而降低库存周转的成本。这项服务主要针对标品，已率先在天猫的消费电子行业投入应用。

服装等非标品的商品生命周期较短，很难根据过去的数据预测未来的销售情况。于是，阿里供应链平台通过行业数据、图像识别技术推出了流行趋势预测服务，帮助企业进行商品企划，同时还提供基于算法的自动设计技术，进行3D效果的仿真来助力商家打造爆品。

何峻说：“AI算法应用于销售环节，主要解决卖什么、卖多少、怎么卖的问题。”

阿里推出了选品机器人，具有三大功能，首先基于不同商品定位进行选品，第二根据市场变化动态优化品类结构，第三是商品生命周期预测。目前，针对天猫电器行业商家的销售预测，准确率已接近90%。

最近推出的改价机器人，通过强化学习平衡成本和毛利，与竞品自动比价，进行动态调价，通过库存调控，实现销售额的最大化。

在供应链的流通环节，AI算法则主要应用于订单履约的最优解决方案。比如消费者下单后，商品是从仓库发货，还是门店发货，从哪个位置发货，采用什么样的配送路线，都可以进行智能化决策。何峻透露，这个技术与某个商家合作，每年能帮他们节省上千万元履约资金。

AI算法在流通环节的另一个应用场景是智慧门店，包括门店选址、门店数字化，比如通过跟踪货品消耗速度，及时下达补货指令；通过消费者行为追踪，优化门店的动线设计和货架排列，提升坪效和人效。

何峻介绍，2018年3月推出阿里智慧供应链服务“水晶球”，前期主要应用于阿里生态系企业，比如天猫的备货、销售、物流环节，接下来将尝试把这些服务产品化，9月份以后逐步开放，赋能更多商家。

资料来源：http://www.sohu.com/a/246962935_734932.

研讨问题：

（1）菜鸟为什么要进行供应链升级的“三部曲”：全链路、全渠道、全场景？

（2）盒马鲜生的“全国基地＋全国DC＋城配＋门店”的供应链主线运转模式有什么优点？

（3）阿里在整合其不同业务的供应链资源时，主要是依靠什么作为链接剂的？

□ 本章思考题

1. 供应链合作关系中存在哪些常见问题？
2. 供应链资源整合有哪些主要方式？分别具有怎样的特点？
3. 如何处理好供应链成员之间的关系？
4. 如何理解第四方物流？其与第三方物流具有怎样的关系？

第 7 章

供应链的管控、绩效与激励

学习目标

1. 理解 CPFR 和 SCOR；
2. 了解供应链的绩效管理；
3. 了解供应链的激励。

本章要点

1. CPFR 模式的概念及特点；
2. SCOR 的基本框架；
3. 企业绩效评价中的常见问题；
4. 供应链绩效评价方法；
5. 供应链平衡计分卡；
6. 供应链激励的基本过程。

做好供应链的管理与控制，关键是要把供应链的各种资源有效地整合到一起，充分发挥其协同效应，而核心的一点是要通过合理的供应链管理控制方式、高效的供应链绩效考核和激励机制实现如前所述的信息透明、收益共享与风险共担。在这方面，不同企业都在摸索适合自身的做法，取得了较好的成效。

7.1 合作计划、预测与补给模式

由沃尔玛联合其供应商共同发起的供应链控制技术合作计划、预测与补给（collaborative planning，forecasting and replenishment，CPFR）（参考第 6 章案例所述）是一种非常有效的供应链管控模式。

沃尔玛联合其上游供应商（如联合利华、宝洁、金佰利等）运用该技术共同对市场需求进行预测，并在预测的基础上进行计划（如生产计划的编制）及货物补给（如库存补充策略的制定）。简单地讲，就是合作企业联合起来对供应链进行管理和控制。

在CPFR技术中，对市场需求的预测过程和我们熟知的群体决策方法中的德尔菲法类似：首先合作的每个企业独立进行市场需求的预测，然后彼此交换预测信息并进行修正，修正后进行新一轮预测，再进行交换和修正，直到最后的预测信息一致，在此基础上进行供应链的计划及库存补给工作。

沃尔玛等企业运用CPFR技术产生了较好的效果，例如，供应链的总库存成本减少了5%～20%，现有库存使用率增加了2%～12%等。但仍有学者研究①后指出，运用CPFR技术有两个较难解决的问题：第一，预测不确定的需求较为困难；第二，由于预测不确定的需求较为困难，所以合作中的风险承担是一个问题。我们也可以看出，在现实中，运用CPFR技术的企业以零售超市行业居多，而这些行业中的产品大多属功能性产品，其市场需求的信息较容易准确把握。

至于在合作中由预测失误造成的风险到底由谁来承担、将来的利益纠纷如何解决等，除了协作成员之间坦诚的沟通与谈判，还要依靠详细的合同条款来进行法律上的约束，这是实施CPFR技术的必要前提。

7.2 供应链运作参考模型

供应链网络中的流程是否合理，直接关系到供应链网络运行效率的高低，也反映出供应链管理与控制工作成效的好坏。对于大多数中小企业而言，特别是刚起步的公司，流程的规范化设计以及管理控制方面的能力有待提高，这时寻找合适的标杆作为参考是现实可行的途径。

供应链运作参考模型（supply chain operations reference model，SCOR）②是国际供应链协会提出的一个可供企业借鉴和参考的供应链流程标准体系。该参考模型主要基于世界上优秀企业的供应链运作相关参数开发和设计，并且每年根据新的数据进行升级与更新。

SCOR模型主要有两个方面的内容可供企业参考。第一，该模型提供了一套可供企业参考的标准流程，比如某企业组建了采购部门，但不知道部门中的具体活动应该如何安排，活动之间的关系如何建立，这时就可以从SCOR模型中寻找相应的采购流程作为参考。第二，该模型提供了针对每一个流程而设计的绩效指标体系，它有助于企业建立自己的流程绩效指标。

SCOR模型的数据每年都在更新，其数据来源有两种途径：第一，国际供

① 比如Christian Terwiesch于2005年发表在*Management Science*上的文章“An Empirical Analysis of Forecast Sharing in the Semiconductor Equipment Supply Chain”。

② 参见www.supply-chain.org中关于SCOR的介绍。

应链协会每年为很多企业提供咨询，通过咨询活动可间接获取相关企业的数据；第二，很多企业是国际供应链协会的会员，也会不断地更新自己的运营数据，比如我们熟知的联想、海尔、华为等都是国际供应链协会的成员。

图 7－1 为供应链运作参考模型的基本结构。

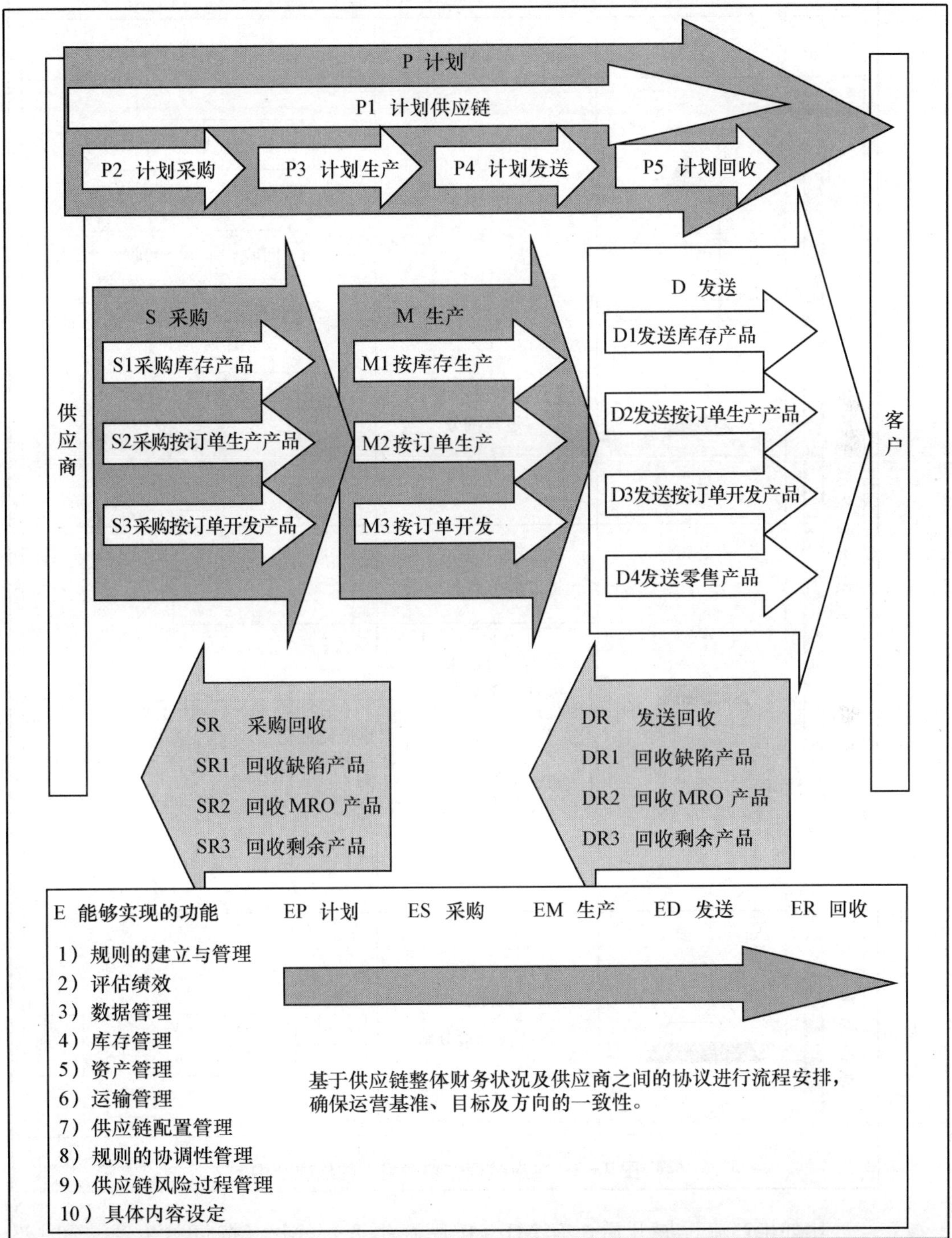

图 7－1　供应链运作参考模型第一层的基本结构

该模型中的主要流程（第一层流程）共有五个：计划、采购、生产、发送和回收，每个流程展开以后又有若干层子流程，如图 7－2 所示。

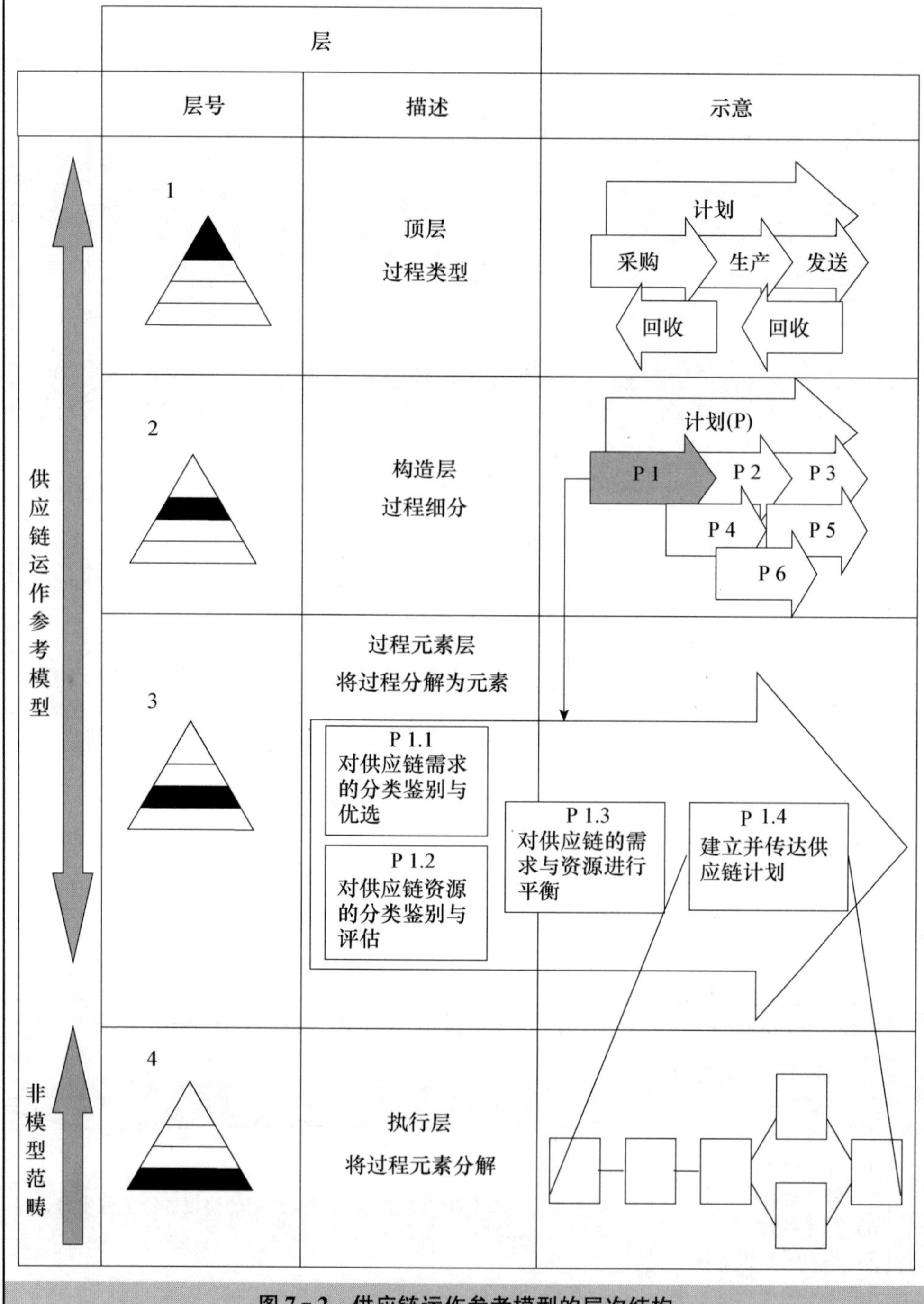

图 7－2　供应链运作参考模型的层次结构

比如生产流程展开后，有 M1（按库存生产）、M2（按订单生产）和 M3（按订单开发）。这样的划分方式与第 5 章探讨的大规模定制战略中客户订单分离点的思路一致。也就是说，当企业运用参考模型进行流程设计时，首先应该明确自己的供应链网络中客户订单分离点在什么地方，找到该点以后，就可以知道应该选择图7-2中的哪一个第二层流程作为参考，进而设计出自己的整个供应链流程及其相应的绩效评价指标体系。客户订单分离点的思路在整个流程的设计中非常重要，有了客户订单分离点，就可以确定在企业产品或服务的生产过程中，什么环节应该构建为有效型供应链网络，什么环节应该构建为反应型供应链网络。

7.3 供应链绩效评价

供应链中的核心企业进行供应链绩效评价一般需要从三个方面考察：一是对供应链整体运行绩效的考察；二是针对各协作成员运行绩效的考察；三是对核心企业自身运行绩效的考察。供应链的绩效评价与企业内部的绩效评价具有相似的特点，做好绩效评价的关键是要建立有效、适用、灵活的绩效考评指标体系。

7.3.1 绩效考核中的常见问题

尽管现实中企业管理能力和水平不断提高，但现行的企业绩效评价过程仍然存在一些问题，集中表现在如下两个方面：

首先，很多企业常常把财务指标作为绩效考核的唯一标准，导致企业较多地关注短期利益。财务指标虽然能很好地反映企业盈利的能力，但这只是反映了企业过去的经营业绩，对未来的发展反映较少。

其次，缺乏对整体流程的绩效考察导致现行的考核过程更偏重于对职能部门绩效的关注，这容易导致第1章提到的各职能部门之间的冲突问题。比如，采购部门如果以采购成本的降低为考核目标，生产部门以产能的最大化为考核目标，销售部门以销售量的增加为考核目标，则必然会产生冲突。

7.3.2 问题的解决途径

为了解决上述问题，在进行绩效考核时，需要注意如下事项：

(1) 全面、系统、动态地挖掘关键绩效指标，同时注重指标之间的平衡。平衡计分卡（balanced scorecard，BSC）思想的出现，为传统的仅以财务指标为单一衡量标准的绩效考核提供了一个多样化的思考工具。平衡计分卡包括四个方面的评价指标体系，即财务指标、客户价值指标、内部运营指标以及未来发展方面的指标。这四大指标体系之间的平衡关系是由企业的战略决定的。

在企业战略管理中，在制定战略目标时一般要求制定出全面发展的目标，即包括上述四个方面在内的综合战略目标，而不仅仅是财务方面的目标。制定完企业的战略目标，需要根据平衡计分卡的思想，按照企业的层次结构将战略目标从四个方面分解下去，直至分解到企业的运作层面，分解到每一个员工的日常工作层面，目的是在企业的每个层面上都从四个方面平衡的角度来全面评价每一个部门、每一个员工的工作情况。

（2）挖掘能够反映流程绩效的指标体系。考核职能部门的绩效相对而言较为容易，企业常用的财务指标就可以实现这项考核。但是，如何考核流程的绩效呢？什么指标最合适呢？答案是客户满意度，这是由流程的特点决定的。

企业中之所以存在流程，就是为了给客户提供产品或者服务。每一个流程都是由若干活动组成的，而每一个活动又是一个小流程，比如产品生产流程中的采购、生产、销售等每一个活动都是一个小流程。那么，想要衡量每一个活动的好与不好，就要站在活动的下游客户角度来考量。

实际上，在产品或服务到达最终客户之前的每一个活动的结束点都有一个客户，称为中间客户，如图7－3所示。比如企业中的采购活动将为生产部门供给一个中间产品——原材料，那么就可以考察作为中间客户的生产部门对采购部门流程的满意度。显然，在流程的满意度指标体系中，质量、成本和交货期这三大目标仍然是考察的重点。所以，流程的客户满意度指标可以围绕这三大目标来建立，但一定要根据考核对象的特殊性而有所侧重。

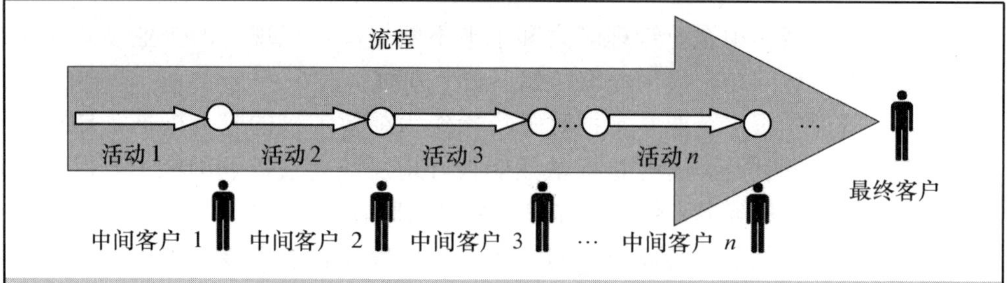

图7－3　流程的客户和中间客户

总之，对流程的衡量有两个方面需要考虑：第一，用多指标（比如质量、成本、交货期）进行衡量；第二，要考虑满意度的问题，满意度是一个非常重要的流程衡量指标，应引起足够的重视，这是做好流程绩效考核的关键。

（3）采用实时分析与评价技术。要想对绩效进行实时评价，最有效的方法就是运用信息系统。就目前情况来看，部分企业只是运用了信息系统的数据传输和记录功能，而信息系统的辅助决策、监察和警示功能发挥得并不理想。这是因为很多企业对信息系统的应用不熟悉，或者说是对企业的整体运营情况或系统性管理思想不熟悉。实际上，要想用好信息系统，必须对其进行针对性的开发，诸如对系统参数进行调整等。

（4）考虑反映供应链网络成员关系的评价指标。该类指标应该包括能够反映供应链网络成员关系以及企业内部各部门关系的评价指标。在供应链网络成员关系处理方面，有三个评价指标非常重要，即信息透明、收益共享和风险共担，这些在前面已经探讨过。另外，在企业内部各部门关系的处理方面，流程的衡量是需要重点关注的。

7.3.3　做好绩效评价的基本原则

总体上讲，若想建立好的绩效评价指标体系，可从以下几个方面着手：第一，要从战略的高度建立针对整个供应链网络的评价指标体系，比如运用平衡计分卡的思想；第二，从系统的角度挖掘关键指标，挖掘时要考虑系统的边界，指标的多少非常重要，同时也要考虑对指标的分类，关注重点指标，考察指标之间的关系；第三，以流程为基础进行指标的设计；第四，在进行指标体系改进时，要持续性地对指标进行变革。另外，要把先进的信息技术及管理思想引入绩效评价体系的建立及实施过程中。

7.3.4　供应链绩效评价方法

现实中，人们针对供应链的特点开发了一些可供参考的绩效评价方法。比如比蒙（B. M. Beamon）在 1999 年提出的“资源、输出及柔性”（resources，output，flexibility，ROF）评价法，该评价体系由三个一级指标构成，即资源测度指标、输出测度指标和柔性测度指标。其中，资源测度指标反映效率水平，输出测度指标反映顾客服务水平，柔性测度指标反映供应链对环境变化的响应能力。同时，每个一级指标又由若干子指标构成。

前文提到的供应链运作参考模型不仅给出了可供企业参考的流程，同时也给出了每一流程下供企业参考的绩效考核指标，这也是构建供应链绩效评价指标体系的重要参考。

作业成本法（activity based costing，ABC）是企业进行全面成本核算的重要方法，通过该方法可以对流程中的作业进行比较和优化。基于该思路建立起来的绩效评价体系在对企业运作层的绩效评价中具有更大的应用价值。

当然，也有学者从其他方面对供应链绩效进行研究。比如斯坦福大学李效良教授认为，一流的供应链应具备三大特点：反应敏捷（agile），能让各方利益协调一致（aligned），适应性强（adaptable）。具备这三个特点的供应链能为公司创造可持续的竞争优势，他将其称为 3A 供应链。

下面将重点介绍供应链绩效评价方法——供应链平衡计分卡。

7.4　供应链平衡计分卡

供应链平衡计分卡（supply chain balanced scorecard，SCBSC）是目前公认

的非常全面的供应链绩效评价方法。它来源于企业内部的平衡计分卡绩效评估方法，区别是把企业内部运营方面的评价指标应用到供应链运营上，其他三个方面的指标，即财务指标、客户价值指标和未来发展方面的指标，仍然保持不变。

为什么供应链平衡计分卡要选取上述四个方面组成评价指标体系？第一，企业是由股东投资建立的，股东需要通过企业的经营来获利，这一点体现在财务指标方面（如利润、投资回报率、投资回收期等）。第二，企业若想在财务指标方面有良好的表现，必须提供能够给客户创造价值的产品或服务，这就是选取客户价值指标的原因。第三，提供客户想要的产品或服务，必须通过企业的运营过程来实现，而企业的运营系统实际上就是企业的供应链网络，因此供应链运营方面的指标是必须考察的重要方面。第四，要想做好供应链运营，核心企业与各个供应链协作成员的运营必须做好，运营是实现输入转化为输出（产品或服务）的过程，该过程是由企业的员工完成的，因此员工的学习和成长对于供应链中各个企业能否做好运营至关重要，这也是需要从未来与成长方面考察供应链绩效的原因。

简单地讲，平衡计分卡的思想体现了这样一个道理：企业成功与否不能仅以是否盈利、利润率高低、市场占有率高低等经济指标来衡量，也就是说仅仅考虑股东价值的创造是不行的，更需要全盘考虑企业各方面的运行情况，这样才能实现企业的长远发展。

供应链平衡计分卡四个方面的评价指标如图7-4所示，图中各项具体指标仅供参考。

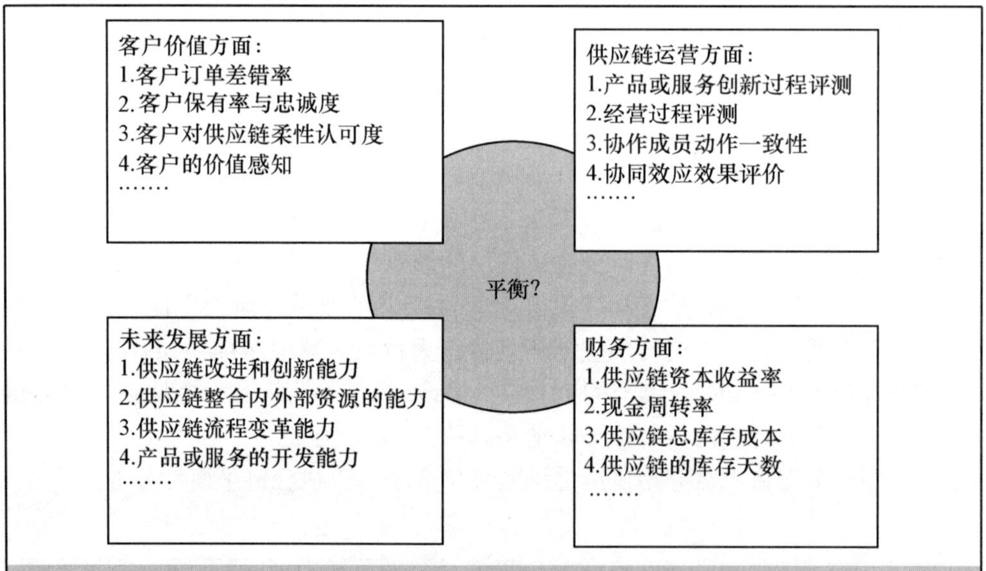

图7-4 供应链平衡计分卡

7.5 供应链激励

“供应链激励”考虑的是核心企业如何采取恰当的激励手段，使上下游合作企业能够朝着它的目标去努力行事。这里首先需要思考的问题是：要想激励被激励对象，让它朝着我们希望的方向去努力，我们应该了解它什么？显然是需求。但是，只了解被激励对象的需求是否就能够实现有效的激励呢？答案是否定的。比如两个人同样有金钱方面的需要，但给他们同等数量的金钱后，这两个人的行为却未必一样。因此，被激励对象的需求只是说明他有行动的动力，但想预测其下一步到底如何行动，还需要了解被激励对象的行为模式或者行为特征。实际上，不论是在企业中激励不同的人员，还是在供应链网络中激励不同的协作成员，首先要对被激励对象进行详细的调查与了解，看看他们到底需要什么，同时还要详细了解导致其下一步行为的具体因素是什么。

所以，了解不同运营环境下激励对象的需求特征及行为模式是进行激励的必要前提。激励的基本过程如图 7－5 所示。

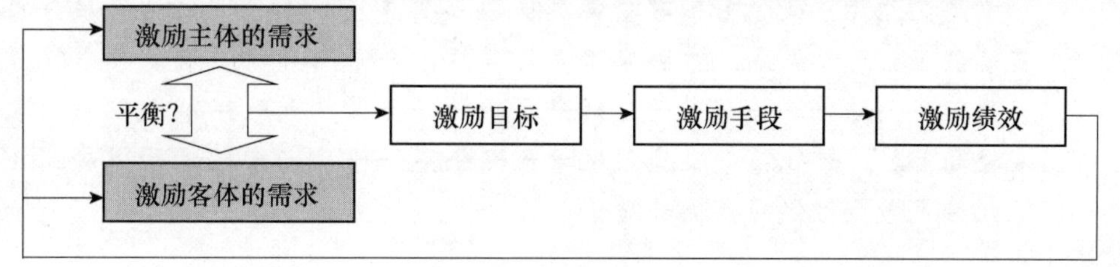

图 7－5 激励的基本过程

首先，激励主体需要判断自身的需求是否和激励客体的需求达到了平衡，如果不平衡就要对客体进行激励。激励时，首先确定激励目标，也就是激励后要实现什么样的目的，进而设计激励手段。

需要注意的是，设立激励目标时必须注意三点：第一，目标设置必须符合激励对象的需要。即要把激励对象的工作成就同其正当的获得期望挂起钩来，使激励对象表现出积极的目的性行为。第二，提出的目标一定要明确，尽量使用量化目标。第三，设置的目标既要切实可行，又要具有一定的挑战性。目标难度太大，可能让对象望而却步；目标太容易，影响对象的期望值，难以激发其奋进。

其次，设计激励手段。需要注意的是，在设计激励手段时，要针对不同的对象去调查和研究，根据其行为模式设计出有针对性的激励手段。

最后，还要设计激励绩效的考核方法，用以衡量整个激励过程的效果与效率。

以下两个例子将说明在企业管理实践中，对于供应商的评估和激励是协调供应链上下游的重要手段。

■ 约翰迪尔公司成立于1837年，总部设在伊利诺伊州的莫林。为了帮助自己和供应商提升面对客户的竞争优势，约翰迪尔公司设立了追求卓越项目(Achieving Excellence Program，AEP)——一个动态的供应管理战略。AEP通过供应商评估程序，提高沟通、信任、合作和持续改进，努力建立与供应商的长期合作关系。供应商评估由约翰迪尔公司的小组成员从五个方面进行评估，分别是：质量、运送、成本管理、持续周期和技术支持。一家与约翰迪尔公司合作长达十年之久的供应商Complex Parts在质量评估中得分欠佳，于是约翰迪尔公司提出了整改建议，Complex Parts的质量在接下来的一年中大幅提升。

资料来源：https://wenku.baidu.com/view/9bcd3191b6360b4c2e3f5727a5e9856a56122696.html?pn=51.

■ 能成为戴尔的长期供应商是很多企业的愿望。戴尔的大部分供应商都与戴尔有多年的合作关系，但这并不意味着企业一旦成为戴尔的供应商就可以高枕无忧。戴尔会在每个季度从成本领先、技术产业化的速度、服务、持续供应、质量等方面对供应商进行考核，并根据考核结果来考虑给每家供应商下多大的单，给哪家供应商分配新的任务等。如果某家供应商的次品率比较高，戴尔可能下一次就会把单子交给另一家次品率较低的供应商，并通过此方式激励该供应商提升质量。

□ 案例研讨

京东的智慧供应链

京东是中国的综合网络零售商，在线销售家电、数码通信、电脑、家居百货、服装服饰、母婴、图书、食品、在线旅游等12大类数万个品牌百万种优质商品。2012年京东占据中国自营B2C市场49%的份额，凭借全供应链继续扩大在中国电子商务市场的优势。13年间交易额增长9万倍，年均复合增长率超过150%，服务中国9亿多用户，联手腾讯打造全球独有的社交电商新模式，精选超过12万家商家入驻，正式员工超过14万人，2017年618全民年中购物节累计下单金额1 199亿元。

京东于2004年正式涉足电商领域，2017年，京东集团市场交易额接近1.3万亿元。2017年7月，京东再次入榜《财富》全球500强，位列第261位，位列互联网企业第三，在全球仅次于亚马逊和Alphabet。

2014年5月，京东集团在美国纳斯达克证券交易所正式挂牌上市，是中国第一个成功赴美上市的大型综合型电商平台。2015年7月，京东凭借高成长性入选纳斯达克100指数和纳斯达克100平均加权指数。

2017年，京东对零售未来趋势做出终极判断——无界零售，在“场景无限、货物无边、人企无间”的无界零售图景中，京东通过积木模块对外赋能，以开放、共生、互生、再生的理念开展产业布局，积极向“零售+零售基础设施的服务商”转型，致力于与合作伙伴一起，在“知人”“知场”“知货”的基础上重新定义成本、效率、体验。未来，京东将从“一体化”走向“一体化的开放”，全面赋能合作伙伴，在无界零售的场景下共同创造新的价值。

京东在打造生态供应链时，也打造了智慧供应链控制塔，实质上，京东因为业务需要，运用AI已经有七年的时间。在以智慧供应链控制塔为中心的基础上，聚焦智能决策、智能采销、智能运营，并且在大的供应链闭环里做了创新，形成SMART SC智慧供应链，实现全渠道数据记录、全渠道一体化、更智慧的零售管理和品质形象护城河，最终达成供应链金融生态协同，对内助力效率提升，对外助力开放引流的效果。

京东的业务涉及的品类比较多，每一个品类在其运作领域又是不一样的，比如服装、消费品、生鲜，采货形式是多频小批量，而家电类的采货频次是一两个月一次，这些品类和特点驱使京东自营的供应链具备独有的特性，能够对业务需求量有一定的预测。虽然目前基于历史数据的实际预测会多一些，但是京东正在着手打造一个大脑——基于VI的预测系统，即用实时的数据预测业务需求，预测未来的销售、单量、毛利和成本、舆情等，实现供应链绩效监控、模拟、仿真和端到端供应链绩效可视化，进而统筹安排区域内相应的人员、无人机、无人仓及设备等，进行自动补货、自动定价、自动退货、处理滞销等，支撑类似于“6·18”或者“双十一”的订单运送业务需求。

未来供应链的几种变化趋势

1. 无处不在的数字化供应链网络

数字化已经成为一个不可逆转的方向，在数字化技术与供应链管理创新之间有一条最佳实践的路子，就是数字化的智慧供应链网络，即供应链的创新。以前对于供应链的认识，有人认为是物流，有人认为是采购，但是新的时代赋予供应链一种新的定义，包含了人才供应链、实体供应链节点、信息供应链、财务供应链、大数据分析、人工智能等，联合了用户的需求，能预测用户的需求行为。现在我们希望打造的供应链，是纵横连接的新时代的供应链网络。

2. 信息数字化，数字网络化，网络智能化

以前的供应链是线性的，从消费者到零售商到物流服务商到供应商，现在来看，未来的供应链应该是网状的，每一个环节都会被重新打造和重新组合，使得采购、物流、销售这条线非常顺手。打造高度智能化的供应链网络，是我们下一步的目标，实现智慧供应链的精准式管理，根据未来企业不同的变化，打造高敏捷的供应链，从组织到运营到中间管理，实时地根据业务变化重组。

3. 无界零售下的供应链

在未来，供应链会更加体现出需求个性化、价值参与化和场景多元化。

- 需求个性化：小众化定制产品的崛起，商品、服务、促销等精准信息的推荐；
- 价值参与化：产品反向定制，用户信息分享带来新的商业价值；
- 场景多元化：线上线下融合，智能冰箱、智能音箱、自动售货机等。

在目前需求多样化的过程中，消费者希望供应链当中的品牌商实现个性化供应，能让消费者参与进来，消费者参与的价值，能促使供应链向下进行；反之，如果消费者没有参与到供应链中比如销售、营销等环节，那么供应链整体下行的方向就会出现问题。

4. 感知、互联、智能效率的升级

目前，真正的感知、互联、智能的时代到来了。物联网终端的普及使大量终端能够收集到用户信息，通过数据和控制的全面交互连接，人工智能带来从预测到辅助决策的变化，让京东的系统真正从数字化到智能化，由智能化走向自动化。今天京东57%的产品订单从采购到车间的调拨，再到销售的预测都是自动化的，今年年底的目标是94%～95%的SKU全部实现自动化采购、定价、库间的调拨、补货决策和管理。在此基础上，预计在年底之前，京东50%～60%的采购单，由系统自动下单，70%的退货实现自动下单。明年各项自动化指标将达到80%～90%，人工仅占到10%～20%。

5. 个性化、短链化、智能化，无界零售下供应链发展新态势

第四次零售革命，其实是一次产业模式升级和消费方式重构的过程。未来的消费方式，包括消费者的参与、体验、场景多元化，人、货、场方式的重构，实现少批量、多批次、快速迭代的短链化供应，达到产业模式的升级。通过物联网、大数据、人工智能等的智能化趋势实现技术突破，适应零售业从边界到无界的变化。在企业里，内部的赋能或者企业与供应链上下游组织之间的赋能，就是无界的打通过程，未来零售业的供应链是一种无界的新态势。

供应链的开放方面

1. 京东供应链技术开放：链接供应链的供需两侧

零售供应链与制造供应链两侧之间的赋能，实现把零售需求的数据赋能到品牌商，驱动按需定制，让供应链变得更加智慧。包括大型商超连锁、全渠道零售平台、小型社区零售商等收集的数据，赋能给制造供应链，让制造供应链另一侧的原材料供应商、品牌商、委外加工商，实现按需提供。

按照零售品类，实现每条供应链的数字化，比如服饰、生鲜、消费品等，将这些行业细分成很多的供应链网络，利用数据协同化、网络化和智能化，实现前端采购、后端分销的平台整合，利用供应链技术，提供解决方案与咨询服务，实现仓配一体化。

2. S2E 战略

京东未来项目的打造，主要在机售与零售服务上，希望以零售基础设施为运行环境，能够提供物流服务、技术服务、金融服务，对供应链节点的其他伙伴，例如品牌商、物流商进行赋能，让它们发展得更加长远。所以，从聚焦中心企业服务作为开端，形成了 RaaS（retail as a service）零售企业服务，在此基础上推出 S2E（supply chain to enterprise），优先服务于供应链链主，联合核心品牌商按品类整合供应链。

3. 助力品牌商零售化，需求驱动生产

在需求驱动生产方面，我们通过与上游供应链控制与利润再平衡、库存管理一体化，实现计划协同、库存协同、需求预测协同、采销协同、物流协同等的打通，让供应链更加智慧。

例如，在生鲜供应链中，农场生鲜品类，涉及种子、养殖、育苗、交易等环节，如果在绿色溯源农场信息整合里有了用户的需求，将需求数据与供应商、运输商打通，实现农副产品全程溯源的真正闭环，这样就能够把京东的需求传达给农场综合管理平台，从农场到餐桌，给生鲜供应链提供巨大机会。

4. 京东智慧供应链的 CDA 方法论

不论是做 C（customer-centric，以客户为中心）、D（digital supply chain，数字化供应链）、A（agile supply chain，敏捷式供应链）中的哪一项，都围绕着三个本源，即保证用户体验、整体效率提高和成本的降低。这三个是京东做所有事情的根源，包括做 IT 创新、大数据等。

5. 无与伦比的物流体验

智慧供应链赋能的过程中，需要强大的物流覆盖网络，来触达到每一个环节，每一个城镇、乡村。京东在物流方面加大投入布局，让消费者对商品触手可及。在触达的过程中，想象空间很多，包括在触达的过程中建立营销模式，物流和供应链中做一些创新。

6. 无所不能的供应链解决方案

在打造供应链的过程中，京东也打造了一些 SaaS 和 NaaS 的产品，包括在选品、协同、销量预测、库存管理、动态定价领域。这些产品的组件化、SaaS 化，使其更加灵活，并且脱离京东环境，不仅仅为京东服务，而且为品牌商赋能。从某种意义上来说，赋能的开发，也是今后的一个研究方向。

7. 帮助伙伴实现线上线下全渠道的智慧零售

京东目前也在触达零售伙伴，包括沃尔玛、母婴体验店、京东之家、百万便利店等，在线上触达的过程中发现，现在线下店面的盈利性不一定比线上差，所以零售业很多伙伴从线上往线下冲，京东希望智慧供应链能赋能线上线下的零售。

供应链创新着力点

京东供应链创新三大着力点是客户为中心、协同开放、智慧高效。

1. 客户为中心：大数据驱动用户研究

以前在做大数据的时候，会做用户画像、用户细分、行为特征、商品偏好、品类和品牌关联、购物路径，分析客户的维度主要是从供应链和库存的角度出发的。现在除了以上维度外，甚至建立用户和商品之间的关联度关系，寻找用户在买东西时的购物路径，在购物路径中找消费者的购物决策，以及购物决策跟商品采购和商品布局的关联关系。在做供应链的过程中，对于用户的研究，也是做客户的拉新、复购、升级，在这个过程中，发现消费者的洞察以及行为，通过行为反作用于内部的库存管理。

2. 客户为中心：智慧供应链开放平台

赋能的开放，京东从自营延伸向了卖家，打造了京东智慧供应链商家开放平台诸葛智享，将自营的智慧迭代能力赋能给卖家。这个平台可以帮助卖家在选品、市场、定价、库存、产能方面，实现自上而下的打通。智慧库存帮助卖家进行智能销售预测，在存货布局、智能补货、库存健康、智能调拨、滞销处理等方面做到降本增效，体现智能供应链的价值。

3. 协同开放：智慧供应链控制塔

京东推出的智慧供应链控制塔，是支撑协同开放整体的核心，包括预测平台（价格、销量、销售、单量、促效、成本等），仿真平台（可以模拟开店铺，试算成本、效益等），优化平台（提供决策优化等），以及舆情平台。

4. 智慧高效：品类管理思想下的智慧供应链

零售领域里传统意义上的人、货、场，在电商时代，已经发生了改变，“人”是以人为中心，“场”是全渠道，“货”是商品。从人、货、场的闭环来看，需要建立人与货之间的关系，以及货与场之间的联动，京东希望通过智慧供应链的应用，推动人、货、场的更加智能。

洞察连锁店的布局是否合理，与洞察网络布局是否合理是同样的道理：在什么位置关店、开店，开店对于整体布局会产生什么样的影响，选品、品类策略，以及店在整个区域中的定位（这与商品以及区域内周围的用户是相关的）。通过数据的关联，能够把人、货、场重新做一个定义，让人、货、场更加智慧。

5. 智慧高效：无人仓、无人分拣、无人车末端配送

在流通方面，京东在做两层优化：第一层优化在采销和内部运营方面，比如以前一个部门用200人补货，软件上线后仅用60人就可以了，这就是内部效能的提升。另一层优化是在物流领域，就是以前由人参与的领域，今后用机器来取代，比如无人分拣、无人车末端配送，京东在上海的全球首个全流程无人仓已经上线，昆山亚一是全球首个全流程无人分拣中心，武汉亚一是全自主研发无人仓。

京东智慧供应链实践：集成AI能力的京东智慧供应链组件

1. 销售预测组件：由联合销售预测与供应、补货形成三者的闭环，通过销售数据分享与分析，形成基线预测与促销联合计划推动供应体系，联动补货体系通过

物流大仓直供，满足促销联合计划。

联合销售预测帮助商家对销售运筹帷幄，力争以100%的有货率为消费者提供新鲜的产品和优质的服务。

2. 动态定价组件：通过海量大数据和人工智能算法，帮商家分析所销售的品类在京东和天猫的分布情况，分析商品的价格标签以及竞争商家价格带，给出价格建议、价格模拟以及价格规则设置，从而为商家提供多场景价格建议，智能助力定价最优决策。

3. 品类管理组件：京东内部的选品和帮助卖家选品的管理，算法已经非常复杂了，包括通过消费人数选品、商品定制、看选品结构和分布。提供跨品类及品牌分析，引导品类的横向拓展，拉新商品增加机会，优质商品促进复购与忠诚，横向拓展消费升级。

4. 库存管理组件：京东的库存管理非常复杂，包括仓储布局模拟、库存计划模拟、智能调拨、智能补货、滞销清理等部分。机器可以帮助人力，使得库存管理系统更加联动，运行成为一体。

5. 区块链防伪追溯组件：京东已经跟雀巢、惠氏、宝洁、伊利联动，建立从零售、仓储、物流、工厂到生产端、养殖端，最后触达消费者的防伪追溯。实现全程追溯和终极防伪，助力优质商品上行，真正实现从原产地直达餐桌的全程信息追溯，区块链底层技术加成，让消费者买得放心，吃得安心。

6. 科技门店组件：通过全渠道视频直播/点播溯源供应商内部的高管授权、销售说明、原料提供商产地、生产商商家、京东仓储配送环节、售后环节，直播消费者视频晒单。通过商品介绍、商品功效、商品使用说明的视频介绍，进一步使客户体验优化。

京东智慧供应链实践

京东雀巢联合补货项目取得阶段成果，零供双方补货时间从5～8天缩短至2～3天，线上有货率从73%增加至平均96%，提供给线上购物者更新鲜的产品，杜绝断货，并带来额外的5%的销量增加。

京东与沃尔玛创造线上线下无界体验，山姆与京东Plus共同推出联合会籍，让双方会员享受更多优质商品、线上线下共享尊贵服务。

资料来源：http://m.sohu.com/a/234737008_273923.

研讨问题：

（1）数字经济的来临为企业进行供应链管控与激励带来了哪些机遇与挑战？

（2）京东为什么要推出智慧供应链控制塔？这样做有什么好处？

（3）如何理解京东提出的“第四次零售革命”的本质？

□ 本章思考题

1. CPFR模式的运作需要具备哪些前提？

2. SCOR 模型具有怎样的基本框架？
3. 供应链绩效评价需要从哪些方面进行考察？
4. 供应链绩效考核中存在哪些常见问题？应当如何解决？
5. 如何运用供应链平衡计分卡进行供应链绩效评价？
6. 供应链激励包含哪些基本过程？

第 8 章

流程管理与价值链管理

学习目标

1. 认识流程管理中存在的主要问题；
2. 了解流程管理和优化的基本思想；
3. 理解业务流程重组；
4. 掌握价值链分析方法；
5. 掌握价值分析决策方法。

本章要点

1. 流程管理中存在的主要问题及解决思路；
2. 流程优化的核心内涵；
3. 业务流程重组的核心思想；
4. 流程与职能的关系；
5. 价值链分析方法；
6. 价值分析决策方法。

在企业发展的不同阶段，企业的流程所表现出的特点是不一样的。比如，在企业的创业期和成长期，流程不太稳定，这与该时期企业制度的多变性特征相一致。到了成熟期以后，企业的流程会受到较为成熟和规范的文化、战略及运营政策的引导和约束，因此也较为稳定。

例如，随着海底捞连锁规模的不断扩大，店面越来越多，要想把海底捞的特色很好地传承下去，使企业的核心理念和文化保持不变，必须运用流程和制度固化一些东西，比如企业管理思想和管理文化。但是，这必然也会限制基层服务人员在日常服务上的创新，这是海底捞发展中面临的一个问题。

当然，该问题不仅仅存在于海底捞，而是普遍存在于各个企业的发展过程中。当企业逐渐发展壮大时，必然会遇到流程和制度的规范性与灵活性之间的矛盾。特别当企业发展到转型期或者衰退期时，企业内部通常有复杂的流程和制度，往往一些小事情的处理都要经历很多烦琐的程序，从而制约了办事效率，滋生出官僚主义风气。比如第1章的丰田案例中，企业内部的信息必须垂直逐级上报，这些制度大大削弱了其灵活性。

总之，我们分析流程管理问题，首先要研究企业发展到什么阶段，是否在其流程和制度的规范性与灵活性之间产生了问题，然后把这些问题挖掘出来，探索解决方法。

8.1 流程管理中的问题梳理

现行企业流程管理中往往容易出现如下几个方面的问题。

8.1.1 流程的关注程度不合理

前文已经阐述，企业的产品或服务是由整个供应链网络来提供的，而不是由一个企业提供的。企业内部的流程只有融入外部供应链网络中才能有效地运行起来。

然而在现实中，一方面，很多企业只关注自身内部的流程优化问题，却忽视了上下游其他关联企业的流程优化，进而产生了一系列问题。比如第1章提到的丰田案例，丰田汽车质量不合格很大程度上是由于压缩了供应商的利润空间，致使供应商提供了不合格的零部件。还有很多企业热衷于宣扬自己实现了“零库存”，以此来博取消费者的眼球，而不管是否给上下游其他环节的协作成员带来了高库存的风险。

另一方面，即便某些企业看到了外部流程与内部流程衔接的重要性，但是由于下游的销售环节是能够直接给企业带来利润的地方，因此，与下游环节的流程衔接问题往往是企业关注的焦点，而对于与上游供应环节的衔接却很少考虑，这也是导致企业内外部流程衔接不畅的重要原因。

8.1.2 核心业务流程不明确

业务流程是实现产品和服务从起点流动到终点的过程，其中有核心业务流程和非核心业务流程之分。如何才能界定某个流程是核心流程呢？这是由企业的战略决定的。

当我们把企业的战略目标分解到各个层次、各个部门后，就会找到核心业务流程。例如，采购部门要采购很多物资，有的物资采购回来后是用在业务流程中的，而有的物资是用在管理流程中的，比如办公用品等。在用于业务流程的物资中，有的物资对实现企业战略目标非常重要，有的物资并不重要。如果重要的物资采购不到，企业的战略目标就无法实现。显然，这些重要物资的采购流程就是核心业务流程。

因此，并不是所有的业务流程都是核心业务流程，一定是对企业战略目标的实现影响非常大的流程才是核心业务流程。在企业经营管理过程中，要把有限的人、财、物等资源向核心业务流程倾斜，首先保证其得到满足。

但在现实中，特别是在以前企业较少以战略为中心的时候，企业在认识核心业务流程方面往往容易出现差错，多数情况下总是从降低成本的角度考虑问题。在这种情况下，一旦企业的外部环境发生变化，就有可能造成整个流程瘫痪。因此，必须从战略的高度把握核心业务流程这一问题。

8.1.3　流程分割和冲突现象

在第 2 章介绍系统性原理时曾提到这样的例子：企业内部各职能部门之间经常产生矛盾冲突，其原因是把流程割裂了。比如，采购部门考虑的是本部门内部采购流程的合理性，生产部门考虑的是本部门内部生产流程的合理性，销售部门考虑的是本部门内部销售流程的合理性等，企业整体流程的合理性反而被忽略了。

如何处理这一问题呢？应该站在全局角度把握企业的整体业务流程。部门之间的冲突来自它们之间关系的不协调，而这个关系是由它们之间的流程决定的。所以要定期或不定期地针对隐藏在各个职能部门背后的流程进行公开讨论，理顺其中的关系。并且在整个问题解决过程中，必须由各部门的负责人同一个可以把握全局的人共同协商。

尽管问题的解决思路是明确的，但是在具体落实的时候，还要考虑方法、场合和时机，特别是把握时机。比如，企业在成长期比成熟期更容易进行部门利益的调整和变革，在危机发生之后比危机到来之前更容易进行问题的处理等。或许我们会有这样的疑问，危机已经发生了，解决这些冲突还有用吗？2008 年三鹿奶粉事件发生后，蒙牛、伊利也受到了牵连，尽管它们没有被检测出质量不合格的产品，但是行业的诚信危机对它们也产生了影响。为了消除消费者对产品的不信任感，伊利当时决定改变其产品的质量考核流程，开放整个生产线，让消费者亲身体验产品的生产过程。这也是食品生产企业常用的应对质量危机的方法。

8.1.4　解决流程问题缺乏灵活性

很多企业的流程出现问题后，往往基于明确的规章制度进行处理和解决，这种操作方法简捷但具有两面性。比如服务员的服务流程是有明确的规章制度约束的，服务员看见客户以后该说哪些话、不该说哪些话等，都有明确的规范标准；但同时这种程序化处理方法可能会给某些客户带来不适感，比如进入餐馆或商店后，服务员特别热情，这是她的职责，但有时候反而让客人感觉无所适从，特别是对于喜欢安静、需要私密空间的人，可能就不太喜欢这样的服务。任何管理措施都具有两面性，关键是我们如何看待和灵活运用，应针对不同的企业进行有效的应变。

8.1.5 信息化技术运用不普遍

发达国家的管理优势很大程度上体现在信息化的建设与运用方面，这是我们首先应该借鉴和学习的地方。能否将信息化手段较好地运用到企业流程管理中，是一个重要的战略问题。

当年蒙牛副总裁卢文兵转投小肥羊后，进行的第一项改革就是给小肥羊上了一套信息系统，可以在包头总部监控全国各个门店当天营业情况。当时很多门店经理文化层次不高、知识水平有限，不会使用信息系统，他们都抵制这一改革。面对这一问题，卢文兵采取强硬措施推行信息化建设：哪个门店不上这套系统就关门。在强推信息系统后，各个门店很快就看到了它的价值，实现了科学化管理。

当然，企业流程管理中容易出现的问题远不止这些，企业应该站在战略的高度，从全局的角度发掘和分析流程中的问题，并找出针对性的应对措施和解决方案。比如，对企业的运营系统及流程进行全面的战略诊断与分析，就可以确定核心流程是什么、主要流程是什么、次要流程是什么等。同时，应该区分管理流程和业务流程，合理配置运营系统的资源。实际上，流程的不合理会直接导致不应该交叉的流程交叉到一起，引发对资源的争夺，所以一定要把不合理的流程理顺。

进行流程管理还需要以客户为中心进行整体业务流程和管理流程的设计，保证流程制度及作业规范建设与灵活性之间的平衡，消除流程中人为的活动分割、协调部门冲突更是需要加以重视的问题。

8.2 流程优化的核心内涵

流程优化的目的或核心内涵是让流程中的各个环节能够给企业带来价值，其前提是能给客户带来价值。所以，要从客户的角度来判断到底流程中哪些环节能够给客户带来价值，这些环节就是客户愿意买单的环节。

这里以戴尔的例子进一步加以说明。

■ 戴尔公司在 20 世纪 90 年代初就提出了个性化定制服务，采取了直销方式，但随后发现销售量及销售额不如传统销售渠道大。戴尔公司当时有些疑虑，是坚持走直销模式还是回头走传统经销模式呢？在经过权衡之后，戴尔公司决定回到传统经销模式，之后尽管销售量上去了，利润却下降了。因此，戴尔公司又改回直销模式。直销模式是戴尔公司真正吸引客户的因素，客户能够从直销模式中体会到独特的价值，这也说明戴尔供应链的直销模式是真正能够给客户带来价值的。

需要注意的是，企业的流程管理不是只对企业内部的流程进行梳理与优化，而是要面向整个供应链网络里的所有流程。企业所在的供应链网络中的流程错综复杂，如何优化是一个较为复杂的问题，这需要在实际操作中集思广益、不断创新、敢于颠覆过去，对流程的设计要反复检查讨论，不断试验、实践与改进等。新流程设计好之后一定要进行模拟检验，观察流程的绩效并不断改进。另外，鼓励企业在流程管理和分析时多用流程图工具，这也是业务流程重组（business process reengineering）或业务流程再造（business process redesign）中的重要手段之一。流程图能够清晰地展示各个流程之间的相互关系，便于发现问题、分析问题和解决问题。流程图描述清楚了，就知道每一步活动到底该如何去优化。

8.3　业务流程重组

美国学者迈克尔·哈默（Michael Hammer）和詹姆斯·钱皮（James Champy）于 20 世纪 90 年代提出业务流程重组的思想。业务流程重组强调以企业的业务流程为改造对象和核心，以关心客户需求和满意度为目标，对企业现有业务流程进行根本的再思考和彻底的再设计。尽管业务流程重组的目的也是要优化流程，但与业务流程优化有本质的区别。

业务流程重组遵循的核心理念中，有几点与业务流程优化观点是相似的。比如，要以客户需求为中心设计流程，要从职能观向流程观转变等，这些都是目前公认的流程设计与优化的重要思想。

但是，业务流程重组还有两大独特的核心思想：一个就是要求我们在设计流程时要对传统思想进行反思。该传统思想即 200 多年前亚当·斯密提出的劳动分工理论，如图 8－1 所示。该观点认为，组织的分工越细，效率就越高，这是劳动分工理论的基础。但是后来人们发现，分工过细效率反而下降，如图 8－2 所示。

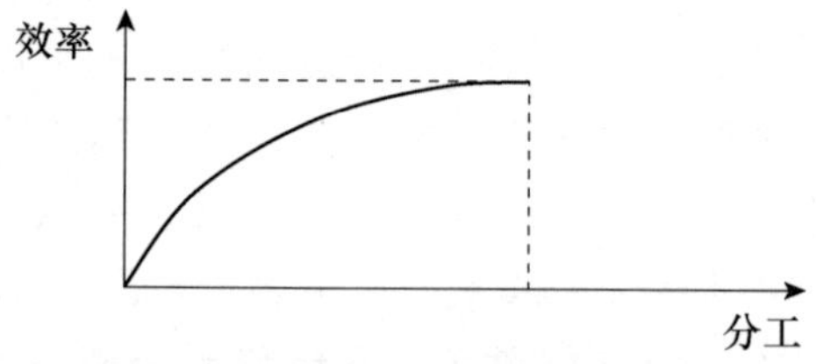

图8-1 劳动分工理论的基本思想

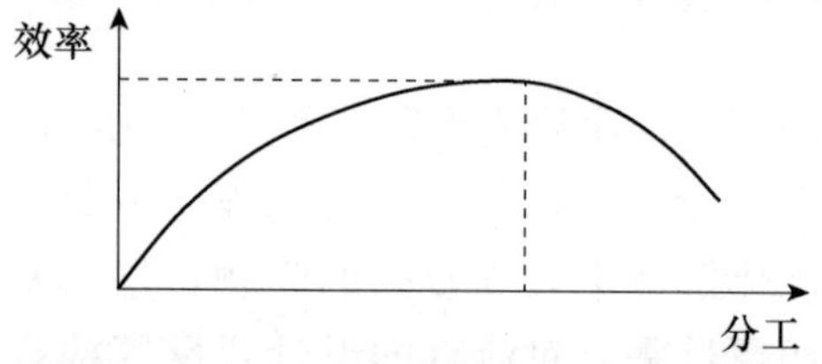

图8-2 劳动分工的真实表现

■ 有这样一个经典的例子，某机修工的工作就是整天拧螺丝，晚上回家后他的手仍然保持拧螺丝的状态，变不过来。这说明长时间去做同样的工作，尽管提高了熟练程度，但是失去了对工作的新鲜感。组织的分工越细，组织成员所做的工作实际上越简单。工作的简单化导致工作中的乐趣减少，剩下的只有枯燥和乏味，时间一长必然导致员工工作积极性和主动性丧失、效率下降。

另一方面，组织分工过细，也会增加组织内部的协调成本。因为对于组织而言，必须使其内部各部门联动起来，才能发挥协同效应，实现组织目标，这必然需要组织内部良好的沟通与协调。

在现实的管理中，为了解决分工过细导致的组织效率下降问题，人们提出岗位轮换、岗位丰富化、团队协作等措施让员工从工作中不断寻找乐趣，同时也加强不同部门员工之间的协调和沟通。

另外，有时分工过细也是人为割裂流程的结果。例如，某银行的信用卡业务由两个部门负责，一个是和客户联系的部门，一个是发卡审核部门。如果客户联系部门通过各种方式努力说服客户来办卡，而审核部门却没有通过，那么客户联系部门做的大量工作就没有产生效果。因此，这种人为地割裂流程的做法并不会使效率提高，反而会浪费时间，增加成本。这两个工作实际上应该由一个部门来完成。

业务流程重组的另一个核心思想是要“给予员工决策的权力”。海底捞非常关键的一个管理方式就是给员工授权。海底捞给予基层服务员打折或者免单的权力，这在一般的餐饮企业中是看不到的。为什么给基层员工授权能够使流程优化呢？这是因为企业的流程本身就是由基层员工实现的，每一个流程中的每一项活动实际上就是基层员工日常工作的内容。授予员工一些权力后，他们会更积极主动地优化自己负责的这部分流程，而不用上级管理人员告诉他们如何去做。因此，授权在业务流程重组中十分重要。此外，要多用流程图，这一点也特别重要。

8.4 价值链管理

价值链是迈克尔·波特于 1985 年提出来的。波特指出，企业每项经营活动都是创造价值的经济活动，企业所有的各不相同而又相互关联的生产经营活动构成了创造价值的动态过程，这就是价值链。简单地讲就是企业中所有的生产经营活动联系到一起构成了价值链。显然，在这些活动中有一些业务活动（如图 8-3 中的基本活动）构成了业务流程，剩余的（如图 8-3 中的辅助活动）是管理流程，它们一起涵盖了整个价值链中的活动。

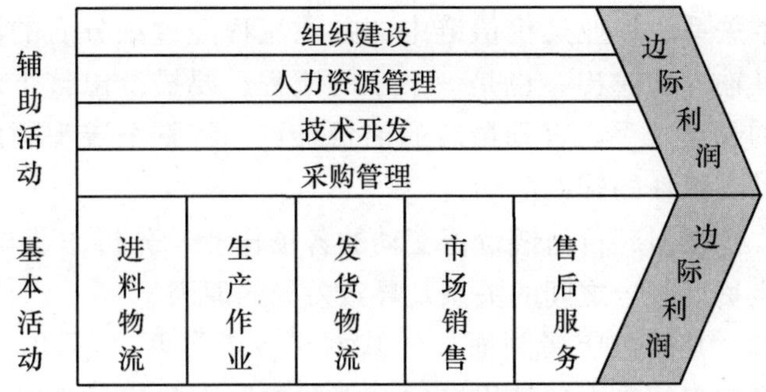

图 8-3 波特价值链理论中的价值链活动

波特价值链理论中的基本活动主要包括进料物流、生产作业、发货物流、市场销售、售后服务等。辅助活动则包括采购管理、技术开发、人力资源管理以及组织建设等。组织建设中除包括支撑业务流程运作的其他各项辅助活动外，还包括企业文化建设、战略规划、高层经营管理活动、企业治理等内容。总之，企业中的所有活动全部纳入了价值链的活动范畴。

价值链的思路容易理解，关键在于如何运用。价值链分析的核心目的是要把价值链中不创造价值或者创造负价值的环节尽可能去掉，剩下的全部是能够创造正价值的环节。实际上，不创造价值和创造负价值的工作在企业中比比皆是，如某秘书找总经理签字，早晨去了一趟办公室，总经理不在，下午再去一趟又不在。这些活动显然是不创造价值的活动，需要将流程优化。

例如，以前戴尔中国客户中心的生产流程是两个人面对面合作组装一部机器，而且是台式机和笔记本电脑合用生产线生产。由于当时的产品大部分是台式机，笔记本很少，这样设计流程比较合理。后来笔记本电脑的需求越来越大，而组装笔记本电脑只需要一个人，另一个人只能在旁边站着却不创造价值。因此，将两个人分别安排在两张工作台上，装配效率就会提高。

在企业运营中，创造负价值或者不创造价值的环节是首先需要考虑优化的环节。那么，如何来判断非增值活动和增值活动呢？比如，企业中的库存环节一定是创造负价值的环节吗？以前企业以成本为中心来考虑问题，得到的结论可能是肯定的；但是现在要求企业以战略为中心来考虑问题，就不能简单地下这个结论。判断价值链中的活动是不是增值的，需要基于企业的战略。有了战略，就有了分析和处理问题的法宝。企业中的任何决策都要以战略为中心。

8.5 如何进行价值链分析

要想在企业管理中运用价值链分析，应该做好如下工作：

(1) 理清整个企业的价值链，包括基本业务流程和辅助流程，把价值链分解为与战略相关的各项作业，明晰作业、资源、成本、时间、收入等各要素之间的基本关系。作业是价值链中的各项流程经过细分后的活动单位。每一个作业都有其输入和输出，也是一个小的流程。要描绘出整个价值链，可以从产品和服务的起点入手，直到最后的消费终点，将整个流程画出来，当然每个环节还有各种支撑性的辅助活动。

(2) 挖掘引起价值链价值变动的各项作业，分析作业与战略要素（如质量、成本、交货期等）之间的关系及导致差异的原因。

例如，某面包店烤制面包的基本流程中有两个活动：一个是制作面包坯，一个是烤面包。受面包坯设备的产能限制，面包店每小时可以加工100个面包坯，需要耗费1人工时；面包店有一个烤箱，每次可以同时烤制100个面包，每次需2小时，第1小时中还需要耗费1人工时的翻转和看管成本。假设某客户5小时后需要200个面包，面包店的流程应该如何安排，才能在满足客户对面包质量的要求及准时交货的前提下使总成本最小？

在交货期要求下，比较图8-4中两个不同价值链的流程编排方式。

根据客户的交货期要求，第一批100个面包的作业没有多少选择的余地，必须从零时刻开始加工面包坯，1小时后进行烤制，2小时后烤制完成。第二批100个面包的烤制毫无疑问需要紧接着进行，问题是第二批面包坯什么时候加工最合适？

图8-4中显示了两种可能的面包生产价值链的构成方式。价值链Ⅰ的安排方式是，加工完第一批面包坯后紧接着加工第二批面包坯，但由于第一批面包还占着烤箱，第二批面包坯必须再等1小时才能烤。价值链Ⅱ的安排方式是第一批面包坯开始加工2小时后再加工第二批面包坯，这样等第一批面包烤制完成后正好可以衔接上。

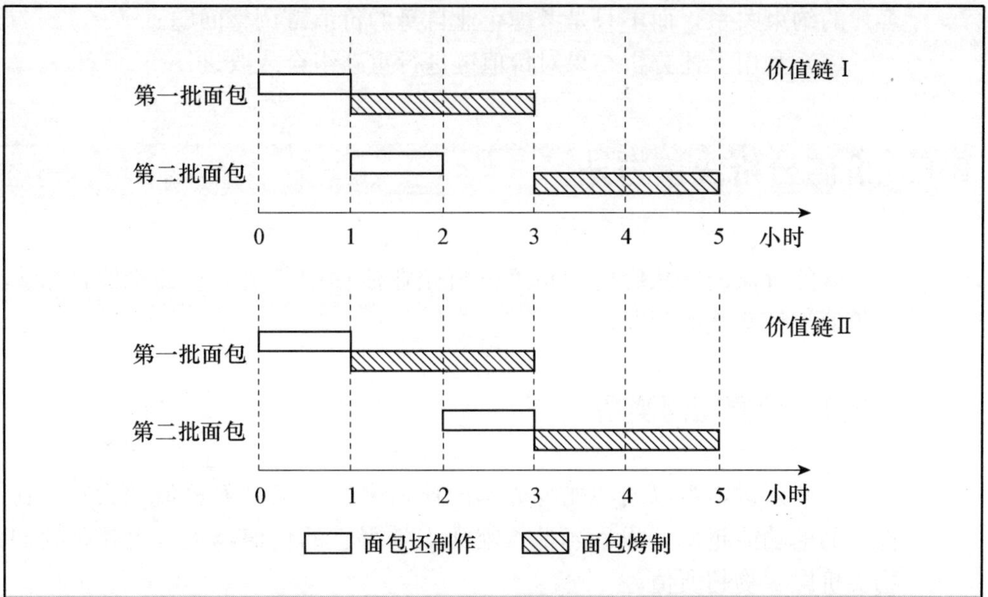

图 8-4　面包店两种面包生产价值链的比较

产品的成本有直接成本和间接成本，本例中的直接成本只有原材料和人工成本，间接成本有水电费等。图 8-4 所示两种不同的价值链，其价值的差异主要反映在人工成本上。第一批面包坯完成并放入烤箱之后，还要用 1 个小时来翻转检查，这需要耗费人工成本。在第二种方案中，显然这一作业由一个人完成就可以了，而在第一种方案中，由于第一批面包坯制作完成后，紧接着进行第二批面包坯的制作，这时必须另找人手进行第一批面包的翻转检查，显然总成本会增加。

通过上例两个价值链的比较分析发现，价值链Ⅱ的成本优于价值链Ⅰ。价值链Ⅰ调整为价值链Ⅱ以后，成本可以降低。在该例中，引起价值变动的作业只有两个，形成作业成本差异的原因在于不同作业的时间安排上。

(3) 分析本企业与整个价值链中上下游企业以及客户之间的关系，明确上下游及客户的相关约束对价值链优化的影响。

在企业内部进行价值链的优化工作，为什么要考虑与上下游的关系呢？再来分析上例。设面包房有两名员工，分别负责面包坯制作和面包烤制。按照图 8-4 中第一种方案，负责面包坯制作的员工制作完两批面包坯后，就可以完成任务了，这样面包坯制作的人工总成本是 2 人工时；如果按照方案二，他还要等第二批面包坯制作完后才可以完工，这样就耗费 3 人工时。显然，第一种方案在成本上优于第二种方案。

然而，在第一种方案中，第二批制作好的面包坯要等 1 个小时以后才能烤制，这样在质量上就和第一批面包有差异。因此，能否将图 8-4 中价值链Ⅱ的方案优化成价值链Ⅰ的方案，其前提是烤制出的面包在质量上一定要满足下游客户的要求。这就是说，企业在进行价值链的优化时，需要考虑上下游企业及客户的约束关系，而不只是考虑企业自身的价值链调整问题。

（4）利用上述分析结果对价值链进行重新组合或改进。

8.6 价值分析决策方法

既然价值链是从价值的角度分析企业流程中各项活动的价值，那么必须探讨价值如何衡量的问题。

8.6.1 价值如何衡量

一般来讲，可以用功能与成本的比值来衡量某对象价值的大小。比如，某件产品的功能越好，成本越低，就让人觉得它的价值越大，也就是我们常说的物美价廉、物超所值。

我们或许要问，既然价值等于功能与成本之比，成本越小，价值就越大，那么这样考虑问题是否就偏向了成本中心说呢？这是否和我们提出的战略中心说相悖？实际上，价值等于功能与成本之比的思想和战略中心说没有相抵触，因为这里的功能实际上包括了运营三大指标（质量、成本、交货期）中的质量和交货期，所以仍然属于战略中心说，价值的判断依然是权衡质量、成本、交货期三个指标。如果质量、交货期都能满足要求，那么成本显然越低越好。

根据价值衡量的思想，一共有五种方法可以提高价值：（1）功能不变，成本下降；（2）成本不变，功能提升；（3）功能提升，成本降低；（4）功能和成本都升高，功能升高得更快；（5）功能和成本都降低，成本降低得更快。这五种方法在企业经营管理中都是常用的。比如，有的企业为产品增加了一项新功能，但售价不变，客户买回来后感觉价值提高了；有的企业降低了产品的售价，功能却没有变化等。

8.6.2 价值分析决策方法

在现实中，通过比较两个或多个对象的价值进行选择，就是价值分析的决策方法。由于价值等于功能与成本之比，要比较两个或多个对象的价值大小，必须首先获取待评价对象的功能以及成本数据。成本往往是容易获取的，但功能如何计算呢？

在企业管理中，经常要把定性问题量化，比如在人力资源管理中评价员工的工作绩效，最后要求打分。要想实现这一目的，首先需要建立一套指标体系。指标体系建好后，才能知道该从哪些方面衡量每个员工的工作业绩，进而打出一个总评分。

在企业管理实践中，有两个工具特别重要，一个是流程，一个是指标。流程是分析企业管理问题的基础，指标是企业管理方法落地的基础。任何企业管理方法落地的时候，首先需要转换成一系列指标。比如，进行财务管理的时候是转换成财务指标，如各种比率；开展人力资源管理的时候是转换成人员招募、考核、评价等指标。再比如使用第 7 章讨论的平衡计分卡时，建立涉及四个方面的系列指标。

在企业管理实践中，凡是涉及指标的操作，通常都要分四步进行：第一是建指标，即用哪些指标来衡量对象；第二是设定权重，即在所建的指标中，必然有重要与不重要之分，要通过设定权重对指标进行区别；第三是评分，即基于各项指标对各考评对象进行评分；第四是计算出加权总分。任何基于指标的衡量方法，都是通过这四步来进行的。

在价值分析决策方法中，我们也将基于这四步衡量价值大小。以下结合例子来分析。

■ 某新建连锁餐饮公司采购物资时，有两种采购方案可供选择。一种是现货直接采购（A 方案），一种是联合集中采购（B 方案）。现货直接采购由各连锁门店采购人员负责到市场采购和进货，再到总部统一报账；联合集中采购则由总部出面选择多家资质好、实力雄厚的供应商，通过报价竞标，进行集中采购和结算，并由供应商统一向各门店配货。

由于以前没有进行过比较，该公司不知道选择哪种方案更好，于是想通过价值分析方法判断各采购方案的价值大小，然后进行决策。如表 8-1 所示，两个采购方案在功能方面各有优缺点。

表 8-1　两种采购方式的特点比较

比较指标	采购方式	
	现货直接采购（A 方案）	联合集中采购（B 方案）
灵活性	高	低
质量可控性	高	较低
价格	高	低
物流效率	低	高
管理成本	高	低

首先，要建立功能指标体系，评价各采购方案在采购过程中能给公司带来什么样的功效，是否能够满足采购目标的要求。

基于餐饮公司的采购总目标所建立的功能指标体系如表 8-2 所示。在此基础上，公司组织相关人员对各级功能指标的重要性进行评分。首先对一级指标进行评分，这里运用交叉评分法，如表 8-3 所示，指标间两两比较，以 3，2，1，0 作为重要性从高到低的衡量标准。如 F_1 和 F_3 相比较为重要，打

3分；F_2和F_1相比同样重要，打2分；F_3和F_1相比不重要，打1分；F_1和F_1没有必要比较，打0分，依此类推。指标相互比较后，将每一行的打分值相加，就得到各指标的权重评分值，可方便地计算出各指标的权重。

接着，公司组织相关人员对功能指标中的二级指标进行重要性评分（采用直接打分法），如表8-4所示。

公司组织相关人员对A方案和B方案进行二级功能指标下的评分（采取百分制），计算各方案的加权总分及功能指数，功能指数为各方案加权总分的百分比，其目的是去单位化，使不同量纲的分子、分母可以比较，如表8-5所示。

表8-2 采购的功能指标设定

采购总目标	物美价廉，保证供应，管理简单（F_0）					
一级指标	营养质量（F_1）		管理成本（F_2）		确保供应（F_3）	
二级指标	质量（F_{11}）	营养（F_{12}）	环节（F_{21}）	费用（F_{22}）	监控（F_{31}）	风险（F_{32}）

表8-3 一级功能指标权重设定的交叉评分法

一级指标	F_1	F_2	F_3	评分值	权重
F_1	0	2	3	5	0.417
F_2	2	0	1	3	0.250
F_3	1	3	0	4	0.333
合计	—	—	—	12	1.000

表8-4 采购的二级功能指标权重设定

一级指标	F_1		F_2		F_3	
权重	0.417		0.250		0.333	
二级指标	F_{11}	F_{12}	F_{21}	F_{22}	F_{31}	F_{32}
评分（%）	55	45	30	70	40	60
权重	0.229	0.188	0.075	0.175	0.133	0.200

表8-5 两种采购方案的比较评分

二级指标	F_{11}	F_{12}	F_{21}	F_{22}	F_{31}	F_{32}	加权总分	功能指数
权重	0.229	0.188	0.075	0.175	0.133	0.200		
A方案	72	44	56	67	60	48	58.27	0.463
B方案	68	80	70	63	65	60	67.53	0.537

由于该公司还没有采取过相关的采购方案，所以它间接获取了其他两家连锁餐饮企业现有的成本数据。通过获取某段时间内公开的采购成本统计数据，计算平均单位物资量（每吨）的采购总支出成本，得到A方案的平均单

位物资量采购成本为 3 200 元/吨，B 方案的平均单位物资量采购成本为 3 050 元/吨。

计算得出两种采购方案的成本指数分别为：A 方案为 3 200/(3 200+3 050)=0.512；B 方案为 3 050/(3 200+3 050)=0.488。

价值指数=功能（功能指数)/成本（成本指数)，可以得出 A 方案价值指数为 0.904，B 方案为 1.100。

可以看出，采用 B 方案得出的价值指数大于 A 方案，因此应该采用联合集中采购作为最优方案。

这里需要补充说明的是，采用指标进行决策，权重设定是非常重要的一步。一般来讲，和直接评分法相比，交叉评分法是一个相对较为客观的方法。

在企业管理实践中，价值分析决策方法是一个非常重要且应用普遍的方法。在企业战略决策、运营决策（如供应商选择、研发方案选择、采购决策、生产设备选择、生产方式选择、销售渠道选择、营销方式决策等)、管理决策（如人事决策、人员选择、人员考核、岗位设计、部门考核、财务决策、预算决策等）各方面都可以得到广泛的运用。

虽然在该方法的使用过程中有很多环节存在主观性，比如指标的建立、权重的分配、方案的评分等，但该过程是非常客观的，逻辑性也很强。因此，该方法除了可以作为具体问题的决策手段外，对于提供科学的决策报告也有重大意义。例如，某钢铁厂的技改人员筹划购买一台设备，通常情况下他无法说服专家和领导，但在运用价值分析决策方法，经过严格的成本和价值的比较和计算后，得出一份规范的决策报告，很快说服了相关人员，最终购买了这台设备，使企业的效益得到了很大的提升。

8.7　价值链中的价值分析

价值链分析的实际作用是在产品或服务的提供流程中找到能够给企业带来价值的环节。能够给企业带来核心价值的环节往往就是优于其他企业的地方，也是我们应该重点关注的地方。

在比较两个企业的价值链时，要把流程中每一个环节的价值都计算出来，然后进行比较，这是真正做好价值链精细化管理的前提，如图 8-5 所示。

从图 8-5 中可以看出，在比较的三个环节中，A 公司供应链中的采购环节、经销环节都在价值上优于 B 公司，说明这些环节是能够给 A 公司带来竞争优势的地方。

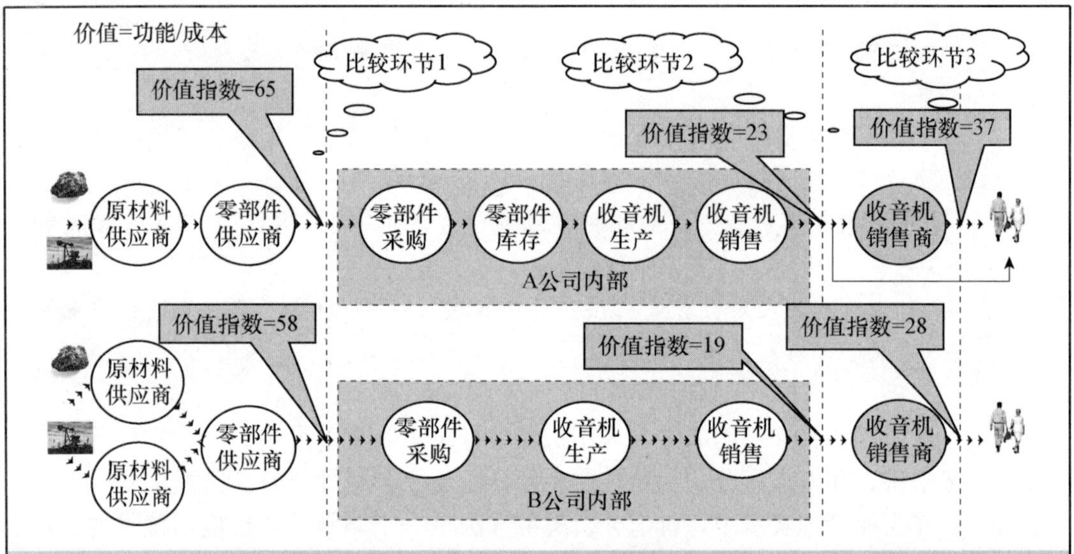

图8-5　两个企业价值链中的价值分析

□ 案例研讨

海底捞的价值链管理

近几年，海底捞火锅开的直营店逐渐增多，新店基本都选在城市的繁华地段或商业区，规模较大，每家店的面积都在两三千平方米。这些店开张时间虽然不长，但火爆程度不亚于老店。

尽管发展如此迅猛，但海底捞餐饮集团董事长张勇并没有把发展速度作为工作的主要考核指标，他认为发展是一个水到渠成的事情，是自然而然的，而要做的首要工作是保证海底捞的管理机制。作为餐饮企业，能够快速扩张应该是求之不得的，然而张勇却不想赶这样的时髦。他认为如果敞开发展的话可能店面数量还要翻一倍，但如果按照这个速度发展的话，问题可能就来了，因此他仍然在压缩店面数量。目前他所关注的更倾向于如何用流程和制度固化一些东西，把海底捞的体系和流程建设得更强大，来保证把海底捞建设成一个知名品牌。

众所周知，现阶段要做大做强一个火锅品牌确实不易，竞争太激烈。因为火锅是中国人独创的美食方式，历史悠久，品种很多，遍及全国。近十几年来我国餐饮行业连续保持两位数的增长，火锅发展更为迅速。如今到处都能看到火锅店，面对如此激烈的竞争，海底捞取得了让人羡慕的业绩，走进任一家海底捞火锅店都能给人留下生意兴隆的印象，尤其是用餐高峰期，排队等候的人几乎和正在用餐的人一样多，有的客人为了在这里吃顿饭宁可等两三个小时，在火爆的生意背后，老板张勇是如何运作的呢?

实际上，海底捞成功的关键在于发现了顾客满意度是保证其发展的一个基础，为了保证这个满意度，员工的激情非常重要，所以海底捞做了大量的工作来保证员工充满激情地工作。海底捞确定了一个核心的战略思想——双手改变命运。企业所有的制度都围绕这个来做，就产生了这样的效果。

简单地讲，张勇的火锅店发展如此迅速，其密码非常简单，就是做好两件事：一让顾客满意，二让员工满意。在海底捞考核管理层的时候也主要考核这两个满意度。大多企业都是考核营业额、利润等经济指标，这些往往被视为生命线，张勇为什么会有如此独特的经营思想呢？

1994 年张勇下海经商，先在街边摆了一个麻辣烫小摊，不久又开了火锅店。那时张勇根本不会做火锅，生意也很冷清。一天，张勇好不容易招揽来一桌客人，就极尽热情地去服务，客人也连连夸赞他。然而客人走后张勇一尝火锅却连连叫苦。因为加的中药太重了，无法入口，完全是苦的。

面对无法下咽的火锅张勇无地自容。但在羞愧之余他却悟出了一个做生意的门道，也就是客人基于什么来原谅我们呢？一定是在给他们提供服务的时候态度至少是积极的，这样顾客是可以原谅我们很多瑕疵的。

由此，张勇认定热情的态度、优质的服务绝对是应该牢牢把握的生存之道。从此他想尽一起办法为顾客提供热情周到的服务，比如帮来店的顾客擦皮鞋、带小孩，送小礼品等，种种独特贴心的做法让他店里的人气骤增。一些热心顾客还纷纷指出店里的不足，甚至教他火锅怎么做才能更好吃。由此，张勇的火锅店不光生意越来越好，口味也越来越受欢迎。

海底捞的店面经常爆满，来此用餐的顾客往往都得排队等候，可到了这里客人却不是那么着急，因为服务员会时不时送上免费的水果、饮料和点心。顾客既可以免费享用擦皮鞋、上网、美甲等服务，也可以随意挑选下棋、打牌之类的娱乐项目。点菜时这里的规矩与别的餐馆也大不一样，火锅配菜可以点半份，饮料可以免费续杯，水果免费，热情的服务员还会时不时递上免费实用的小礼品，比如皮筋、眼镜布等。

不光服务项目特别，这里的服务员也给人特别温暖的感觉，态度很真诚，像招待自己家的客人一样。

许多到海底捞的顾客都会发现，这里的员工工作热情非常高，他们会随时出现在顾客面前帮助解决问题。因为客人太多，许多服务员都是跑着做服务，收拾碗筷的速度又快又好，下火锅面还带着表演，明显比一般餐馆的服务员累得多。看着海底捞的员工如此卖力地干活，很多人都会猜测，是不是这里的收入比较高？其实跟高档酒店相比，这里的收入不见得高。为什么这里的员工会有如此高的工作热情呢？

在张勇看来，虽然服务是餐饮行业取胜的关键，但服务还是表面的，最核心的是背后的管理。而要激发员工的热情，如果只简单培训员工哪些该做哪些不该做，就太简单了，必须致力于让员工愿意去做。而如何让员工主动为顾客提供热情周到的服务呢？首先要满足他们的需求，给他们创造公平、公正的工作环境。

海底捞的员工90%以上来自农村，家庭比较贫困，大多没上过大学。员工基本上在服务的城市里没有房子，与社会有些脱节。要激发员工的热情必须要让海底捞成为一个发展平台，改变大家的生活状况，也要让大家感到在海底捞有奔头。因此，张勇确定了“双手改变命运”的核心思想。有了这个核心思想就引发了很多制度层面上的建设。其具体措施有：

首先从员工的基本生活需求入手，张勇要求给员工租的房子都是离店面比较近的正式公寓，房间里24小时有热水，并配有电脑、空调等设施。卫生也不用员工操心，配有专职服务人员。员工穿的工装有阿姨给洗，宿舍每天有人打扫，床单被罩都有阿姨半个月洗一次。这在其他地方是看不到的，有些老板让员工住地下室，有的还需要自己带被子，可是在海底捞什么都不用带，包括牙膏、牙刷、毛巾。

与此同时，海底捞的员工有多项特殊的福利待遇。在海底捞工作满三年的员工，其子女每年都能领到一笔教育补贴，这笔钱根据员工的岗位和职位来确定，一年少则两三千元，多的能达到一万多元。干得比较好的员工，其父母每月还能拿到几百元、上千元的生活补贴。另外员工还能享受住房补贴及报销医疗费等福利。

张勇认为，只有需求得到满足，员工才可能安心地在企业工作。只要把心放在工作上，就会主动去揣摩顾客的需求，就会去想办法。虽然企业投入增大了，但员工的工作热情、主动性、创造性得到了激发。近几年，海底捞员工辞职、跳槽的非常少，许多员工都把海底捞当成休戚与共的家。

与一般的餐馆酒店相比，海底捞给员工提供的福利待遇少见，然而对于这里的员工来说，还有一个与众不同的地方，就是人人手中掌握着一定的权力。在海底捞，不光经理、店长有财务、人事支配权，就连普通的服务员都有给顾客打折、免单的权力。张勇觉得这样不仅能给员工成就感，而且还能及时发现和解决问题，更好地为顾客服务。因为这项特殊的制度，海底捞的员工每个人都变成了企业的主人和管理者。

在良好的激励机制之下，海底捞的员工自发地想出了很多为顾客做好服务的招数。比如吃火锅的筷子被加长，有了专门的火锅用具，给就餐的顾客提供手机套、皮筋等小礼品，在火锅店设置了温馨的儿童乐园，甚至洗手间都摆放上了免费的牙膏、牙刷、护肤霜等。

在海底捞，最让员工兴奋的是只要努力就能得到晋升的机会，从农村走出来的袁华强在海底捞曾做过门迎、洗碗工、服务员，靠着勤学苦练，一步步走到了北京分公司总经理的位置。海底捞的管理层几乎都是从普通服务员一步步走到管理岗位的。

这两年海底捞在很多城市陆续开店，开一家火一家，看到生意这么火，嗅觉敏锐的资本（如风险投资）纷纷找上门来，希望给海底捞注资，加速发展，同时也分一杯羹，但张勇一概婉言谢绝。

张勇认为，人力、财务、物料、供应等，包括企业文化的传递对于一个品牌建设来讲是最重要的，其重要性不亚于资金。外界带来的资金未必能和海底捞结合。

海底捞所开的店全部为直营，在下一步的发展上，张勇依然感觉到越来越多的挑战。比较担心的问题可能是企业内部的管理，就是说流程和制度的执行情况，是不是能像想象的那样。在张勇看来，如果没有足够的合格员工，没有一整套合格的管理体系，只是拿钱拼店数，是让海底捞品牌消失最快的做法。储备更多拥有海底捞思维的管理者和一线员工是海底捞必须面对的一大难题。2010 年 6 月，张勇创办了海底捞大学。

海底捞大学是企业常设的培训机构。以前海底捞常用的培训方式是师傅带徒弟的老办法，现在拥有员工一万多名，数量增加了好几倍，如何保证海底捞的经营方式不走样，就要靠海底捞大学中的培训。张勇希望通过海底捞大学来解决企业面临的一些难题。比如，要在大学里研究海底捞的一些好的做法，再回去用自己的实际行动来证明这些做法对不对，然后再回到课堂上，以公司的名义把这些研究成果变成教材，想办法把它传递下去。

张勇认为，海底捞能够快速成长，原因很简单，就是人们常说的“以顾客为中心，以员工为中心”。不管是经营一家企业，还是做人做事，要想成功，方法并不玄妙，道理也就是一两句话，但是为什么有些人成功了，其实就是一个坚守。

资料来源：央视财经频道《商道》节目，有删减。

研讨问题：

(1) 海底捞的价值链管理有什么特点？为什么要这样做？

(2) 海底捞的流程管理是否符合业务流程重组的思想？体现在哪些方面？

(3) 探讨海底捞大学模式的作用与价值。

(4) 海底捞的管理是否符合平衡计分卡思想？体现在哪些方面？

□ 案例研讨

苹果的简洁管理

提起苹果的成功，你可能会想到它引领潮流的产品外观、流畅的使用体验，以及开放的生态系统。但是如果要探讨苹果的管理特征，你会想到什么？

曾与乔布斯密切合作过 12 年、前苹果公司创意总监肯·西格尔（Ken Segall）认为，苹果最大的武器是对“简洁”管理的痴迷——“简洁”让苹果与戴尔、英特尔等巨无霸企业形成强烈反差，从而导致另辟蹊径的产品和层出不穷的创意方案。

简洁不仅仅是产品设计思路或零售店的风格，它还扎根于公司的每一个环节，是苹果公司有别于其他科技公司的根本，是它得以发展的灵魂。

你每年要参加多少次“人员过剩”的会议？你有没有想过，如果与会人数减半，有多少会议能避免偏离主题？西格尔曾与英特尔、戴尔和 IBM 合作，领导市场营销工作。他认为，这些企业中，在苹果开会最简单。

苹果公司的例会常常没有正式的议程，与会者更是寥寥无几——乔布斯、产品营销高级副总裁菲尔·席勒、负责设计的高级副总裁乔纳森·伊夫等 8 人，有时会邀请与议题有关的特邀嘉宾。

西格尔回忆说，乔布斯通常会这样开场：“在会议开始之前，我先向大家介绍一些新消息。首先，我们来谈谈 iMac……”有一天他忽然停下，指向一位与会者问：“你是谁？”这位高管介绍自己叫洛丽，之所以受邀参会，是因为她参与了此次要讨论的营销项目。乔布斯沉吟片刻后果断地说：“我们不需要你参加会议。”接着，他面对他想见的几个人继续发言，洛丽只好收拾好东西，起身穿过长长的过道离开会议室。让“洛丽”们继续坐在会议桌旁，本不是什么难事。但苹果公司希望开会或作报告的时候，屋里每个人都是至关重要的参与者，不欢迎任何观众，也不设置所谓的“面子邀请”，这样才能加速决策效率，避免过多无关的人在开会上浪费时间和精力。

与此不同的是，戴尔曾为假期的产品营销方案在美国中西部做了几次焦点小组测试，再从全国各地召集 32 人召开简报会议。最终做出的决定不过是给旧广告加点假日元素后重新播出。有的公司甚至内部流传着一本《企业管理指南》，其中列举了“会议开始时应该首先陈述会议议程”“鼓励与会者积极参与”“就下一步工作达成一致后结束会议”等必须留意的事项。

许多管理者本能地认为，项目越重要，参与人数就应该越多，因为“头脑越多，点子越多”，正式的大规模“头脑风暴”随处可见。但乔布斯是这种“大公司思维”的坚决反对者，他认为人数的增加势必导致流程复杂，需要更多手把手的指导，并在审查和提出反馈上花费更多时间。

“如果你认为在一个项目上安排更多人手能提高效率，那就说明你从一开始就对团队成员缺乏信心。”乔布斯说“我不明白为什么公司在规模壮大后就得做出改变”，他坚信“聪明人、小团队”。

为此，苹果公司制定了一个规则，规定 Mac 团队不得超过 100 人。如果要往里加人，就必须有人退出。乔布斯说：“我最多只能记住 100 个名字，并且我只希望跟我了解的人一起工作。要是团队超过 100 人，就会迫使我们改变组织架构。那样的话我将没法工作，我必须了解团队里发生的每件事。”

西格尔表示，多年以来，他领导的苹果市场营销团队经过不断调整，始终保持小规模，让有才华的人被委以重任——这是驱使员工疯狂工作、提出奇思妙想的动力。因为只要努力就能被赏识，他们渴望接手更多的任务，为每个项目贡献力量，于是在每个星期，甚至是每天都产出重要成果。

坊间传言乔布斯是精益求精、吹毛求疵的完美主义者，但西格尔说，乔布斯对于某些问题看得很开，甚至“得过且过”。

2000年，苹果公司为Mac和Power Mac G3推出的鼠标Hockey Puck，被誉为苹果产品史上最著名的败笔，因为用户弄不清它究竟指向哪里。连铁杆果粉们都批评苹果“痴迷外观，忽略功能”。

Hockey Puck上市几个月后，西格尔找到乔布斯说，这款鼠标让苹果的品牌形象备受冲击。他本以为自己正在执行乔布斯历来欣赏的“残酷的坦诚”。但是，乔布斯说“让他们见鬼去吧”，接着兴奋地给西格尔介绍了新鼠标——即使还没有公开宣布解决方案，苹果已经开始弥补过错了。

简洁管理使得苹果不喜欢在老问题上纠缠不清，而是偏爱向前看。新鼠标上市后，Hockey Puck迅速成为久远的回忆。

而在形式上与之相反的“流程管理”要求，任何一项业务推出之后，整个公司都要自下而上地进行总结和反思，虽然试图充分地吸取教训，避免风险，但这种方式往往会让企业无法聚焦于前行过程中的新挑战。

西格尔在和英特尔合作的时候，“事后诸葛亮”的分析随处可见，同时还有大量的文件往来，让他和英特尔的员工们都无法专注于手头的事。

每个季度，英特尔都会给合作伙伴递上“报告卡”，要求他们填写，指出过去双方关系的亮点和薄弱之处，详细说明哪些地方要加以改进。而乔布斯宁愿随时随地开诚布公——如果有了问题，就马上指出。这就是苹果的“报告卡”。

为了与英特尔的团队对接，合作方往往会组织一支大型团队，双方的工作氛围相当正式，常常在大礼堂召开会议。广告公司会照传统套路发言和提案，会后按照意见修改方案。每熬过一次会议，意味着下次开会可以把新方案展示给高一级的人看，而高层领导很可能从未参与过讨论。基层管理者还要求合作方拿出大量方案，避免自己独自拍板的风险，让老板在众多创意中发现感兴趣的东西，从而给自己点赞。

但在与苹果的合作中，由于苹果的管理层级扁平化，也从不设置任何正式会议，双方参会人员互相碰个头，就可以在短时间内把事情理清。苹果的包装设计团队曾为一款产品设计了两个版本的包装方案，请求乔布斯定夺，但是乔布斯却给他们当头一棒——“我只要一个版本”，让他们将其整改为一个之后再过目，因为苹果的管理观念认为，这种流程思维在快速迭代的科技公司中完全是在浪费时间。

“颇具讽刺意味的是，英特尔一直以苹果为榜样，试图将简洁之道收归己用。它乐观地相信，只要效仿苹果的做法，哪怕只是冰山一角，也足够解决自己的问题。”

西格尔表示，这注定是无法见效的。“简洁”是个“要么全盘接受，要么彻底拒绝”的命题。英特尔公司的工程师文化使它具有“根据确凿的科学依据做决策”的深层基因。“如果只抓住了‘简洁’的部分精髓就希望东施效颦，那无论怎么努力都无法达到预期的效果，还有可能伤到自己。”

如今，简洁产业成为商业新趋势，无论是宜家还是无印良品，抑或是小米，都在试图以简洁和纯净来调节消费者疲劳的神经。但是，在众多竞争对手的围剿下，仅仅单靠产品创新显然是无法制胜的。

那么，如何用“简洁”来复制第二个“苹果”呢？

乔布斯自己的话或许可以回答：“我们的组织架构就像初创公司一样，但我们是这个星球上最大的初创公司。”只有公司上下都痴迷“简洁”，让它贯彻于管理、文化、层级的各个环节，它才能发挥出真正的颠覆力量。

资料来源：http://www.sohu.com/a/229115518_100043340.

研讨问题：

（1）简洁管理源自苹果的企业文化还是企业战略？

（2）简洁为什么不能仅仅体现在产品设计思路或零售店的风格上？

（3）探讨简洁管理与流程管理的差异，以及它们的适用环境。

（4）如果企业想要推行简洁管理模式，需要注意哪些方面的问题？

□ 本章思考题

1. 流程管理中存在哪些常见问题？如何解决？
2. 流程优化的根本目的是什么？
3. 业务流程重组有哪些核心思想？
4. 如何运用价值链的思路进行流程优化？
5. 企业流程中各项活动的价值如何衡量？
6. 试运用价值分析决策方法进行管理决策。

第 4 篇

运营与供应链系统的运作

第 9 章

战略采购管理

学习目标

1. 结合传统采购模式理解采购的基本要求与任务；
2. 掌握采购定位模型及其引导的后续决策方法；
3. 了解降低采购成本的方法。

本章要点

1. 采购的基本要求与任务；
2. 采购物资的重要性判定；
4. 采购定位模型；
5. 基于采购定位模型的供应商选择方法；
6. 基于采购定位模型的合同签订方法；
7. 战略采购管理的若干延伸决策；
8. 降低采购成本的途径。

9.1 传统采购流程中的问题

采购是企业经营管理中不可或缺的重要环节。图 9－1 描述的是企业的传统采购流程，大致过程是：生产部门从库存提货时发现库存物资不足，向采购部门发出要货申请；采购部门得到申请后发出订货信息、编制采购计划，同时还要与供应商沟通，接着进行招投标、供应商选择，然后发出采购清单，供应商备货后，采购部门验收接货，最后通知财务付款。我们不妨分析一下，在该流程中容易产生问题的环节可能在什么地方？

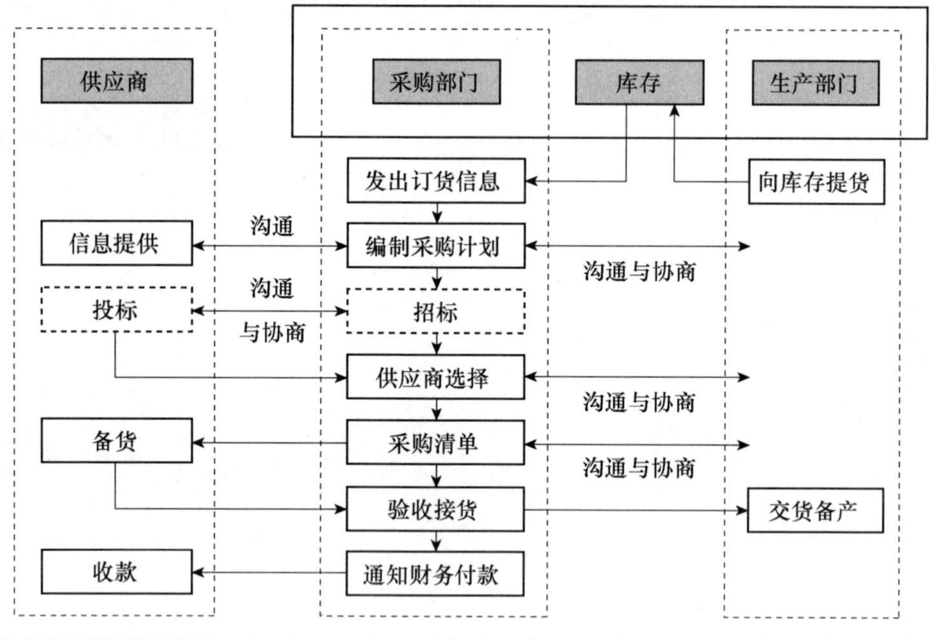

图9-1 传统采购流程分析

首先来看验收接货环节。如果采购回的物资质量不合格怎么办？是退换货还是另选供应商？如果退换货后仍不能得到质量合格的产品，交货期肯定会受影响。如果和供应商签订了长期合同且供应商在合同上做了点手脚，这时退换货还会影响采购成本。所以，如果验收接货环节出现问题，成本、质量、交货期都会受到影响。

对于第4章讨论的两类产品（功能性产品和创新性产品）而言，生产功能性产品的企业一般批量较大，如果供应商提供的一批物资全不合格，且退换货后仍不能保证产品的质量，这时企业采购不合格物资可能是不得已而为之。对于生产创新性产品的企业而言，如果采购的物资是该企业的重要投入品，尽管批量不大，也会影响产品的品牌以及客户满意度。

所以，采购流程中的验收接货环节非常重要，该环节的问题必须加以解决。从供应链角度考虑，如果能够将验货环节前移会有一定益处。目前，某些第三方物流企业购买了一些检测设备，代替客户到其供应商处进行代检，如果检测到物资不合格可以当即处理。

然而，要想从根本上解决采购物资的质量问题，还得从根源入手，即需要尽早与供应商进行沟通和协调，比如派驻自己的专业人员到供应商处进行技术指导和生产监控，这也是目前很多大型跨国企业经常采取的措施。香港利丰集团在接到客户订单后，进行全球供应链网络的设计与构建，将生产加工业务外包给其他合作企业，同时派驻自己的技术人员和质检人员去供应商处进行实时监督和检查，保证产品质量和交货期。尽早和供应商沟通、了解供应市场信息是采购部门的重要职责之一，如果发现当前供应商提供的物资质量不合格，可以尽早搜寻其他供应商信息，拓展选择余地。

传统采购流程中，企业内部的沟通也是一个容易出问题的地方。企业最终采购计划及采购订单的确定，必须建立在企业内部有效沟通的基础上，否则可能产生冲突。回顾第 2 章分析的企业内部的冲突问题，如果采购部门只关注低成本，而不考虑采购的物资是否适量、合格，肯定会产生问题。所以，内部的沟通与协调是非常重要的。

9.2　采购管理人员的职责

传统采购流程中存在很多问题，要解决这些问题就要赋予现在的企业采购管理人员一些新的职责。对于传统采购管理人员而言，只要能够保证当前物资供应不缺货，同时保证质量、控制成本（包括采购成本和管理成本）就可以了。但是现在的采购管理人员除了达到这些基本要求，还要掌握资源市场的信息来帮助企业做决策；要与供应商建立良好的关系，对其进行协调和管理，从而营造出良好的资源环境；同时还要和企业内部其他部门处理好关系。图 9－2 反映了现在采购管理人员需要关注的范畴。

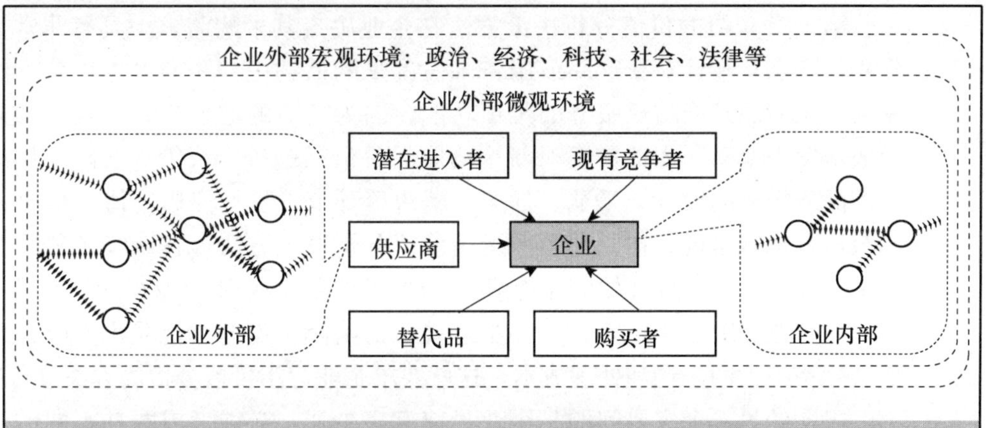

图 9－2　现在采购管理人员应关注的视野范畴

在现实中，企业往往过多地关注下游的销售市场，而对上游的供应市场关注甚少，原因是下游市场是直接带来收入的地方。然而，上游的供应市场也是非常重要的，特别在节约成本、提升利润方面具有重要的战略意义，两个市场必须同等对待。

很多大型企业能够一直不断发展，和它们一直以积极的态度引进和探索先进、合理的采购管理方式有直接的关系。

■ 在接受全新的采购理念这方面，海尔一直走在前沿。1999年海尔的采购成本为5亿元，由于业务的发展，到2000年采购成本增加到7亿元，通过对供应链的优化整合，2002年海尔成功将采购成本控制在4亿元左右。这是因为海尔率先采用了全球化网络战略，集中购买，用规模优势降低采购成本，同时精简了供应商队伍，选择与优质的国际化供应商合作，与其共同发展业务，形成战略合作伙伴关系。目前，世界500强中有44家是海尔的供应商。①

9.3 采购管理的两大主题

企业的采购活动与我们日常的购买活动一样，主要应考虑两个方面的问题，即采购的两大主题：第一是需要什么，第二是有多少钱。其目的是要把有限的资源首先用到最需要的地方。

采购时，首先要判断的是“需要什么”，这应该由企业的战略来决定，因为企业战略决定了未来一段时期不同采购物资的重要性。在执行层面，具体的需求决策应该由企业内部各部门联合起来做出，通过协调和沟通加以确定。尽管在现实中实现这一目的存在诸多困难，但应该是企业努力的方向。这也是企业流程优化的原则之一：把内部的横向流程打通，解决企业内部的部门冲突问题。

第8章介绍的价值分析决策方法在企业决定其采购需求中具有非常重要的作用，特别是在针对新产品或服务开发的采购活动中。我们可以用该方法判断是否应该增加某产品或服务的某项功能，因为功能的增加势必导致其采购需求及成本发生变动，因此需要对新增功能的价值问题进行决策。实际应用中，针对产品或服务的设计、采购、加工、销售等环节，越早使用价值分析决策方法越合适。也就是说，在设计环节运用价值分析决策方法会在后续环节给企业节约很多成本，这是杠杆效应在价值分析中的体现。一个不容忽视的问题是，现实中有些企业热衷于不断开发产品的功能，但实际上有些功能是没有价值的，反而会耗费很大的采购和处理成本，这就要求企业运用价值分析的方法进行判断。

采购的另一个主要问题是企业目前有多少钱，必须考虑两种不同的需求预算：一是资本性需求预算，二是业务性需求预算，二者之间是此消彼长的关系。资本性需求预算考虑的是获取该物资时需要耗费的成本，业务性需求预算考虑的则是获取该物资后还需支出的后续成本。

显然，如果采购的原材料较好，则一次性投资较大，后续的成本可能相对较少；如果购买时花的钱少，可能后续成本就会较高。所以，做预算时要考虑采购对象的整个生命周期的总成本，以此来衡量有限的钱应该花在什么地方。

---

① http://www.360doc.com/content/18/0126/16/34859454_725305255.shtml.

由于采购是为企业未来一定时期服务的，因此做采购预算可以运用项目管理中的方法，比如计划评审技术等。

9.4 采购管理的战略定位

如何将企业有限的资金用在急需采购的物资上，是采购管理中需要解决的首要问题。因为企业的资源是有限的，所以必须首先对要采购的物资分主次，看看哪些物资对企业是最重要的、哪些是较重要的、哪些是不重要的。因此，如何判断采购物资的重要性、应该从哪些方面来衡量等成为采购管理中需要首先把握的核心问题。

在判断采购物资的重要性时，人们往往首先从花钱多少的角度去衡量。诚然，花钱多的物资占用流动资金多，一旦出问题，损失也大，所以花钱多少确实是决定物资重要性的重要方面。但是，花钱多少能够完全决定物资的重要性吗？答案是不一定。比如，花 20 元钱买一本书和花 10 万元买一辆车，哪个对我们更重要？这很难说。因此，仅从花钱多少的角度很难判断采购物资对企业的重要性，还必须考察其他指标。

就像第 2 章所述，当前企业经营管理的焦点已经从传统的成本中心说逐渐向战略中心说转变，一定要从战略的高度全面地看待企业的管理问题。所以，除了花钱多少以外，还应该从战略角度判断采购物资对企业的重要性，即判断其在实现企业战略目标过程中的作用。凡是有助于实现战略目标的，就是对企业重要的物资。换句话说，如果没有这些物资，战略目标就无法实现。

根据企业战略的层次划分，战略目标也是具有层次性的，如图 9－3 所示。

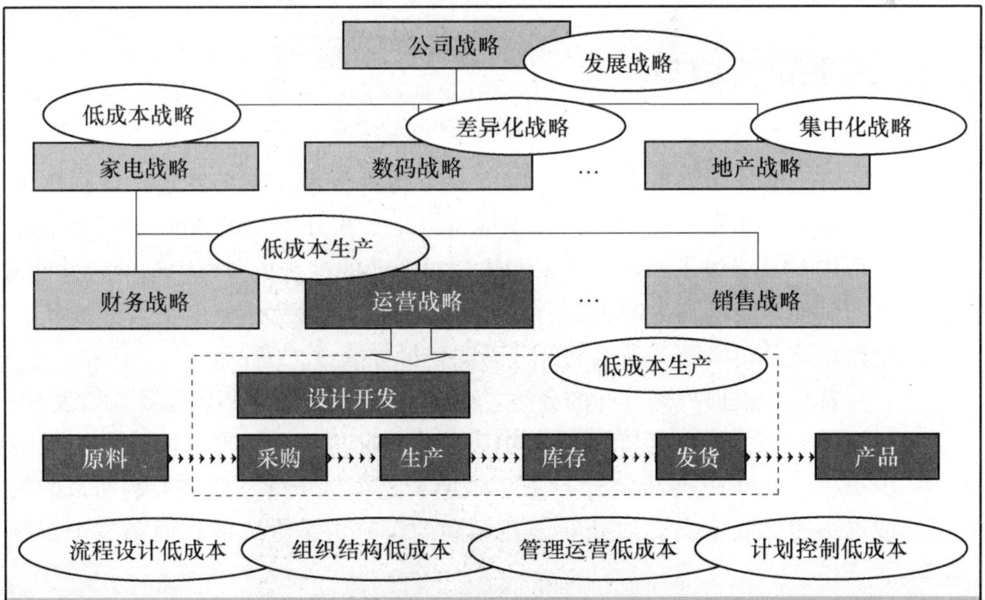

图 9－3 企业战略层次示例

企业战略一般分为三个层次：公司层、业务层和职能层。例如，某家电生产企业的公司层战略目标是未来5年的利润总额达到5亿元。实现这个目标要靠两大类业务：平板电视和冰箱。为了实现公司层目标，平板电视业务的战略目标为未来5年的平均销售量达到100万台，这就是将公司层目标分解为业务层目标的例子。再假设，平板电视业务下设有采购、生产、销售等部门，其中采购部门十分重要，因为某些零部件如果采购不到，就无法实现100万台/年的生产和销售目标。这种衡量重要性的方法是通过企业的潜在利润来进行的。潜在利润是从战略角度来考量的，即考虑某物资采购不到对企业的战略目标产生的影响大小。潜在利润是在企业的战略目标分解到业务层面时确定的。这一衡量采购物资重要性的指标也称为绩效改进计划（performance improvement plan, PIP）指标。

具体应用时，可以根据实际情况把PIP指标确定为几个档次，比如，如果某物资采购不到，对平板电视年利润的潜在影响超过4 000万元，定为最高档次——高级；某物资采购回来的质量不合格，对平板电视利润的潜在影响介于2 000万～4 000万元之间，定为中级，依次类推。一般讨论中，我们常用高（H）、中（M）、低（L）、无（N）等几个档次来表示物资短缺对潜在利润的影响程度。

对于各类物资花钱多少的衡量，可以直观地运用二八分类法或者ABC分类法进行界定。二八分类法指出：20%的采购物资将耗费企业80%的采购支出，属于花钱多的物资；而80%的采购物资却只需要花费20%的采购支出，属于花钱少的物资。ABC分类法与之类似：A类物资花费60%～70%的采购支出，数量却只占10%～15%；B类物资介于中间；C类物资的数量占60%～70%，却只花费10%～15%的采购支出。

9.5 采购定位模型

有了上述两个指标以后，可以对采购物资进行重要性定位，画出采购定位模型图①，如图9-4所示。横坐标可以用二八分类法或ABC分类法表示，纵坐标可用PIP等级表示，不同采购物资对企业的综合重要性由这两者共同决定。

例如，某电脑生产企业有三种零部件需要采购，分别是液晶面板、芯片和硬盘。该公司电脑产品线的部分采购目标如表9-1所示。

首先，根据战略目标的分解，确定各采购目标的PIP等级，如表9-1中左侧第2、3列所示。我们看到其中第三个目标“将电脑零部件的平均采购成本减少15%”的PIP等级定为H级，说明在这个例子中，如果采购回来的物资平均成本不能降低15%，对企业潜在利润的影响将是最大的；而第二个目标“将电

① 采购物资分类定位的思想最早见于1983年P. 克拉利奇（P. Kraljic）发表在《哈佛商业评论》上的文章“*Purchasing Must Become Supply Management*”。

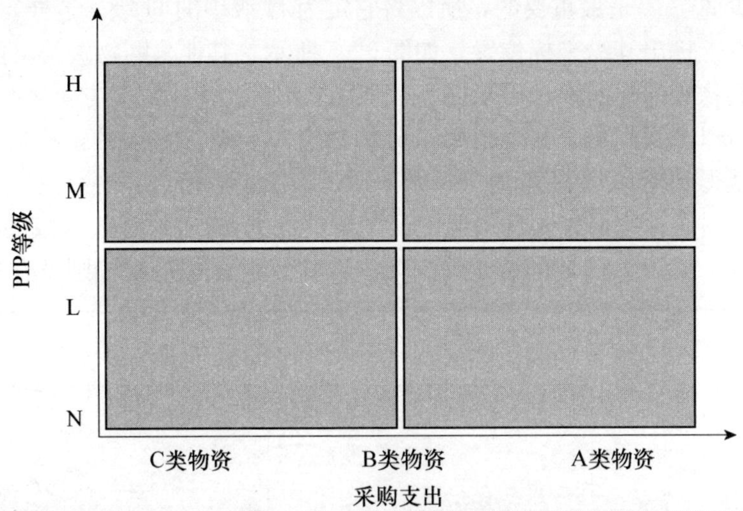

图9-4　采购定位模型图

表9-1　公司电脑产品线的部分采购目标分析

序号	满足公司电脑生产的采购目标	PIP（等级）	各采购物资的供应指标		
			液晶面板	芯片	硬盘
1	确保电脑关键零部件的运行可靠性达到99.9%	M	运行可靠性达到99.9%（L）	运行可靠性达到99.9%（H）	运行可靠性达到99.9%（M）
2	将电脑关键零部件的平均交货期缩短10天	L	交货提前期缩短8天（M）	交货提前期缩短10天（M）	交货提前期缩短5天（H）
3	将电脑零部件的平均采购成本减少15%	H	采购成本减少20%（H）	采购成本减少10%（M）	采购成本减少5%（M）
4	确保各类零部件的缺货率小于5%	L	缺货率控制在5%以内（M）	缺货率控制在5%以内（H）	缺货率控制在5%以内（L）
	采购支出		支出大（A类）	支出大（A类）	支出中（B类）

脑关键零部件的平均交货期缩短10天”对企业的潜在利润影响是最小的。为什么会是这样的结果呢？这是由企业的战略决定的，因为当前企业的电脑生产采取了低成本战略。

比如，该公司为其电脑业务制定了“未来5年销售额达到6 000万元”的战略目标。经过市场调查发现，要想实现6 000万元的销售额，只有生产出比其他竞争者成本更低的产品才行。而要实现低成本生产，必须采购到低成本的零部件。因此，将表9-1中第三个目标“将电脑零部件的平均采购成本减少15%”定为H级；而第二个目标“将电脑关键零部件的平均交货期缩短10天”对企业实现6 000万元的销售目标影响不大，因此将它定为L级。

这里不妨也回顾一下第4章中的Zara公司案例。对Zara公司而言，服装交货期这一项一定是H级，这是因为Zara公司的战略定位是快速、量少、款式多的盈利模式，而不是靠和其他企业拼成本来取胜。

再回到前面的例子，该企业经过市场调查又发现，要想实现上述第三个采购目标，在液晶面板、芯片和硬盘这三种采购物资里，“将液晶面板的采购成本减少20%”是最重要的，所以将它定为H级中的H级。这样，就可以在采购定位图上标出其纵坐标位置，如图9-5所示。其他采购物资的定位方法依此类推。各类物资的横向定位可根据实际采购支出的大小来确定。

以上我们用了两个指标来分析物资对企业的重要性，将这两个指标综合以后就得到图9-6所示的分析图。通过该图可以得出一个结论：处于H区域的物资是对企业综合重要性最强的，需要重点关注；对于M区域的物资要给予较多关注；对于L区域的给予较少关注；对于N区域的物资则没有必要进行关注。

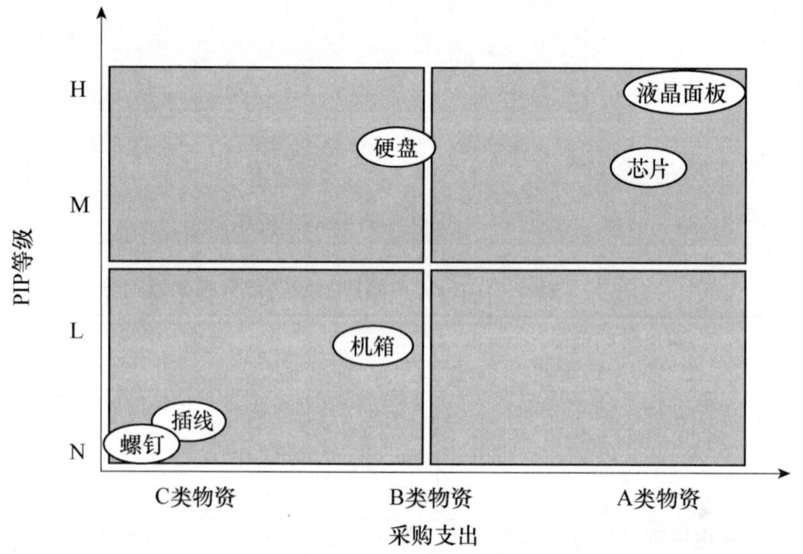

图9-5 各物资的采购定位

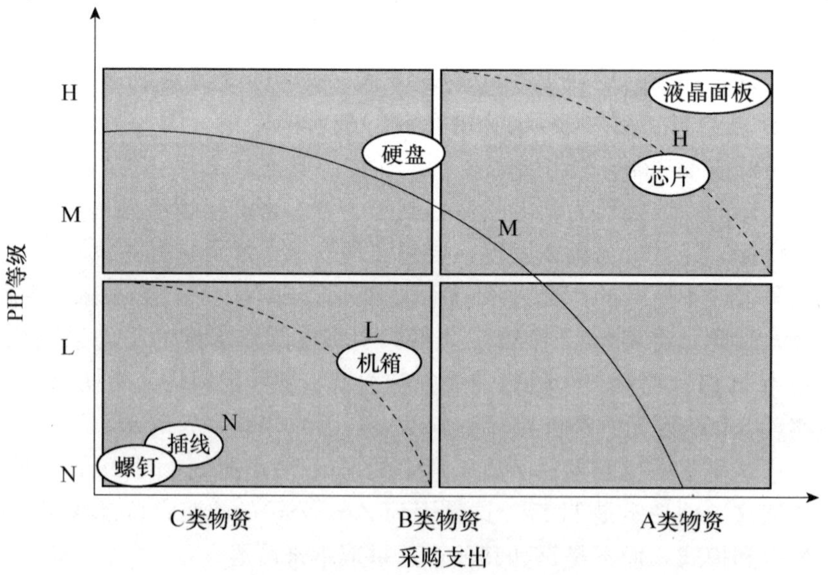

图9-6 各物资的采购定位分析图

9.6　供应市场监视与分析

本章一开始已经介绍过，现在的采购管理人员除承担保证物资供应、不缺货等传统职责以外，还要随时监视供应市场，从中获取相关信息，提前和供应商接触等。这一系列活动都是要耗费成本的。因此，企业需要考虑到底什么物资的供应市场需要监视，什么物资的供应市场不需要监视。比如，对于一家生产建筑机械设备的制造企业而言，需要采购的日常物品有螺钉、圆珠笔、打印纸等，这些物品的供应市场根本没有必要耗费成本去监视。

9.6.1　判断需要监视的程度

如何判断需要监视哪种物资的供应市场呢？图 9－5 已经从两个维度给出了不同物资对企业的重要性，一般情况下越重要的物资越需要监视和分析其供应市场。但是，并不是所有重要的物资都需要分析其供应市场。因此，除了采购支出和 PIP 等级以外，还需要结合另一个指标来加以判断，那就是采购风险（或称供应风险）指标。

仍然举前面电脑公司的例子，如图 9－7 所示，电脑公司用采购风险和 PIP 等级构建坐标系，通过供应市场调查，将液晶面板的各单项指标在图中标定位置。可以看出，在供应市场中，能够满足将液晶面板成本降低 20%的供应商还是比较多的，因而采购满足这一要求的液晶面板的风险并不是最高，而是处在中等位置。通过分析所有物资的采购风险大小，可以得出图 9－8 所示的综合定位图。

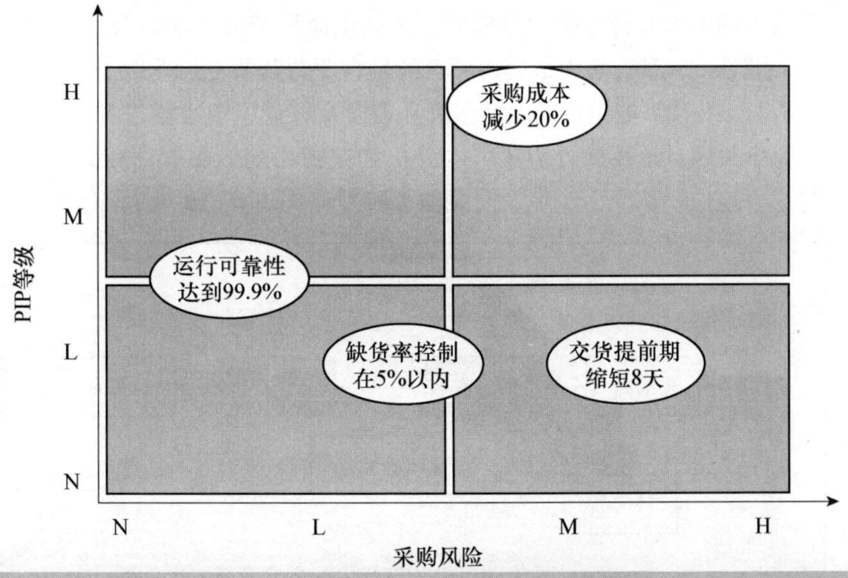

图 9－7　液晶面板各指标的采购风险定位

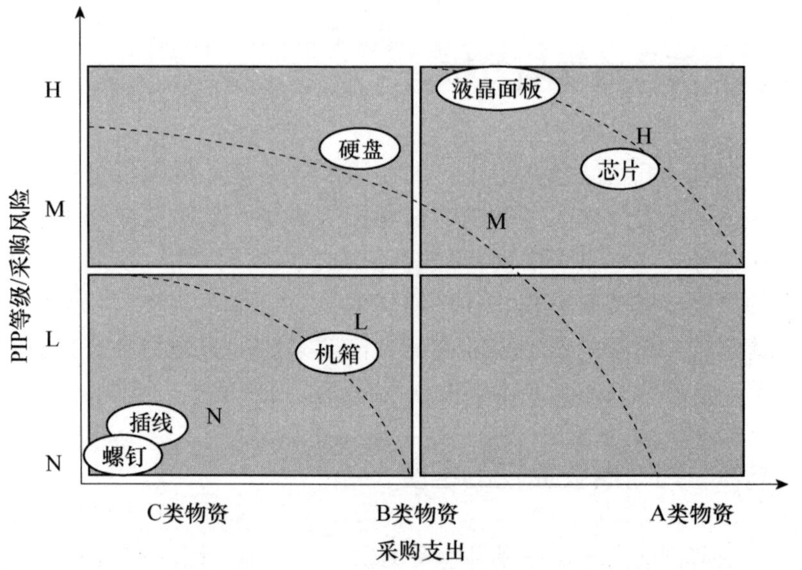

图9-8 采购物资的综合定位

通过图9-8分析可以得出：处在综合定位H与M交界区域的物资（液晶面板）是优先级别最高的物资，需要给予持续的供应市场监视与分析；处在M区域的物资需要给予适当的供应市场监视与分析；处在L区域的物资只需要给予偶尔的供应市场监视与分析；处在N区域的物资不需要进行供应市场监视与分析。

9.6.2 监视与分析的方法

供应市场监视与分析的目的主要是降低物资的获取风险。常用的分析方法有战略管理中的五种竞争力量模型、产品生命周期分析法以及价格-成本分析法。

波特的五种竞争力量模型考察的是企业与其所在行业中上游的供应商、下游的购买商、替代品的生产者、潜在进入者以及行业中现有竞争者这五种竞争力量之间的竞争关系。运用该分析法可以分析和监视当前的供应商在其行业中的竞争状况与竞争地位，从而为企业及时调整采购战略提供有力的支持（如图9-9所示）。

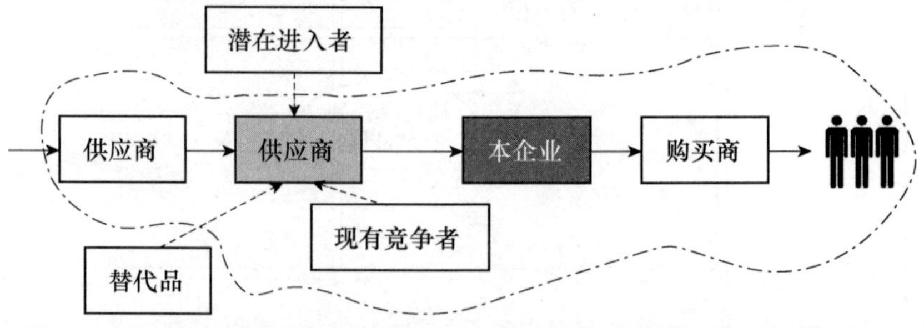

图9-9 供应市场中的主要竞争力量分析

产品生命周期分析法也是非常重要的方法。通过对产品生命周期的分析，可以获知有多少供应商还在经营我们需要的物资，可以判断所采购的物资是否已经临近或者到达衰退期。如果所需的物资已经到达衰退期，却还要大量采购该物资，显然是有较大风险的。

■ 2004 年 TCL 不惜重金聘请波士顿咨询公司、摩根士丹利公司和安永会计师事务所进行投资审核和评估后，并购了彩电业的鼻祖——法国汤姆逊公司。然而 2004 年年底，欧洲引领全球彩电市场迅速从显像管电视时代转向了平板电视时代，而 TCL 各地工厂仍在大量生产显像管电视。并购时 TCL 看好的汤姆逊公司的几万项彩电专利也基本属于传统显像管业务领域。直到 2005 年年中，TCL 的平板电视才开始供应市场，这时竞争对手已经开始降价了。从产品开发、供应链管理到整个营销体系的建立，TCL 都落在了后面。TCL 在并购时没有预测到彩电产品马上要更新换代，导致战略决策失误。因此，研究采购物资的生命周期、紧跟技术变革的步伐，具有非常重要的战略意义。

另外，在供应市场监视与分析中还有一个非常重要的方法：价格-成本分析法。价格-成本分析也是企业做好谈判准备的基础。某些国家（如日本）崇尚精细化管理，它们在与供应商谈判时基本上能够把产品从其起点到消费终点所有流程中的每一个环节的成本都弄得非常清楚，自然在谈判报价时就有了主动权，也很容易取得谈判的成功。

9.7　战略采购相关决策

在战略规划期内，为了对不同的采购物资进行有针对性的管理决策，可将图 9-8 所示的定位区域划分为四种采购物资类型，如图 9-10 所示，这四类物资分别称为日常型采购物资、杠杆型采购物资、瓶颈型采购物资和关键型采购物资。其中，日常型和杠杆型采购物资的供应商相对较多，而瓶颈型和关键型采购物资的供应商相对较少。这是因为对于买方而言风险大的采购物资，对于卖方而言其销售风险也大。由图 9-10 所示定位图可推导出一系列的决策结论。

9.7.1　如何选择供应商

企业在选择供应商时，首先要建立一套评价指标。图 9-10 中四种不同的采购物资，在建立评价指标体系时应该注重的指标各有不同。

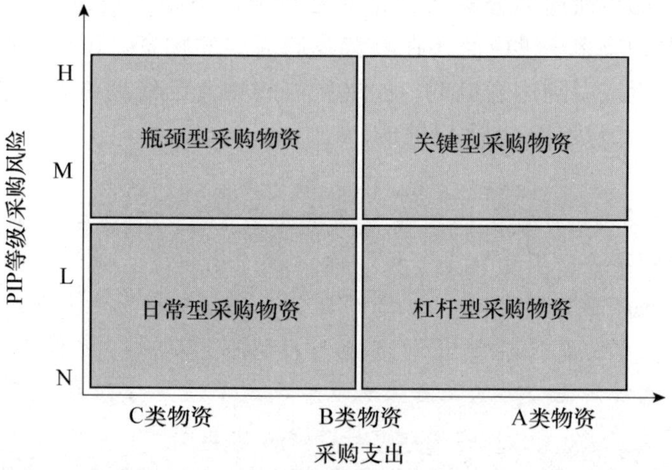

图9-10 采购定位类型划分

（1）杠杆型采购物资。企业在选择杠杆型采购物资的供应商时，最看重的应该是采购价格。因为从定位图的横坐标来看，该类物资的采购支出大；从纵坐标来看，该类物资对企业潜在利润的影响不大，采购风险相对较小，且供应商多。因此，在保证质量的前提下，成本和交货期两个指标中首先考虑的是成本，即哪个供应商能够低成本供货。

（2）日常型采购物资。日常型采购物资是企业日常使用的物资，比如办公用品、后勤用品等。企业在选择日常型物资的供应商时，最看重的应该是管理成本的降低，而不是采购成本的降低。因为从定位图的横坐标来看，该类物资的采购支出小；从纵坐标来看，该类物资对企业潜在利润的影响不大，采购风险相对较小，且供应商多。由于该类物资采购支出小，采购成本不是一个主要问题，所以企业要想方设法降低采购过程中的管理成本。比如，如果打一个电话供应商就能把货物送过来再结算，那就最好了，这能降低管理费用。

（3）瓶颈型采购物资。从定位图的横坐标来看，该类物资的采购支出小；从纵坐标来看，该类物资对企业潜在利润的影响较大，采购风险相对也较大，且供应商较少。由于该类物资对企业的潜在利润影响较大，因此在采购时更看重的是交货期，从而最大限度地降低采购风险。对该类物资而言，采购成本的降低对企业并没有太大的吸引力。

（4）关键型采购物资。从定位图的横坐标来看，该类物资的采购支出较大；从纵坐标来看，该类物资对企业潜在利润的影响较大，采购风险相对也大，且供应商较少。采购支出大的同时PIP等级也高，说明企业既要考虑降低该类物资的采购成本，又要考虑降低采购风险。该类物资对企业而言是至关重要的，因此称为关键型采购物资。比如，三峡工程中的大型水轮机组属于关键型采购物资，不仅占据较多的采购支出，对大坝而言也是至关重要的核心物资。因此，哪个供应商能在降低企业采购风险的同时降低采购支出，就是企业采购这类物资的首选供应商。

9.7.2　合同类型的选择

在上述供应商选择基础上，接着需要考虑的是和四类不同物资的供应商签订合同时，选择什么样的合同类型比较合适。一般来讲，可选择的合同类型有：长期定额合同、长期非定额合同、短期定额合同、短期非定额合同等。

对于杠杆型采购物资而言，选择长期定额合同是比较合适的，签订这种合同能够更好地提高议价能力，降低采购成本。

对瓶颈型采购物资而言，需要最大限度地保证灵活性、降低采购风险，那么选择短期非定额合同是最合适的，因为该类合同的灵活性最强。如果在签订短期非定额合同的同时，能够和供应商建立战略联盟的协作伙伴关系，将是保证长期合作、降低合作风险的理想模式。

对于关键型采购物资而言，应该选择短期定额合同或者长期非定额合同，因为这两种合同处在最稳定的合同和最灵活的合同之间，既可以保证较低的成本，又可以保证一定的灵活性。

对于日常型采购物资而言，选择不签合同的现货采购方式比较合适，因为签订合同所付出的管理成本可能大于物资本身的成本。因此，针对这类物资的供应商不用签合同，而是采取比较直接的方式，比如达成口头协议、打电话要货。

图 9 - 11 描述的合同的连续图谱，体现了合作关系从灵活到稳定的渐变趋势。

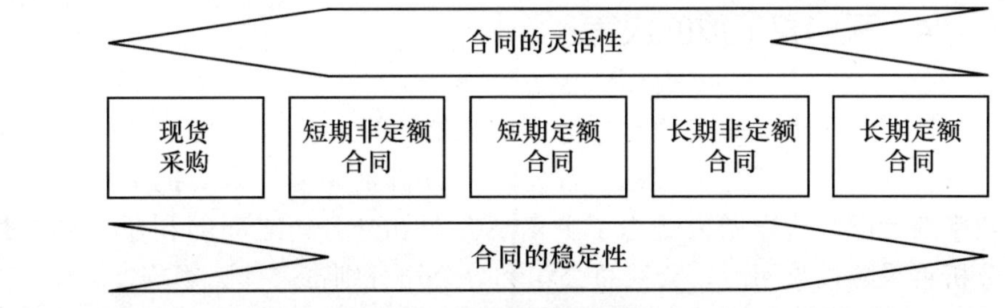

图 9 - 11　合同的连续图谱

当然，合同的连续图谱反映的只是一般情况，不代表对所有企业或采购物资都适用，实际应用时还需要权衡和变通。

9.7.3　谈判人员的选择

接着需要考虑的问题是，和不同类型采购物资的供应商谈判时，企业选择何种谈判人员是最合适的。

和杠杆型采购物资的供应商谈判时，找一位强硬型的人还是温和却能说会道的人呢？相对来说，强硬型的人更合适，因为需要降低成本，而供应商又非常多，强硬型的人谈判时具有更好的压价能力。

和瓶颈型采购物资的供应商谈判时，灵活的、能说会道的采购人员比较合适。他要有能力说服供应商看好彼此间的合作，从而既让企业得到长期供应的保证，又能保留合作上的灵活性，最理想的情况是说服对方建立战略联盟的协作伙伴关系。

和关键型采购物资的供应商谈判时，既强硬又有说服力的人是最佳人选。

■ 空中客车公司CEO让·皮尔逊与美国航空公司总裁斯蒂芬·沃尔夫谈判时，美国航空公司将空客和波音之间的竞争作为筹码一再压价，还提出5%的折扣以及提供免费配件等要求。皮尔逊情急之下，看看办公室里没有其他人，就脱掉裤子对沃尔夫说："你如果要再压价就将我的内裤也扒下来。"就这样，皮尔逊的谈判成功了。

这也说明这样一个道理：如果某企业需要采购的全部是杠杆型采购物资，就要降低采购成本，但如果其采购部门中没有一个人的性格是强硬型的，就表明该企业的人员安排存在一定的问题。这也间接说明了第4章中提出的核心思想，即企业各方面管理的最终目的都是为了企业的运营。对于运营中的采购活动而言，采购合适的物资，然后生产和提供符合消费者要求的产品或服务，才是企业的最终目的，企业在设计相关岗位以及招人、用人的时候都要本着这个思路来考虑问题。

9.7.4 采购权下放的决策

针对前面所说的四种不同类型的采购物资，企业应将采购权下放还是收回统一管理？要回答这个问题，首先需要分析企业为什么要把采购权收回。除了效率的考虑，这样做也是为了平衡总公司和分公司之间的利益。基于此，我们分析将采购权收回后，会给总公司和分公司分别带来什么影响。

对于杠杆型采购物资而言，其占用采购支出大，采购批量也较大，将其采购权收回统一管理可以有效地提升议价能力，降低采购成本，减少供应风险。同时，还能有效地杜绝权力下放后带来的道德问题。

对于日常型采购物资而言，其采购支出较小，却是企业常用的物资，种类多、管理事务琐碎，因此应该将权力下放，由使用者按需自行采购，在方便使用者的同时降低管理成本。

对瓶颈型采购物资而言，虽然其采购支出小，但对企业潜在利润影响非常大，是各使用单位不可或缺的重要物资，因此应该将采购权下放，交由各使用单位灵活处理，这样可以有效地降低各使用单位的使用风险，增强物资供应的灵活性。

对关键型采购物资而言，其采购支出大，对企业潜在利润影响也非常大，是各使用单位不可或缺的重要物资，应以集中采购为主，并在需要的情况下适度放权，一方面保证采购时的议价能力、降低风险，一方面保持适当的灵活性。

总之，基于战略采购分类定位的思想可以进行的决策非常多，除了以上的分析，有关合同内容、谈判要点、谈判方式选择、采购部门中岗位的划分以及质监部门的流程设计等，都可以基于这一分类定位思想来进行考虑和决策，可见分类定位的思想在当前企业管理中的重要作用。

本章只是以采购管理为例加以介绍，实际上在企业管理的任何方面（如第10章将要介绍的库存管理）都体现出这一特点，即都要根据战略目标来确定需要处理对象的优先级，然后对其区别考虑。

尽管上述分析针对的是企业上游供应市场的采购分类定位决策，也可以直接把这些分析思路和方法运用到企业下游销售市场的销售分类定位决策中，进而得到一系列有价值的、类似的决策结论。

比如，某企业销售若干种产品，每一种产品到底应该选择什么样的经销商、签订什么样的合同、谈判时派什么样的人合适，诸如此类的问题都会涉及分类定位决策。

9.8 降低采购成本的途径

尽管企业的经营管理应该以战略为中心来综合考虑，但是如何降低采购成本仍然是企业必须考虑的重要问题，因为采购成本的降低在企业运营过程中会产生杠杆效应，即成本降低的放大效应。这里介绍一些常用的降低成本的方法。

（1）价值分析和价值工程。该方法是由美国通用公司的L.D.迈尔斯（L.D.Miles）于1947年开发的。正如本章前面所述，在产品的生产流程中，越早使用这种方法，效果就越明显。比如在概念设计阶段使用这一方法，将对企业潜在成本的节约产生巨大的影响。价值分析和价值工程在方法上相似，只是应用场合有所区别。价值分析主要应用的对象是旧产品的改造；价值工程往往应用于新产品的开发设计。

（2）谈判。众所周知，谈判是非常重要的降低成本的手段。要想使谈判有成效，价格与成本分析是必须的。比如，我们经常在购买商品讨价还价时感到为难，主要是不了解其成本，如果知道利润大概是多少，就容易决策了。

（3）杠杆采购。它是指在采购环节上微小的成本节约会产生放大效应，因为采购环节是产品生产的初期环节。特别是在采购价格波动非常大的情况下，一揽子合同有可能带来较大损失。杠杆采购要求企业不和供应商签订长期合同，而是在需要时采购。对于创新性产品的生产而言，杠杆采购具有重要价值。

（4）联合采购。这种方法可以提高议价能力，降低成本，同时可以有效地保证采购物资的质量。

（5）为采购而设计和早期供应商参与。这是降低采购成本的有效途径。为采购而设计更多地体现在系统集成的企业中。比如给下游客户提供一体化服务、一体化配套系统的企业，其大部分零部件实际上都是采购的，自己不进行生产。在产品设计开发之初，这样的企业就和供应商有联系，从而避免自己开发的产品找不到所需物资的供应商。

例如，第2章提到的某生物工程和制药行业自动化系统整体解决方案提供商，其产品所需的零部件，一部分是从供应商采购回来的，另一部分则由企业自己生产。该企业采取按销定产的方式，即由项目部门先和客户签订单，接着组织生产，然后给客户安装、调试、提供售后服务。该企业在运营过程中经常出现订单签回来后产能不足的现象，这是因为其生产计划没做好，大部分产能被用来生产通用零部件，但由于企业还需要一部分定制件，结果生产成品时发现定制件短缺，一时又采购不到。

上面例子中所描述的企业各部门之间的冲突问题是非常普遍的。要解决这一问题，必须优化流程，着重协调企业内部的关系。协调关系的前提是部门之间信息的良好沟通，在此基础上，生产部门和采购部门首先需要做好预测，要针对需求状况提前做好产能规划和预留。

如何能更好地对产品需求做出预测和规划呢？特别是当企业生产的产品类型众多时，如何能针对不同类型的产品做好预测和规划呢？这就需要采用本章介绍的分类定位法，即通过对所需零部件进行合理分类，实现对不同物资的有效管理。不同类别的物资需要预测的内容不一样，预测时采取的方法也不一样，相应需要预留的产能以及采购量也有差异。上例中，通用件其实是可以大致预测需求量的，在预测基础上，可以预留部分产能，剩下的产能就可以分配给定制件。对于产能不足这一瓶颈问题，还可以在生产环节开始之前设置缓冲库存，在产能协调不了时先使用该库存（参见第11章的内容）。

（6）价格与成本分析及标准化采购。价格与成本分析方法是谈判的基础，可以有效降低采购成本。而标准化产品一般来讲价格和成本比较透明，可以有效降低采购成本，同时保证质量，降低管理费用。

（7）网上采购、竞价采购与期货采购。这些也是目前降低采购成本的有效方法。需要注意的是，期货采购的风险较大，采用该方法时需谨慎。

（8）目标成本法。表9-2比较了美国传统的成本降低方法与日本提出的目标成本法之间的差异。

表 9-2 目标成本法与传统成本降低方法比较

美国传统的成本降低方法	日本的目标成本法
通过市场研究确定消费者需求	通过市场研究确定消费者需求和价位
产品规范和设计	产品规范和设计
明确产品工程和供应商报价	确定目标售价和目标销售量
估计成本（如果太高，返回到设计阶段）	目标售价－目标利润＝目标成本
预期的边际利润＝期望售价－估计成本	为实现目标成本而努力
为提高边际利润而努力	价值工程、与供应商议价、招投标等
生产制造	生产制造

传统的成本降低方法通过市场研究确定消费者需求，进行产品规范和设计，进而进行产品生产的工程分析，然后和供应商商讨价格，以此来估算它的生产成本。如果估算的成本太高，就要返回到设计阶段。预期边际利润的计算是期望售价减估计成本，如果企业认为预期边际利润可接受，将进行生产。

而目标成本法的思路恰恰相反。首先通过市场调研确定消费者的需求和心理价位，然后再来制定产品的规划和设计。目标成本是目标售价减去目标利润，如果企业已经确定目标利润，就可以得到目标成本，那么只要将生产过程的成本控制在目标成本以内，目标利润就可以实现。如何才能将成本控制在目标成本以内呢？可运用价值分析、对供应商进行招投标、谈判等各种方法来实现。

传统方法基本没有考虑客户的心理价位，而是先考虑生产成本，成本加上利润，就定出了产品的售价。但这样定出的售价能不能保证将产品卖出去，就很难说了。

简单地讲，目标成本法就是先定目标然后再控制成本，和企业常用的目标管理法（management by objectives，MBO）有些类似。目标管理法是先通过相互协商后给下属确定目标，然后对其绩效进行考核和管理，这样可以有效地调动员工的积极性和创造性。

□ 案例研讨

戴尔的采购和供应商管理策略

2004 年，戴尔全球采购中心来到中国，扎根上海和深圳，其任务是为戴尔全球的工厂进行采购。戴尔全球采购部门总共有约 850 名员工，其中一半都在美国以外的地方工作，在中国的采购人员有 190 名。由于戴尔有很多供应商在亚洲，因此戴尔全球采购中心在中国设立了这个亚洲团队。

戴尔在全球的采购可分成两类：一类是生产资料采购，采购来的资源直接用于生产；另一类是通用型采购，采购来的资源并不直接用于生产，这类资源包括日常经营中需要消耗的物品，比如纸张、文具等，还包括一些服务，比如机票预订等。戴尔在全球一共有约 500 家生产资料供应商和 2 万家通用型资源供应商，2005 年戴尔全球采购中心共采购 442 亿美元的资源，其中在中国采购了 110 亿美元的资源。

在管理生产资料供应商方面，戴尔全球采购中心有三个战略性任务：一是保证供应商供应的连续性。也就是戴尔在需要原料的时候，供应商能够按照戴尔的需求及时送到；二是保证供应商在生产成本方面具有一定的领先性，从而帮助戴尔持续地降低原材料采购成本；三是保证供应商所供应产品的品质。

为了保证这三个任务的完成，戴尔对供应商的选择非常慎重，戴尔亚洲全球采购董事总经理钟维思（Wes Jones）表示，戴尔会从以下几个方面出发来选择供应商：

- 环保与员工福利。戴尔非常注重自身的环保和员工的福利待遇，所以戴尔也希望同其合作的供应商能够注重环保并且很好地对待自己的员工。这是一个基本前提。
- 成本领先。戴尔会将同类型的供应商做比较，看谁在成本上具有优势。
- 技术产业化的速度。供应商的生产技术水平如何？能否把新的技术迅速转化为规模化的量产？
- 持续供应能力。戴尔会从供应商的财务能力、合作厂家、供货情况、库存能力等方面来考察供应商是否有很好的持续供货能力。
- 服务。供应商能否满足戴尔在服务方面的需求也是很重要的。电脑等产品使用的时间很长，因此从长远来说，是否有很好的服务客户的能力对于戴尔的供应商来讲非常重要。
- 品质。这是最核心的因素。戴尔会对供应商的产品品质在不同的环境中进行评测，既会在供应商的工厂里，也会在戴尔的工厂里，还会在客户使用电脑的环境里进行评测，以此来保证产品的品质。

戴尔管理供应商有一个重要原则，即甄选“少数密切配合的供应商”。戴尔把供应商的整体数量控制在一定范围内，这样做一方面可以使供应商从戴尔得到足够多的业务，另一方面可以让戴尔以有限的人力就能和供应商保持密切配合。

钟维思用“良性循环”来描述戴尔和供应商之间的关系：如果供应商能够提供给戴尔高性价比的零部件，戴尔组装的机器就会具有竞争力，戴尔在市场上的份额就会增大，向供应商采购的零部件数量也会随之增大，供应商的规模效益进一步显现，在成本上的优势进一步增强，提供的零部件就更富有竞争力。

为了保证良性循环，不仅是戴尔全球采购中心，包括戴尔公司内很多部门都参与到与供应商的紧密合作中，在商品管理、质量管理和工艺管理等方面为供应商提供培训，帮助其改善内部流程。戴尔在亚洲有约100位工程师，他们最主要的任务就是帮助供应商改善生产流程和产品质量，每个月都会花好几天的时间在供应商的工厂里为其提供各种各样的培训。戴尔还把品质管理和计划流程等方面的工具与供应商分享，供应商的采购管理水平也得到了提高。

大部分供应商都与戴尔有多年的合作关系，但这并不意味着一旦成为戴尔的供应商就高枕无忧了。每个季度戴尔会对供应商进行考核，考核的要素包括上面提到的成本领先、技术产业化的速度、服务、持续供应能力、品质等。戴尔会根据考核结果来决定给每家供应商的下单量，以及如果有新的业务，优先交给哪家供应商来完成。如果某家供应商的次品率比较高，下次戴尔可能就会把订单转给次品率比较低的供应商。

在考核供应商的时候，戴尔非常注重用数据说话，这些数据是和供应商共享的。戴尔希望供应商知道自己是依据怎样的数据来考核的，这样供应商也明白它们应当在哪些方面进行改善。有时戴尔会和一家供应商面对面，将其数据和另外一家同类型供应商的数据进行比较，指出哪些方面做得好，哪些方面做得不够好应当改善。

对戴尔而言，增加一个供应商是非常严格、谨慎的事情，在一开始和供应商接触的时候，戴尔就会派工程师到其工厂中去检验生产流程和生产能力，同时派一名商品经理去了解该工厂的物料生产、下单、管理的流程是怎样的，判断其能否保证及时供应。其中，仅是检验就需要一个月的时间。

对于新供应商，戴尔会先提供比较小的订单来检验其生产流程和能力，各方面没有问题了，再逐步提高订单量。钟维思说，如果不经过严格的检测，一开始就给供应商很大的订单，如果对方在生产流程等各方面没有很强的控制能力，无论对戴尔还是对供应商都是有损害的。

戴尔供应链的活力来自其对于自身永不休止的改进和完善。戴尔刚进入中国的时候，只能靠人工检测获得生产线上的质量数据，得到的资料非常有限。2001 年，戴尔在全球将其管理软件进行了一次升级，有了这个工具，戴尔中国客户中心每天可以从生产线上抓取 200 万个数据，并且这些数据可以根据生产要求进行统计，一旦数据出现异常，工程师马上就用仪器进行检测，如果发现是供应商的问题，就会马上通知供应商纠正。

最能体现戴尔对供应链持续改进的是业务流程改善（business process improvement，BPI）的思想。为了推进 BPI，戴尔公司专设了 BPI 部门，要加入 BPI 部门，首先要接受培训，学完之后要做项目，最后还要通过答辩，才能根据项目的完成情况获得相应的级别。在戴尔中国客户中心，每年都会开展上百个 BPI 项目。2005 年，戴尔中国客户中心的运营成本降至 2001 年的 1/4，70%受益于 BPI 项目。

BPI 的影响不限于戴尔本身，钟维思说，戴尔也会给供应商提供相关的培训，让它们也采用 BPI 的方法来降低成本、提升质量。

戴尔对供应链持续不断的改善背后其实是一种“学习的文化”，是对不断进步的追求。迈克尔·戴尔曾说：“我们从公司创立之初至今，就一直以很贪婪的速度学习，以便能赶上成长的脚步，这绝非易事，想想我们工作改变的快速步调就可以明白。”

戴尔有一个名词叫“BOP”（best of practice），意思是“最佳实践”。戴尔在全球有7个工厂，7个工厂每个星期都要就一个话题进行讨论，即召开BOP会议，目的是了解谁做得更好，有哪些值得大家学习的地方。

戴尔中国客户中心经常从其他工厂学到好的经验，也多次成为其他工厂学习的对象。比如戴尔的产品有很多质量指标，中国客户中心在“Miss and Damage”这一项做得最好。戴尔的工人按照客户的订单拿不同零件的时候，一般情况下不会拿错，但也会出现拿错零件的极个别情况。为了解决这个问题，中国客户中心安装了一个叫做“Watch Dog”的工具，工人在拿每个零件的时候都把上面的条形码扫一下，这个信息传入电脑后，该工具会自动将信息和销售员下的订单做比较，如果有差错，电脑就会发出警示。戴尔在全球的其他工厂借鉴了这种做法。

加强和供应商的信息沟通是戴尔供应链最重要的地方，如迈克尔·戴尔所言，戴尔是“用信息代替库存”。企业和供应商之间充分的信息共享是减小牛鞭效应的有效途径。戴尔和供应商信息共享的工具是“交易引擎”。戴尔希望自己的技术也让合作企业能够受惠，因此将信息化平台延伸到上游的供应商。

戴尔的供应链永远处在变化中，BPI就是要让供应链时刻响应市场的变化，而学习的文化使得戴尔的供应链在不断地进步，对市场环境保持着强大的适应性。

资料来源：http://www.ceconline.com/operation/ma/8800042074/01/.

研讨问题：

1. 戴尔为什么要将采购资源进行类别划分？这样做有什么好处？

2. 在管理生产资料供应商方面，戴尔为什么会提出三个战略性任务？在选择供应商时，为什么又要提出其他方面（如环保与员工福利、技术产业化速度等）的要求？

3. 为什么戴尔公司内很多部门都要参与到和供应商的紧密合作中？

4. 戴尔考核供应商的数据为什么要让供应商了解？这与企业管理中的什么管理方法类似？

5. 戴尔严格、谨慎地考察和选择供应商是否会让供应商反感，从而对以后的合作产生影响？

□ 案例研讨

联想供应链管理与采购战略

联想的供应链有300多家供应商，还要管理国内5 000多家客户渠道，它们是怎么管理供应链系统的呢？

联想所在的IT行业的首要特点是价格的波动非常大，影响因素也非常复杂，难以准确预测。市场发生变化的时候，需要快速调整，这样才能够满足客户的需要，避免库存带来的风险。

IT行业的第二个特点是部件更新换代非常快，按照联想的统计，基本上每两天就有一个机型发生或大或小的改动。另外产品的降价速度也非常快，那么就必须准确预测市场的需求，才能满足客户的订单，并保持低库存。同时，客户差异化的需求日益强烈，联想既要保证标准化，又要很好地满足客户差异化的需求。

第三个特点是，很多物料的价格取决于上一个供应商，上一个供应商利益驱动的情况是非常明显的，并且很多供应商是寡头垄断或者具有少数寡头的特点，所以供应商对整个行业的影响非常大。

联想在供应链和采购方面的做法是：

首先，采取一体化的运作体系，把采购、生产、分销以及物流整合成一个统一的系统，在整个联想集团负责生产的管控，包括生产制造以及某些系统的管理，从战略层、执行层形成统一的管理策略，进行统一协调。

从供应链来看，联想有300多家供应商，国内的客户渠道有5 000多家，在联想内部，也有北京、上海和惠阳三个工厂，目前生产的主要产品除了台式电脑、笔记本、服务器之外，还有其他数码产品，应该说是一个非常复杂的供应链体系。

联想的物料主要分为国际采购的物料和国内采购的物料。国际采购的物料，基本上都是通过香港，然后分别转到惠阳、上海和北京；国内采购的物料会直接发到联想的各个工厂，由各个工厂制作成成品，然后发到代理商和最终的用户。联想构建了供应链双链模型，通过接收链和交互链很好地进行协同，来实现更好的供应的变化，满足客户的需求。

联想的供应模式转变，即从以前的库存驱动模式转到主要根据客户需求来确定整个供应链的管理，从而调整从采购、生产到销售的全过程。

在运作模式上，联想还不是一个完全按订单生产的企业，这与公司的客户群有关。联想目前主要的客户60%～70%来自个人和中小企业。所以，联想的运作模式采取安全库存结合按订单生产的方式，会有1～2天成品的安全库存，更多的是会根据订单来快速响应客户和市场的需求。

在这样的供应链管理模式之下，主要需解决四个方面的问题：第一，如何保证准确的预测；第二，如何保证在预测出现偏差的时候，能够快速调整；第三，如何满足客户差异化的需求及定制的需求；第四，如何很好地完成供应商在采购方面的协同。这四个问题可能也是很多企业在当今需要面对的主要问题。

第一个方面，联想怎样保证比较准确的预测。

预测要基于历史数据，因为联想从市场和代理商当中积累了大量的历史数据，通过对销售的历史数据分析会发现产品的销量跟很多的实践因子相关，比如市场自然的增长、季节的因素、联想做的一些优惠活动、新产品的推出等，都会影响市场的销量。所以，公司会针对每一个实践因子，通过准确的分析和线性回归对这些因子进行线性的评估，从而确定预测的运算模型。通过这种预测模式，再加上代理商和区域市场对客户的预测，得出联想在短期和长期上对整个市场的多维度预测。

在准确预测方面，联想首先考虑了预测是多维度的，包括对产品在不同区域、不同时期、不同渠道的预测；其次也考虑了其他因素的影响，如节假日、新品促销等。在预测方法上应用了很多算法，如指数的平滑法、加权平均法、线性回归法等，预测准确率提高了30%。

第二方面，在预测出现偏差时如何进行快速调整。

预测偏差的调整涉及两个方面，一是采购计划的快速调整；二是生产计划如何进行快速调整。

采购计划的调整上，除需要根据预测进行调整外，还要根据采购的提前量、安全库存的策略以及采购批量等进行调整，另外还要根据联想在国内多个工厂、多个库存地的实时计划进行调整。

目前，当销售发生调整或者供应商的状况发生变化时，联想可以做到在几个小时之内把几十种产品、几千种物料、面对几百家供应商的计划调整完毕，这样就加快了对市场变化的应对能力。

资料来源：https://www.sohu.com/a/161386396_572698.

研讨问题：

（1）联想进行采购管理时需要解决的关键问题是什么？

（2）联想是如何做好需求预测的？

（3）联想为什么要对采购计划进行不断调整？

□ 本章思考题

1. 采购管理人员的职责应包括哪些内容？
2. 如何判断采购物资的重要性？
3. 采购定位模型具有哪些特征？
4. 供应市场监视程度与物资重要性之间具有怎样的关系？
5. 针对采购定位模型中不同的采购物资，应分别采取怎样的策略进行管理？
6. 企业可以采取哪些手段降低采购成本？

第 10 章

战略库存管理

学习目标

1. 了解库存的重要意义；
2. 掌握经济订货批量的计算方法；
3. 掌握安全库存的决策方法；
4. 能够根据实际情况探索缩短提前期的方法；
5. 了解供应商管理库存（VMI）模式。

本章要点

1. 保有库存的理由；
2. 库存的水位原理；
3. 库存补充系统；
4. 经济订货批量及现实中的问题对经济订货批量的影响；
5. 确定安全库存水平；
6. 提前期管理与缩短供应提前期的技术与方法；
7. 库存分类技术；
8. 战略库存管理。

10.1 库存的重要价值

在企业生产流程的诸多环节中存在各种库存，比如原材料、在制品、产成品等。在库存管理方面，考虑的第一个问题是企业为什么要保有一定的库存。

企业需要保有库存的原因有很多，比如防止市场需求预测失误、战略性或预防性储存、获取采购价格优势、短期寄存物资、供货存在不确定性、交货和补货存在时间间隔等。此外，供应商根据自己的经济效益计算出的最小订货批量往往对供应商是最有利的，但是对其下游的买主而言不一定是最有利的，这种现象也会导致买主需要保有一定的库存。

■ 日本松下自行车公司曾为了扩大自己的市场规模，将原有的普通自行车产品类型转变为客户可以定制的产品类型。为了实现客户定制后两周交货的要求，公司需要在产品生产过程中生产周期较长的环节（如三角架和钢管等零部件生产环节）上设计一定量的战略储备。这些战略储备是为了满足两周交货的要求，因为生产自行车的三角架和钢管等零部件大致需要40天的工期，而客户的交货期要求则是两周，显然在这些环节，零库存是无法实现的。

10.2 关于供应链中的零库存

企业在什么情况下可以实现零库存一直是人们探讨的问题。这里不妨给出一个判断标准：当企业实现了零库存以后，仍然能够在质量、成本以及交货期等各方面保证其下游客户的正常需求，那么该企业可以考虑实施零库存；否则，如果强行实现了零库存，对供应链上下游协作成员的利益造成了影响，导致供应链无法正常运行，协作关系也就无法良性发展。

研究供应链网络中哪个节点可以实现零库存，就要研究如果这个节点实现了零库存能否保证下游企业的各方面需求。这是一个判断的标准，也是一个通用的做法，该判断标准和零库存的定义实质上是一致的。

10.3 如何管理好库存

库存管理中有一个非常重要的思想——水位原理，如图10-1所示。

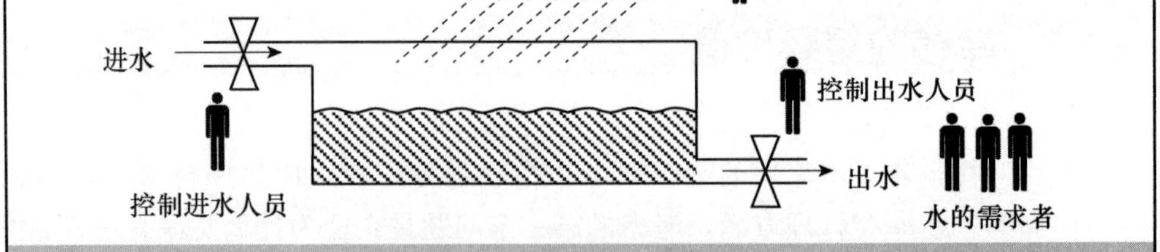

图10-1 库存的水位原理

从图 10－1 中可以看出，库存相当于蓄水池，既有进水管，也有出水管。如果进水的速度和出水的速度一样，水池中的水位是不变的，水池中水位的高低取决于水池中初始水位的高低。要想有效地控制水池中的水位，必须让控制进水的人能够和控制出水的人进行有效的沟通，控制进出水流的流量，进而控制库存水位的高低。更为理想的情况是，如果控制进出水的人能够和直接掌握用水量的人以及预测降雨量的人及时进行有效沟通，那么对库存水位的管理将是非常有益的。

从企业库存管理的角度来看，掌握用水需求的人实际上就是企业的客户，预测降雨量的人实际上就是能够掌握企业外部环境变化信息的人。如果上述各方面的人能及时沟通信息，库存管理将十分有效率。可见，有效的信息沟通是良好库存管理的前提。

企业库存不足的时候会产生缺货，由缺货导致的各种问题会给企业带来一系列成本，称为缺货成本，如表 10－1 所示。

表 10－1　由库存不足导致缺货成本的例子

库存不足的原因	后果及损失（缺货成本）
供货延迟	产品脱销
供货量不足	信誉损失
质量不合格	回款延迟
为满足需求而紧急订货	加急而产生的高额运输成本
以高价进行应急小批量采购	采购成本增加
生产所需的投入品短缺	生产计划失效
为了应急从非正常渠道采购	采购产品质量不合格 采购产品规格差异大

因此，作为库存主管，需要保证库存满足需求，做到既不缺货也不积压。现实中，企业往往使用按时保量（on time in full，OTIF）率这一指标来衡量库存水平。简单地讲，按时保量是指如何保证下游供应、满足下游需求的问题，即下游需要哪些货物、需要多少，必须按时按量地满足其需求。如果能做到按时保量，实现零库存也是可能的，百分之百的按时保量率是实现企业零库存的前提。

10.4　库存管理中的几个问题

10.4.1　编制库存计划需要注意的问题

编制库存计划时需要获取很多信息。比如在检查企业库存量到底有多少的时候，可能部分物资是在途库存，如在车上、还没有送达、在生产线上加工等。这些在途库存还没有放到货架上，很难通过直接盘点的方式核对。我们需要全面监视库存物资的流动信息，因为在物资接收区域、检验区域、损品存放区域、仓库货架区域、提货或集货区域、工作台储存柜、生产机器周围、在制品存放区域、组装线区域、发货和装车区域等地方，都可能有库存存在，如图10-2所示。

图10-2　检查库存量时应全面关注各个区域

10.4.2　库存价值度量时需要注意的问题

关于库存价值的度量，从会计核算角度讲一般有如下几种常用方法：先进先出法（first in first out，FIFO）、后进先出法（last in first out，LIFO）、加权平均成本法（weighted average cost of capital，WACC）、重置成本法（replacement cost，RC）以及标准成本法（standard costing，SC）等。2007年企业会计准则调整后，对企业存货的成本核算提出了新的要求，取消了后进先出法。①

这里以先进先出法为例看一下库存价值是如何核算的。

■ 假设某企业在5月1日以10元/件的价格买进200件商品，此时库存量为200件。6月1日卖出100件，库存还剩100件。7月1日又卖出40件，

① 《企业会计准则第1号——存货》第十四条规定：企业应当采用先进先出法、加权平均法或者个别计价法确定发出存货的实际成本。已售存货，应当将其成本结转为当期损益，相应的存货跌价准备也应当予以结转。对于性质和用途相似的存货，应当采用相同的成本计算方法确定发出存货的成本。对于不能替代使用的存货、为特定项目专门购入或制造的存货以及提供的劳务，通常采用个别计价法确定发出存货的成本。

库存剩余 60 件。8 月 1 日以单价 12 元买进 200 件该商品，库存量为 260 件。10 月 1 日卖出 100 件，库存剩余 160 件。现在需要核算 10 月 1 日卖出的 100 件商品的价值是多少，剩余的 160 件商品的库存价值又是多少。

由于商品是在不同时间按照两种不同的价格采购的，因此在计算时首先需要考虑以什么样的进货单价来进行计算。

按照先进先出法的原则，在出货的时候，首先要将先期买进的商品卖出去，然后再从后续买进的商品中出货。在本例的计算中，10 月 1 日卖出的 100 件，应首先考虑将先期以单价 10 元买进的剩余 60 件商品卖出，其余 40 件再从后期以单价 12 元采购的商品中出货。此时，100 件商品的总价值为 $60\times10+40\times12=1\ 080$（元）。而剩余 160 件商品由于全部是以单价 12 元采购的，因此此时库存的总价值为 $160\times12=1\ 920$（元）。

企业应当根据会计准则的要求以及自己的实际情况选择合适的存货核算方法。一般来讲，先进先出法运用得较多，也是目前国际上常用的存货核算方法。但必须注意的是，在物价上涨过快的情况下，先进先出法容易形成因存货利润增加导致的“虚增利润”。这样一方面会加重企业税收负担及分红额度，增加现金流出，从而不利于企业资本保全；另一方面则使管理者的工作业绩得到“提升”，使其成就感得到满足。不过，虚增的利润也可以增强投资人的投资信心，让企业获取更多的融资机会。此外，先进先出法涉及的工作比较烦琐，工作量大，对于存货进出频繁的企业更是如此。

10.5 库存的补充

库存管理中的一个重要问题是库存的补充，即补货。常用的在库存补充方法有这样几种：再订货点法、定期检查库存的补货方法、连续补货法。其中，连续补货法是需求驱动式的供应链系统订货法，体现了精益供应链管理的思想，即在需要的时候按照需要的量补充需要的物资，同时消除该过程中的浪费。以下重点介绍再订货点法和定期检查库存的补货方法。

10.5.1 再订货点法

再订货点法如图 10－3 所示。纵坐标表示的库存量随着库存物资的消耗逐渐下降，当库存水平下降到再订货点 Q_0（图中的再订货水平）的时候进行订货，订货以后物资不可能马上送来，必须经过一个交货期库存水平才能回到初始位置。在运用再订货点法时，需要重点考虑的是交货期内的库存使用速度。如果交货期内的使用速度比较快，那么库存的补充量也应该比较多。

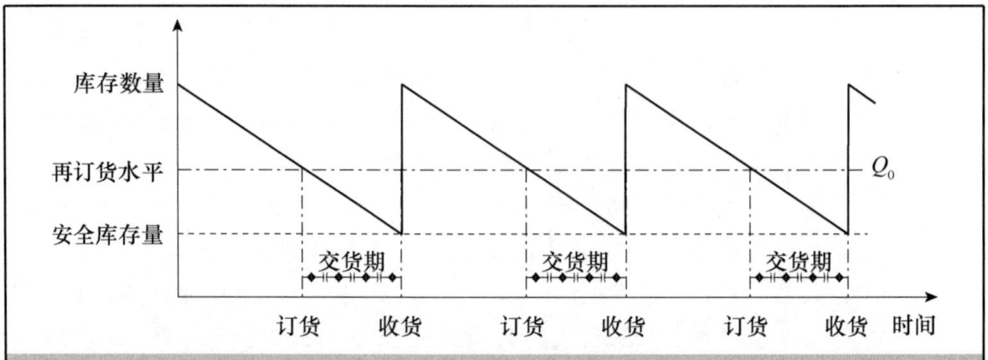

图 10-3　再订货点法示意

10.5.2　定期检查库存的补货方法

定期检查库存的补货方法如图10-4所示。库存随着消耗而下降，当第一个检查时间点到来时，检查库存量看是否需要补货，如果不需要补货，就等到下一个检查时间点到来后再检查库存水平，如果需要补货就进行订货，经过交货期后，库存就补充到了需要的水平。

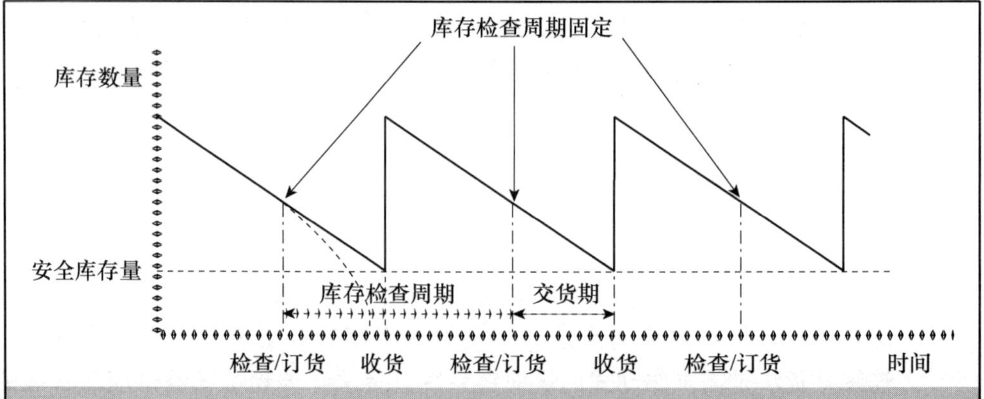

图 10-4　定期检查库存法示意

由于存在检查的时间间隔，因此考察库存使用速度时必须注意两个时间段内的使用速度，一个是库存检查周期，一个是交货期。定期检查库存的补货方法的风险相对来说比较大，如果对需求的预测发生了很大的偏差（如图10-4中曲线所示），那么有可能在一个检查时间点无须订货，而下一个检查时间点还没有到来时，库存已经用完了，就会造成缺货。

因此，必须判断企业在什么情况下适合选择什么样的补货方法。一般来说，再订货点法的适用性较广，定期检查库存的补货方法则适用于订货批量较小，或者企业附近有仓库能提供周期性送货服务的情况下，从而实现检查周期和送货周期基本一致，这样不仅可以降低供货风险，而且能够简化管理，节约成本。

10.6　库存订货量的确定

10.6.1　经济订货批量

假设在一年内企业需要 400 件产品，那么是每年订货 4 次、每次订 100 件产品合适，还是每年订 8 次、每次订 50 件产品合适？如图 10－5 所示。

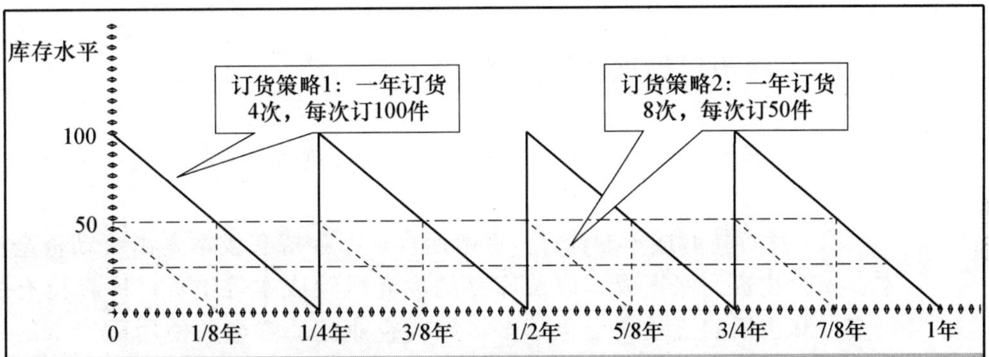

图 10－5　两种不同订货批量比较

这是一个多目标决策问题，需要在订货成本和库存持有成本之间进行权衡。那么，到底每次订货批量多少是最经济的？这个最经济的批量称为经济订货批量（economic order quantity，EOQ）。

一方面，每次订货批量的大小决定了平均库存水平的高低。在再订货点法中，平均库存水平的数值等于每次订货量的一半。如果每次订 100 件，平均库存水平为 50 件；如果每次订 50 件，平均库存水平为 25 件。一定时期内的平均库存水平越高，该时期的库存持有成本也越大。

另一方面，每次订货都需要耗费订货成本，一定时期内订货次数越多，总订货成本就越大。

可见，一定时期内企业订货成本和库存持有成本之间存在背反关系，如图 10－6 所示，随着每次订货批量的增加，订货成本逐渐下降，而库存持有成本则是增加的。企业最终要选择的订货批量应该确保企业的总订货成本和总库存持有成本之和最小。

上述背反关系和第 2 章介绍的效益背反原理是完全一致的。企业应选择使总成本最小的批量来进行订货，该批量即为经济订货批量。其求解过程需借助高等数学中求最小值的方法来计算，即求出图 10－6 中总成本曲线切线斜率等于零的这一点。

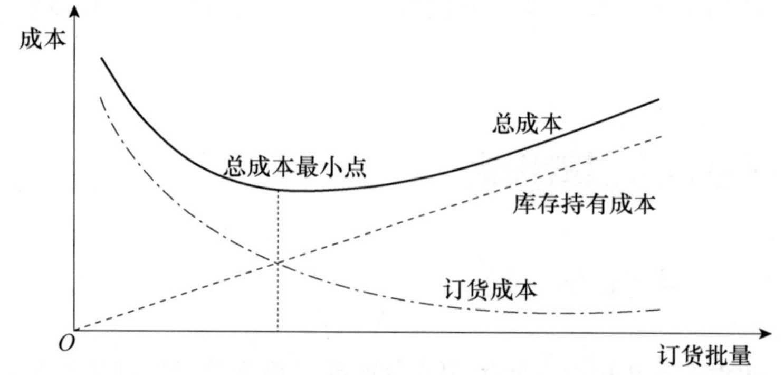

图 10-6 订货成本和库存持有成本之间的背反关系

10.6.2 经济订货批量的计算

为计算库存总成本，必须首先计算不同订货批量下库存持有成本和订货成本分别是多少。

（1）库存持有成本的计算。一般而言，库存持有成本是由流动资金占用成本、库存物资的保管成本以及库存的废弃风险成本等组成。库存持有的物资越多，其占用的流动资金也越多，影响企业流动资金的使用而产生的成本也越大。

库存持有成本是否包括持有物资本身的价值？也就是说是否包括购买这些物资所花的费用？显然，库存持有成本中不包括购买物资本身所支出的费用，但库存持有成本的大小与所持有物资的价值是直接相关的。物资价值越大，库存持有成本也就越高，因为较高价值的物资占用流动资金大，其保管费用以及将来废弃后所产生的损失风险也非常大。

为了方便计算库存持有成本，可以用物资的单位采购成本乘以库存持有成本率再乘以平均库存水平来进行计算，如式（10-1）所示：

$$C_H = P \times i \times \frac{Q}{2} \tag{10-1}$$

式中，C_H 为库存持有成本；P 为单位采购成本（单位物资的采购价格加上采购的附加费用）；i 为库存的持有成本率（以单位采购成本的百分比表示）；Q 为每次订货量，$Q/2$ 为平均库存量。其中，持有成本率往往较小，比如 3%，5%等，它是通过综合判断不同企业库存物资的种类、价值、获取的风险以及对战略目标实现的影响程度等因素后给出的。

（2）订货成本的计算。订货成本由每次订货的物流活动成本，办公成本，与供应商、物流企业的信息沟通成本，订货时支出的交通费以及其他额外费用等组成。为了方便计算订货成本，可以用每次订货成本乘以一定时期内的订货次数来计算，如式（10-2）所示：

$$C_O = c \times \frac{D}{Q} \tag{10-2}$$

式中，C_O 为一定时期内的总订货成本；c 为每次订货成本；D 为一定时期内的总需求量；Q 为每次订货量。

一定时期内库存总成本 C_Z 等于库存持有成本加订货成本，如式（10－3）所示：

$$C_Z = C_H + C_O = P \times i \times \frac{Q}{2} + c \times \frac{D}{Q} \tag{10-3}$$

经过计算，可以得出经济订货批量 EOQ 的公式，如式（10－4）所示：

$$EOQ = \sqrt{\frac{2cD}{Pi}} \tag{10-4}$$

式中，c 为每次订货成本；D 为一定时期内总需求量；P 为单位采购成本；i 为库存的持有成本率。

类似经济订货批量这样的决策、计算思路和方法在现实管理中非常普遍，这其实是一个对多目标进行综合权衡与优化的问题，只不过该问题可以转换成针对成本这个单一优化目标。然而在很多现实管理问题中，多个目标很难统一成单一优化目标，必须通过对各目标加权评分后进行综合决策。

需要注意的是，经济订货批量计算方法的使用有几个前提：(1) 一定时期内总需求给定并且保持稳定；(2) 采购价格以及运输成本等不随订货批量发生变化，并在一定时期内保持稳定；(3) 库存持有成本、订货成本等可以确定，并保持稳定；(4) 交货期准确或可以准确预见。只有这些前提满足以后，才能够应用该方法，但现实中会有多种因素影响这些前提，比如常见的价格折扣问题，请看下例。

某医疗公司计划每年采购 4 000 个血压计，供方出价为 40 元/个，公司的单位订货成本为 40 元，每年的库存持有成本率为 20%。供应商还提供了批量折扣价格，每次订货大于等于 250 个时，单位价格可以降低 1 元。那么该公司应该如何选择每次的订货量?

首先，经计算得出 EOQ＝200 个。但如果按照此结果进行订货，不一定会使公司的总成本降低，因为有价格折扣存在。所以必须比较两种订货批量情况下的年度总成本支出，才能得出最终结论，如表 10－2 所示。

表 10－2　不同订货批量情况下的成本比较

订货批量（个）	采购价格（元）	年订货次数	平均库存量（个）	年成本（元）			
				采购成本	订货成本	持有成本	总成本
200	40	20	100	160 000	800	800	161 600
250	39	16	125	156 000	640	975	157 615

通过计算发现，医疗公司按照供应商提供的折扣价格要求的批量采购，可

以获得更大的成本优势。

再看一个关于库存物品废弃后会对利润产生影响的例子。

某超市在中秋节期间订购月饼，由于月饼是针对中秋节定做的，所以必须在节日期间卖掉。卖掉一盒获利10元，否则就要打折促销，促销一盒将亏损5元。根据以往的销售经验，节日期间的月饼需求量情况大致如表10－3所示，超市应该订购多少盒月饼最为合适？

表10－3　节日期间的月饼需求量预测

需求量（盒）	100	200	300	400	500
概率	0.1	0.2	0.4	0.2	0.1

为了求解上述问题，将该超市在中秋节期间的销售利润状况列于表10－4中，计算得出在各种订货量下的总利润如表10－5所示。可以看出，当订购300盒月饼时，将在节日期间获得最大的可能销售利润。

表10－4　节日期间月饼在各种订货量和需求量情况下的销售利润　单位：元

需求量（盒） 订货量（盒）	100	200	300	400	500
100	1 000	1 000	1 000	1 000	1 000
200	500	2 000	2 000	2 000	2 000
300	0	1 500	3 000	3 000	3 000
400	−500	1 000	2 500	4 000	4 000
500	−1 000	500	2 000	3 500	5 000

表10－5　节日期间月饼在各种订货量情况下的总销售利润

需求概率	0.1	0.2	0.4	0.2	0.1	总销售利润（元）
需求量（盒） 订货量（盒）	100	200	300	400	500	
100	1 000×0.1	1 000×0.2	1 000×0.4	1 000×0.2	1 000×0.1	1 000
200	500×0.1	2 000×0.2	2 000×0.4	2 000×0.2	2 000×0.1	1 850
300	0×0.1	1 500×0.2	3 000×0.4	3 000×0.2	3 000×0.1	2 400
400	−500×0.1	1 000×0.2	2 500×0.4	4 000×0.2	4 000×0.1	2 350
500	−1 000×0.1	500×0.2	2 000×0.4	3 500×0.2	5 000×0.1	2 000

通过上述两个例子可以看出，在现实中，当使用经济订货批量的思路和方法时，一定要全面考虑各种特殊条件，认真核算包括库存持有成本、订货成本、折扣成本以及废弃成本等在内的所有成本，并对其进行逐项分析，才能做出合理的库存决策。

当然，以上主要是站在买方角度考虑问题。当运用战略供应链管理思想时，不仅要考虑买方通过经济订货批量获得的利益，还要站在供应商的角度考虑其对诸如经济供货批量、经济运输批量、供货时间以及资金周转等方面的要求。

这样一来，库存的订货决策将会变成一个复杂的多目标优化与决策问题，需要通过合理权衡各方面的因素加以解决。虽然这增加了供应链管理运作的难度，但很好地反映了现实要求。

10.6.3　连续补货法的订货批量如何决定

还有一种库存的补充方法是连续补货法，即订货以后不是一次将货物送到位，而是连续补货，如图 10-7 所示。

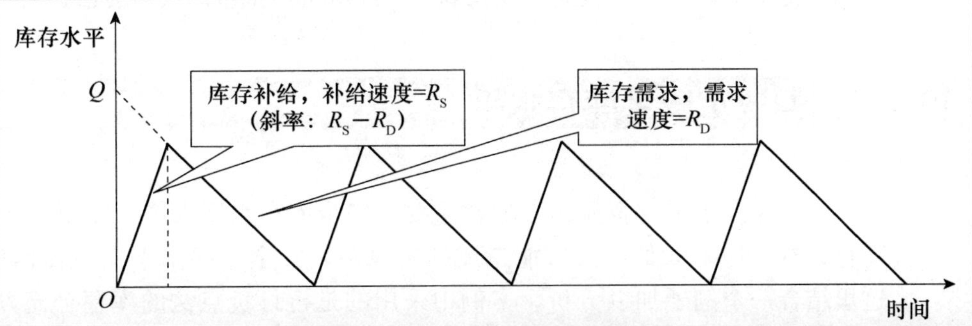

图 10-7　连续补货关系示意

经过与上文经济订货批量计算方法相似的推导发现，连续补货法中经济订货批量的计算如式（10-5）所示：

$$EOQ=\sqrt{\frac{2cD}{Pi\left(1-\frac{R_D}{R_S}\right)}} \tag{10-5}$$

式中，c 为每次订货成本；D 为一定时期内的总需求量；P 为单位采购成本；i 为库存的持有成本率；R_D 为库存需求速度；R_S 为库存进货速度。

通过比较式（10-4）和式（10-5）发现，前面讨论的经济订货批量的计算公式实际上是连续补货法的经济订货批量计算公式的特例。当 R_D/R_S 等于零时，表示一次送货到位，式（10-5）就变成式（10-4）所示的经济订货批量计算公式。

10.6.4　经济生产批量

当我们将经济订货批量的决策方法用于生产过程中时，就会得出经济生产批量的计算思路和方法，如式（10-6）所示：

$$EBQ=\sqrt{\frac{2cD}{Pi\left(1-\frac{R_D}{R_S}\right)}} \tag{10-6}$$

式中，c 为每次设备转换成本；D 为一定时期内设备总产量；P 为单位产品价值；i 为产成品库存的持有成本率；R_D 为设备产成品的发货速度；R_S 为设备生产所需的供给速度。

为什么要对经济生产批量做决策呢？因为现实中我们经常会遇到诸如这样的问题：一条生产线上的设备在生产不同产品时需要进行调整和转换，那么转换设备后到底生产多大批量的产品对企业才是最经济的呢？解决该问题的思路实际上和经济订货批量的决策思路一致。如果转换和调整设备以后，生产的太多，必然会导致库存，从而产生一定的库存费用；如果每次生产某种产品的批量太小，然后紧接着就改为生产另一种产品，那么一定时期内的设备转换和调节成本将增加。因此，企业必须找到一个经济生产批量的决策方法。

10.7 如何决定安全库存水平

安全库存水平对企业而言非常重要。安全库存水平太高，需要支出更多的库存成本；如果太低，又可能造成缺货风险。安全库存水平应该如何确定呢？这里结合一个例子加以分析。本例中采用的是再订货点法的库存补充方式，首先需要计算出每次订货的再订货水平是多少，然后计算出安全库存水平的大小。

某医疗公司计划每年需要采购 25 000 个血压计，供方出价为 40 元/个，公司的单位订货成本为 40 元，每年的库存持有成本率为 20%。公司订完货后，供应商不能准确保证交货时间。根据该公司以往和供应商合作的经验，可以得出如表 10－6 所示的交货期（订货提前期）可能性的分布情况。通过对表 10－6 的计算可知，订货后的平均交货期为：

$$1\times0.1+2\times0.2+3\times0.4+4\times0.2+5\times0.1=3(\text{周})$$

同时，由于需求的不确定性，医疗公司也无法确定每周库存的消化有多快，只能根据以往经验得出如表 10－7 所示的血压计需求数量可能性的分布情况。通过计算可知，订货后的每周平均使用量为 70 个。

表 10－6 供应商交货期（订货提前期）的可能性分布

提前期	1周	2周	3周	4周	5周
概率	0.1	0.2	0.4	0.2	0.1

表 10－7 血压计需求数量的可能性分布

每周使用量	50个	60个	70个	80个	90个
概率	0.1	0.2	0.4	0.2	0.1

该医疗公司需要确定，为了将血压计的缺货概率控制在 15%以内，再订货水平应该设为多少？安全库存水平应该设为多少？为了计算再订货水平和安全库存水平，需要计算订货后交货期内血压计的总使用量的分布情况，如表 10－8 所示。

表 10-8 交货期和周使用量的联合概率分布

使用量（概率）＼交货期（概率）	1 周 (0.1)	2 周 (0.2)	3 周 (0.4)	4 周 (0.2)	5 周 (0.1)
50 (0.1)	50 (0.01)	100 (0.02)	150 (0.04)	200 (0.02)	250 (0.01)
60 (0.2)	60 (0.02)	120 (0.04)	180 (0.08)	240 (0.04)	300 (0.02)
70 (0.4)	70 (0.04)	140 (0.08)	210 (0.16)	280 (0.08)	350 (0.04)
80 (0.2)	80 (0.02)	160 (0.04)	240 (0.08)	320 (0.04)	400 (0.02)
90 (0.1)	90 (0.01)	180 (0.02)	270 (0.04)	360 (0.02)	450 (0.01)

由表 10-8 分析可知，订货后交货期内血压计总使用量大于 300 个的概率在 15%以内（即表中灰色部分的概率之和）。这样，就可以将 300 设定为该医疗公司的再订货水平，如图 10-8 所示。

图中显示，供应商的平均交货期为 3 周，表明订货后大多数情况下供应商的交货期是 3 周；医疗公司血压计的平均使用速度为 70 个/周，表明订货后大多数情况下医疗公司的血压计使用速度为 70 个/周。由此可知，订货后大多数情况下，当血压计使用量达到 210 个时，供应商就会交货，从而实现补货。因此可得安全库存水平的计算公式，如式（10-7）所示：

安全库存水平＝再订货水平－(平均使用速度×平均交货期)　(10-7)

上例中，经计算得到安全库存水平为：

300－70×3＝90(个)

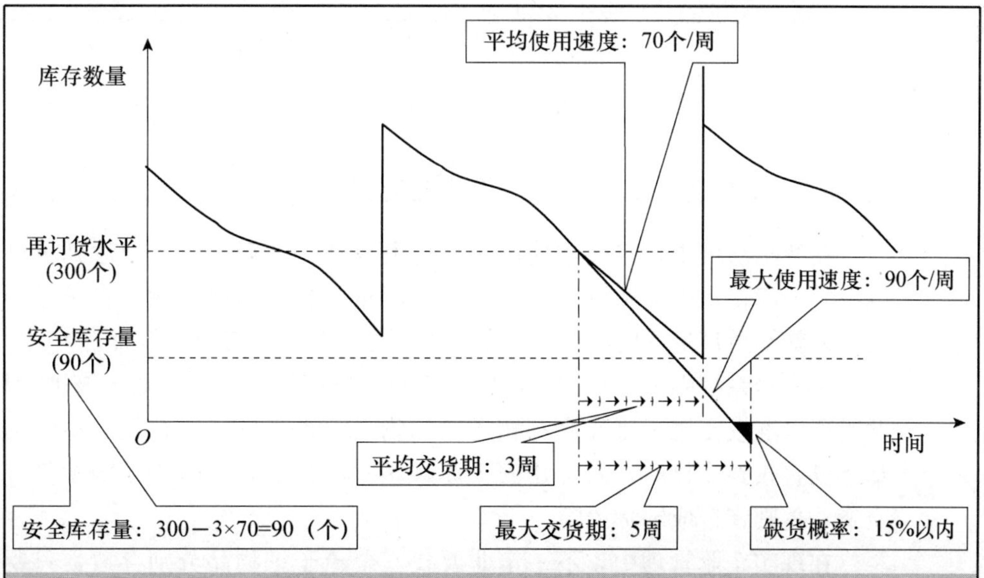

图 10-8 再订货水平与安全库存的关系

在极端情况下，比如订货后供应商的交货期是5周，同时医疗公司正好遇到需求高峰，血压计的使用速度为90个/周，这时图10-8中的库存需求线必然会穿过安全库存水平线，但这样的概率已经被控制在15%以内。

从式（10-7）可以看出，在交货期和使用速度都可以准确把握的前提下，安全库存水平可以设为零，从而实现所谓的零库存。

也可以这样理解，安全库存水平实际上是在交货期以及库存物资使用速度不确定的情况下防范企业经营风险的有效方法。

在当前企业管理实践中，上述计算安全库存水平等方法已经逐渐摆脱了人工操作，通过企业信息系统（如ERP系统）进行计算和决策。但我们有必要了解和掌握它的管理思想和内涵，根据企业实际情况，对信息系统做相应的调整，使其发挥更大的作用。

10.8 两箱系统和三箱系统

在企业的实际管理过程中，为了方便往往把库存物资按照所计算的再订货水平和安全库存水平进行分类，比如可以把它们分别装在不同的箱子里，如图10-9所示有所谓的两箱系统和三箱系统。

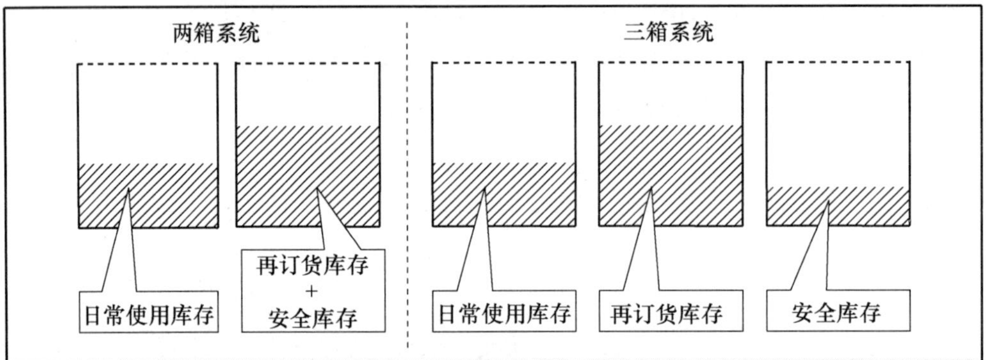

图10-9 两箱系统和三箱系统

在两箱系统中，将日常使用库存物资放到一个箱子里，把达到再订货水平以及安全库存水平的物资放到另一个箱子里。当日常使用库存箱子里的物品用完时，就知道订货的时间（再订货点）到了，从而及时进行订货。

在三箱系统中，当日常使用库存箱子中的物品用完时，知道该进行订货了。此时可以继续使用再订货库存箱子中的物品。当再订货库存箱子中的物品用完却还没有收到货物时，就使用安全库存箱中的物资，这时必须警示供应商尽快交货，否则将造成缺货风险。

在现实企业管理中，不一定非要找三个箱子把物品分别存放，只要能够清楚地将三类物品进行分类，方便使用和管理即可。

10.9　如何管理提前期

从上述分析过程可以看出，企业的安全库存水平以及再订货水平等都受到交货期长短的影响。交货期在企业中通常也称为提前期。对企业而言，提前期管理非常重要，需要想方设法加以优化。

提前期一般可以划分为三个阶段，即购买方内部的提前期、物流提前期及供方内部的提前期。购买方内部的提前期是由购买方内部进行信息处理、订单准备、人员准备等相关事宜导致的时间上的延迟。物流提前期往往是由订货后货物在流通过程中所经过的包装、检验、运输、仓储、分拣、配送等物流活动形成的时间延迟。而供方内部的提前期则往往是由供方处理购买方订单、生产、备货、验货、装货、发货等相关活动形成的时间延迟。因此，优化提前期可以从上述三个阶段进行考虑，不论在哪个阶段优化，对整个提前期的缩短都具有非常重要的意义。

尽管提前期管理是一个非常重要的内容，但在现实中却往往容易被企业忽视。这是因为更多企业将注意力集中于如何降低自身的运营成本方面，而对提前期的管理很少留意。这种状况在当今这个变化迅速、竞争日益激烈的市场环境下显然是需要改变的，企业必须改变经营思路，不仅要在成本管理方面下足功夫，还要在时间管理方面做足功课。只有做到成本与时间平衡才能使更多消费者满意，赢得更大的市场空间和竞争优势。

企业如何才能管理好提前期呢？关键的一点是需要和供应商进行坦诚的沟通，加强信息的公开透明，也就是需要做好本书在探讨供应链管理核心途径时提到的三大要点：信息透明，收益共享，风险共担。

10.10　做好提前期管理的建议

在提前期管理方面有如下建议：

首先，需要与供应商进行直接、坦诚的沟通，这一点很重要。在之前论述采购管理的时候也曾介绍过，对于当今采购管理人员，其所担负的职责已经不仅仅局限于保证物资供应、不缺货这种传统的目标上，还要对供应市场进行及时有效的监控，特别是那些对自己战略目标具有重要影响的供应商，要主动积极地与他们进行信息沟通，以降低风险，获取收益。

其次，要运用先进的信息系统来获取相关信息，同时剔除棘轮效应的影响，主动获取相关供应信息。

在日常生产经营过程中，也可根据自己的实际情况去探索能够缩短或优化提前期的技术和方法。可以将这些经验逐步加以总结，归纳到企业日常管理手册中。这种积累对企业的发展是非常重要的。

10.11 缩短提前期的技术

缩短提前期的技术非常多，比如直接置换中心（cross docking，CD）、用户管理库存（user managed inventory，UMI）、供应商管理库存（vendor managed inventory，VMI）和电子采购（electronic procurement，EP）等。所有这些方法都能较为有效地缩短提前期，被很多企业采用。

10.11.1 直接置换中心

直接置换中心又称交叉运转或者交叉站台，如图10-10所示。

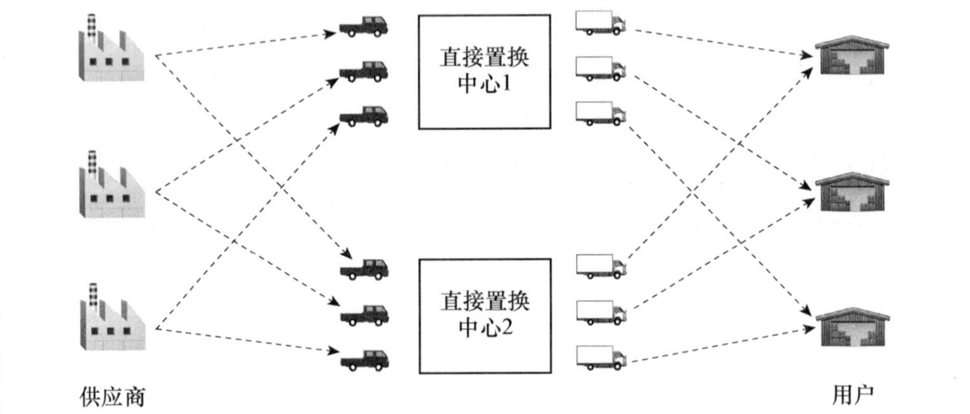

图10-10 直接置换中心示意

供应商将货物送到直接置换中心，进行检验、分拣、出库、装车等作业后，直接送到客户所在位置。该过程相当于配送，只不过货物在直接置换中心不停留，实现了零库存。物资在直接置换中心不停留，可以有效地降低流通环节中的物流提前期。

直接置换中心要想高效率地作业，需要先进的自动化物流仓储系统的支持，当然也离不开先进信息系统的支持。目前很多企业都使用了直接置换中心这项技术，比如沃尔玛、乐购等。

直接置换中心的关键在于物资的分拣，如图10-11所示，分拣装置的效率与差错率直接决定了直接置换中心能否高效率、高质量地完成多种复杂物资的配给任务。

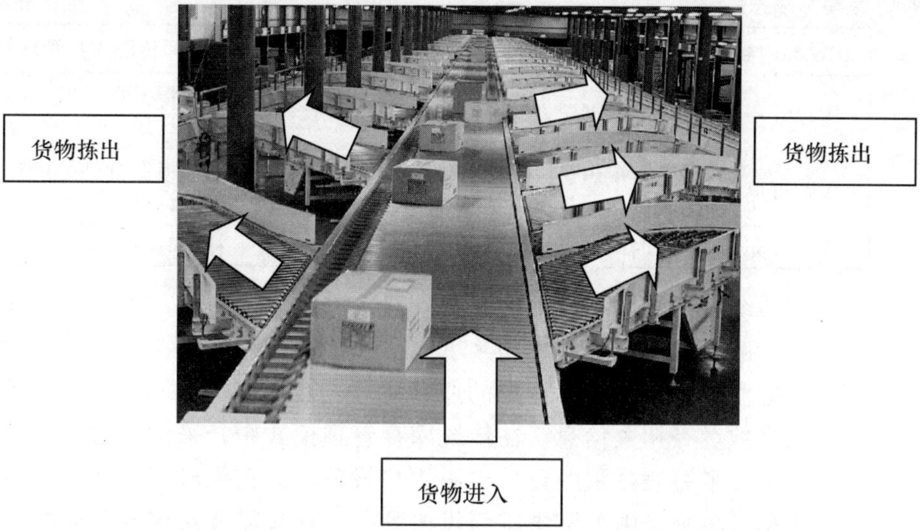

图 10－11　直接置换中心的分拣系统

10.11.2　用户管理库存

用户管理库存是指上游供应商的库存由下游的用户进行管理。供应商需要支付用户一定的管理费用，而用户可以方便地进行物品的取用。比如机场的地勤部门随时要对飞机上的灯泡进行更换，供应商将灯泡的库存管理权交由下游的客户来进行管理，机场地勤人员能随用随取，最后进行统一结算，既简化了供应商对库存的管理，又方便了用户。

10.11.3　供应商管理库存

供应商管理库存和上述用户管理库存是相反的思路。供应商管理库存是一个非常重要的管理模式，也是人们研究和探讨较多的一个主题。它是将买方的库存管理业务外包给供应商的一种库存管理模式，库存的物资还是属于下游买方的，只是由上游的供应商来进行管理，买方需要支付给供应商一定的管理费用。

供应商管理库存模式与传统库存管理模式存在理念、方法以及效果等方面的本质差异，如表 10－9 所示。

表 10－9　供应商管理库存模式和传统库存管理模式的比较

比较的内容	供应商管理库存模式	传统库存管理模式
买卖双方信息透明程度	供应商可以实时了解用户的库存水平、物资的使用情况等相关信息	用户一般不愿共享自己的信息，供应商很难获得用户的信息

续表

比较的内容	供应商管理库存模式	传统库存管理模式
库存计划	供应商根据双方的协议制定库存计划	用户根据自己的实际情况制定库存计划
采购订单	采购订单由供应商投放，用户只需提供需求预测和要货申请	用户根据自己的库存情况进行采购订单的设计和投放
库存补充	补货时间、批量等由供应商确定	补货时间、批量等由用户确定

在传统库存管理模式下，客户只有在需要的情况下，才将采购订单发给供应商，一般不会和供应商主动共享需求和预测信息；而在供应商管理库存模式下，供应商可以实时了解客户的库存水平，也可以掌握客户存货的使用时间、地点以及数量等相关信息。在传统库存管理模式中，采购计划由用户根据自己的需求情况来编制，采购订单也由用户投放；而在供应商管理库存模式下，用户的采购订单则是由上游供应商投放的，客户只需要对市场需求进行简单的预测。在传统库存管理模式下，订单投放时间、订单批量大小及交货时间全部由用户来确定，供应商只能被动地接受采购订单；而在供应商管理库存模式下，订单投放时间和订单批量大小均由供应商来决定，并按照用户要求的日期及时补货。在传统库存管理模式下，用户负责制定库存计划；而在供应商管理库存模式下，库存计划是由供应商根据双方协议来确定的，供应商能够获取更多下游客户的信息，从而具有更高的管理库存的自主权。

这里需要思考一个问题：由于供应商在供应商管理库存模式下具有更大的自主权，从而会承担更大的风险，那么在现实管理过程中我们通过什么方法进行风险和收益的约束和保障呢？这个问题只有通过合同才能解决。实际操作中，必须将上游供应商和下游用户双方的收益和风险在合同的相关条款中写清楚，才可能有效地实施供应商管理库存模式。

回顾第 4 章探讨过的两类产品——功能性产品和创新性产品，读者可以思考供应商管理库存模式在哪类产品的生产过程中容易实现。回答该问题首先需要考虑的是：供应商管理下游用户的库存会给其带来哪些好处？对于功能性产品而言，由于其市场需求能够较为准确地把握，供应商管理其下游用户的库存的风险也相对较小，因而供应商管理库存模式较容易实现。超市中的大部分商品属于功能性产品，其市场需求是较为容易把握的，因此现实中该模式在大型零售行业中比较常见，比如沃尔玛、乐购等。

10.11.4 电子采购

基于电子数据交换的电子采购（网络采购）是信息技术运用在企业管理过程中的有效模式，可以大大提高信息流以及资金流在供应链中的流动速度。电子采购也是降低提前期的重要方法。据统计，传统采购的平均时间为 8 天左右，而电子采购的平均时间则为 27 小时左右，时间上有了很大的节约，提前期也相应缩短了。

10.12 库存分类技术

企业的资源是有限的，如何把有限的资源最大限度地运用在企业经营管理的重要方面，是一个值得认真思考的问题。库存管理也是如此，在一定时期内企业所涉及库存物资的数量和种类会很多，不可能对所有库存物资都重点关注。

例如，企业在进行盘点时往往希望做到“账物相符”，也就是财务账面上记载的物资，应该和盘点时的物资在数量上相符。但在实际操作中，是否所有的库存物资都需要做到账物相符呢？答案是否定的。比如，企业在日常运营中需要很多低价值的物资，如打印纸、螺钉、螺母等，在进行盘点时显然没有必要一个个去清点。

因此，进行库存物资管理时，一个重要的问题就是首先需要将种类繁多、数量众多的物资进行分类，判断不同类别物资对企业的重要程度，然后采取差别的、有针对性的管理方式和库存管理绩效考核方法。这里介绍两种可行的库存物资分类方法。

10.12.1 ABC 分类法

ABC 分类法是常用的库存分类技术，划分方法如表 10－10 所示。其中，A 类物资是需要库存管理人员严格检查、监督、控制的重要物资。一般来讲，这类物资往往保持较低的库存水平，因为它们占用的采购支出较大，比如服装店的高档服装往往库存数量较少。C 类物资一般不需要严格检查、监督与控制，这类物资往往保持较高库存水平，因为大量采购可以降低成本。B 类物资介于这两种物资之间，采取折中的管理策略即可。

表 10－10　ABC 分类法

类别	特征	策略
A 类物资	占库存品种数的 10%～15% 占公司采购支出的 60%～70%	需要认真检查、严格控制； 保持低库存水平。
B 类物资	占库存品种数的 20%～30% 占公司采购支出的 20%～30%	需要中等程度的检查和控制； 保持中等库存水平。
C 类物资	占库存品种数的 60%～70% 占公司采购支出的 10%～15%	不需要严格检查和控制； 保持高库存水平。

但是也可以看出，按照 ABC 分类法进行物资的分类只考虑了物资的采购价值。实际上，采购支出大的物资不一定是对公司最有用和最有价值的物资，特别是从公司战略角度考虑时更是如此。因此，仅根据采购支出的大小对库存物

资进行分类，从而决定库存管理策略，有可能不够全面，因而需要从多个方面综合衡量库存物资对公司的重要性，进而进行合理分类，并采取不同的库存策略与方法。

10.12.2 定位模型分类法

为了全面衡量库存物资对企业的重要性，必须引入除采购支出以外的其他指标来进行库存物资的综合衡量。这里将第9章讨论的采购管理中的采购定位模型思路引入库存管理，建立库存物资的定位模型，如图10－12所示。库存物资的定位模型建立过程及定位方法与第9章中采购管理部分的对应内容相似，这里不再赘述。图中所示各类物资的特征及其库存管理策略见表10－11。

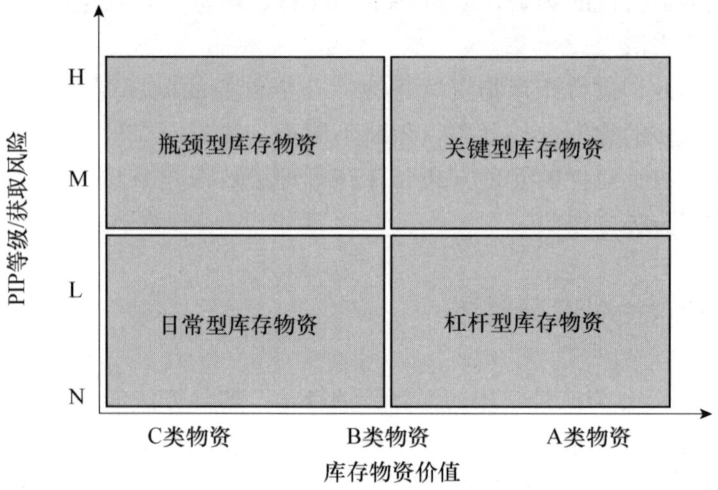

图10－12 库存物资的定位模型

表10－11 库存物资定位分类及库存管理策略

类别划分	特征	库存管理策略
杠杆型库存物资	价值大、采购支出大； 供应商多、获取风险小； 对企业潜在利润影响小。	需要严格检查和控制； 保持低库存水平。
日常型库存物资	价值小、采购支出小； 供应商多、获取风险小； 对企业潜在利润影响小。	不需要严格检查和控制； 保持中等库存水平。
瓶颈型库存物资	价值小、采购支出小； 供应商少、获取风险大； 对企业潜在利润影响大。	需要严格检查和控制； 保持高库存水平。
关键型库存物资	价值大、采购支出大； 供应商少、获取风险大； 对企业潜在利润影响大。	需要认真检查、严格控制； 保持中等库存水平。

对于杠杆型库存物资而言，其占用的采购支出较大，耗费的流动资金较多，但对企业潜在利润的影响不大，且供应商较多，不愁买不到，所以按照 ABC 分类法对于 A 类物资的策略，保持低库存水平是比较合适的。

对于瓶颈型库存物资而言，其占用采购支出较低，耗费的流动资金不多，但对企业潜在利润的影响较大，且供应商少，如何降低缺货风险是应该重点考虑的问题，因此保持高库存水平是比较合适的，即便将来有积压，也占用不了多少资金。

对于关键型库存物资而言，其占用采购支出较大，耗费的流动资金也多，同时对企业潜在利润的影响也较大，且供应商少，如何在降低缺货风险的同时降低采购支出是应该重点考虑的问题。因此，其库存量保持中等库存水平是更合适的。

对于日常型库存物资而言，尽管其价值不大，采购支出较小，但往往量大，库存成本较高，因此保持中等库存水平较为合适，而不应该像 ABC 分类法的结论那样保持高库存水平。

可以看出，定位模型分类法的分析结论与传统 ABC 分类法的结论有一定差异，它发展了 ABC 分类法的思想，这里称其为战略库存管理思想。ABC 分类法的主要依据是成本中心说，但目前企业应该更加强调战略中心说，这是研究和管理企业非常重要的一个思路。换句话说，就是要从多个方面考虑问题，要考虑企业的长远发展而非短期利益。

□ 案例研讨

戴尔的虚拟整合与敏捷运转

"当我们的目光穿过企业的四面围墙的时候，我们看到了上下游的供应链条，管理好这个链条，是戴尔竞争力的重要来源。"戴尔中国客户中心总经理李元均这样说。

2005 年，权威市场调研公司 AMR 发布了"供应链 25 强"，名列榜首的正是戴尔公司。AMR 把供应链称为"捕食者的刀锋"。

1996 年，戴尔的销售额只有 25 亿美元，到 2005 年，戴尔的年收入达到 542 亿美元，已经连续数年在全球计算机厂商中名列第一。在中国，戴尔也获得了成功。1998 年 8 月进入中国后，戴尔一直保持高速增长，短短七年后在中国的市场份额就接近 10%，排名第三。

无论是竞争对手还是戴尔自己，都将其取得成功的很大一部分原因归结为拥有一条令人羡慕的供应链。罗林斯说："我们拥有仅仅 4 天的库存周期，实际情况往往比 4 天还短。我们的工厂通常只有 4 个小时的库存，我们的竞争对手则拥有几周的库存周期，而且还可能拥有几周的分销周期。"这使得戴尔拥有了最为锋利的"捕食者的刀锋"。

在由直销模式推动的供应链方面，戴尔的优势几乎是不可撼动的。戴尔供应链的奥妙到底在什么地方？答案是虚拟整合，让供应链"敏捷"。

戴尔有一个重要的经营思想：专注于自己最擅长的领域，把不擅长的环节交给行业中做得最好的去做，通过采购把最具性价比的产品买回来，自己做最后的整合。

李元均说，戴尔也可以自己建CPU车间、主板车间、软件车间，以戴尔今天的实力，这些产品完全可以自己做，但戴尔并没有这么做。

厦门的戴尔制造基地被称为“中国客户中心”。为什么不叫工厂呢？李元均说，因为戴尔公司和工厂的专注点不一样，后者专注于工艺，戴尔则专注于客户需要什么样的产品，以及怎样根据客户的需要把产品组合起来。如果能够从市场上买到具有最佳性价比的产品，戴尔就不会自己做，戴尔只做市场不能提供的产品。

从某种角度上看，供应商就相当于戴尔的一个车间，如果供应商提供的每一个零件的性价比都有竞争力，那么最后戴尔组装好的整个产品就是有竞争力的。

为达到这样的目标，戴尔的目光穿过了四面围墙，把供应商看成是自己的车间。但是通常工厂的零件车间就在组装车间的隔壁，戴尔的供应商却分布在世界各地，该如何管理？那就不得不说说戴尔供应链中另外一个十分重要的概念——“交易引擎”。

很多工厂都安装了ERP系统，这已经是很平常的事情。那么想象一下工厂的零件车间没有了，只有一个个外部供应商，那么就要将ERP系统延伸至每个供应商，这个越过四面围墙的ERP系统就是戴尔的“交易引擎”。

在这个被称作“交易引擎”的信息平台上，戴尔和供应商的信息可以做到极大的共享：戴尔客户中心的采购人员可以从这个平台上看到供应商的生产情况和库存情况、供应商有多少货物正在运往戴尔的途中、供应商在戴尔附近的中转仓库的存货有多少等，一目了然，就像一个工厂对其车间里的情况了解得一样清楚。

直销模式是戴尔的最大特色。戴尔完全是按订单生产，客户打电话或者从网上下订单后，戴尔才根据客户的要求生产。这种生产和销售方式使得戴尔可以根据顾客实际需求的变化不断调整自己的物料需求，并通过信息系统和供应商共享这些信息。这是戴尔供应链最精妙的地方。

戴尔中国客户中心的数据中心的机房里有上千台服务器24小时运行，客户可以通过网站和800电话下订单，这些信息直接进入数据中心，数据中心每一个半小时把订单统计为一张清单，上面列出需要哪些配置。这张清单会直接传给戴尔供应商的公共仓库，该仓库在距离戴尔中国客户中心5公里远的地方，由戴尔的全球合作伙伴——第三方物流公司伯灵顿公司管理。供应商将货物运送到这个仓库，伯灵顿公司再按照戴尔传来的清单每一个半小时给戴尔送一次货。

伯灵顿公司只是负责管理库存。货物在出仓库大门之前还是供应商的，出了仓库大门才意味着戴尔实施了采购行为，货物的产权才转移给戴尔，之后产生的库存成本由戴尔来负担。伯灵顿公司在接到戴尔的清单后，在一个小时之内就能够迅速把货配好，及时送到戴尔。

这就是设立中转仓库的好处：戴尔的供应商不可能都在一个地方，只有建立中转仓库，才能保证每一个半小时送一次货。

客户没有下订单之前，戴尔中国客户中心的车间里理论上是没有工料的，每个零件进入戴尔的时候实际上已经有买主，一旦整台机器组装好，马上就可以发货运走，因此戴尔可以保持零库存。

特别需要注意的是：戴尔每一个半小时将清单发送给中转仓库的同时，还会发给供应商的总部，供应商会根据中转仓库里库存的变动情况确定要不要补货，并且根据这些信息安排生产。

这些还不是戴尔和供应商共享信息的全部内容。和其他厂家一样，戴尔对未来市场需求的认识也是从预测开始的。戴尔首先会给出未来一年的生产预测，供应商根据这一预测做产能的准备，然后戴尔会给供应商未来三个月的订货计划：要什么货、要多少，这些信息细化到每一周。

这些看起来没什么特别的，关键是戴尔能够根据实际的需求和生产情况随时进行调整。戴尔需要的零件总共有 5 000 多种，每天有成千上万台电脑的需求，每天需要的零件数多达几十万个，预测很难做到精准。但是戴尔一旦发现预测和实际情况有差距，马上就会进行调整。

戴尔的供应商每个星期都会收到更新的未来三个月的生产预测，对于一些需求变化比较大的零部件甚至一天就会更新一次预测。这不仅使戴尔在市场变化较大的情况下也能得到及时供货，供应商也可以根据实际情况安排生产，减少库存。"我不能不管我的供应商，如果供应商亏损，就意味着我们最终的整体利益会受到影响。"李元均说道。

戴尔根据市场需求不断调整自己的生产计划，并促使供应商也不断地调整生产计划，从而使双方的生产都在不断调整的过程中贴近市场的真实需求。在这个过程中，戴尔和供应商共享信息的程度如此之高，以至于它们就像一个整体一样运转，从而近乎完美地实现了戴尔虚拟整合的管理思想。

资料来源：http://www.ceconline.com/operation/ma/8800042074/01/.

研讨问题：

1. 为什么戴尔的数据中心每一个半小时统计一次订单？这主要是由哪些因素决定的？

2. 如果换成每半个小时或三个小时统计一次订单，对戴尔会产生什么影响？

3. 戴尔的公共仓库管理模式同供应商管理库存模式相比有什么不同？哪种更适合戴尔？

4. 既然戴尔的产品可以保持"零库存"，为什么还要进行未来一年的生产预测？

5. 戴尔根据市场需求不断调整生产计划，供应商也随之调整生产计划，从而像一个整体。这种虚拟整合的管理思想对供应商会产生什么影响？作为戴尔的供应商，会如何应对？

6. 从供应链系统角度分析，戴尔供应链的核心优势在哪里？我们如何评价或借鉴这一优势？

□ 案例研讨

每日优鲜的新零售布局

2018 年上半年，我国社会消费品零售总额达到 18 万亿元的规模，最终消费支出对经济增长贡献率为 78.5%，可以说内需和消费对我国经济平稳运行和高质量发展的作用越来越重要。2016 年新零售概念首次提出，经过短短两年的发展，新零售已经在各个行业茁壮成长。

现在通过网络和手机购物已经司空见惯，但是有一类商品大家可能更愿意去实体店购买，那就是水果和蔬菜，因为大家更看重的是新鲜还有品质。那么有没有可能足不出户就买到新鲜的水果和蔬菜呢？

30 分钟之前，刘胜男通过手机下单，买了一大堆吃的喝的，正聊天的功夫，快递员已经到家门口了。

今天是周末，刘胜男和男友特意约上两位老朋友到家里聚聚，知道大伙都爱吃小龙虾，刘胜男特意多买了几盒。

这些新鲜的水果、零食和饮料，是刘胜男从生鲜电商每日优鲜购买的，作为注册会员，她可以享受一小时送货到家的服务。

刘胜男平时最爱吃的，除了小龙虾就是各种新鲜水果。某个品种的西瓜，她以前经常买，甜度和水分都很足，自从体验了每日优鲜一小时到家的服务，刘胜男就很少去菜市场或者超市了。

以前，刘胜男都是到超市或者是门口菜摊购买，但什么时候有新鲜的蔬菜与水果就没准了，去得早才会有好的，去晚了可能就没有了。而网购生鲜的价格和超市里面的差不多，有时候可能还会更便宜。

和很多年轻人一样，刘胜男和男朋友平时工作都很忙，但是对生活品质的要求却不含糊，对吃的喝的更是特别在意。每日优鲜一小时到家服务很符合这些年轻人的口味和生活节奏，在下班路上就可以下单，自己到家商品也送到了。

消费者既要追求送货速度，还要保证新鲜和品质，对于外卖生鲜商家来说，这个生意并不好做。对于每日优鲜来说，货源来自全世界，用户遍布全国 20 多个城市，高度分散的货源和高度分散的用户如何进行高效匹配和衔接呢？

在北京市朝阳区的一个居民小区，成排的送货车和不时进出的快递员格外显眼。这是一个社区微型仓库，快递员从这里接单取货，并配送到周边 3 公里范围内的小区用户家里。从早上 7 点到下午 3 点，一位配送员已经是第 8 次来取货了。在他的配送车上，送的一般是水果、生鲜，还有饮料、冰激凌等。装好的这五袋，是五个客户的，他要在一小时之内，把这五袋全部给客户送到家里。这位配送员前脚刚走，新的客户订单又到了。

在每日优鲜亚运村配送站，站长刘习兴是这个小型配送仓库的负责人，从订单处理到拣货、打包、配送，他都要全程监控。用户都是实时下订单，用户手机 App 上买完了，他一分钟就能接到订单。大仓库每天通过冷链物流给这个配送站补货。这个配送站仓库大约有 150 平方米，分为常温区、冷藏区和冷冻区。商品分为 11 个大类，1 200 种库存单品。除了站长，还有 4 名打包员负责拣货，7 名快递员负责配送。

在仓库的常温区，主要存放标准包装的日用品；往里走是零食区，小食品都在这里；再往里走是冷藏区，主要存放蔬菜、水果和奶制品。鲜啤酒也存放在冷藏区，它的保质期只有 7 天。仓库最里面是冷冻区。最近上了一款小龙虾，卖得特别火，一天能卖 500 盒左右。

在分拣打包区，不同的品类会使用不同的打包盒和打包袋，以保证配送过程中保持足够新鲜，即在室外一个小时内温度是恒定的。

这样的仓库叫做微型前置仓，在北京有 300 个左右，主要分布在人口密集的居民区。每个仓库配送服务范围是周边 3 公里。这种前置仓模式，让仓库距离消费者足够近，保证了配送的速度和商品的新鲜度。但难点在于，备货多了，容易造成货品积压；备货少了，难以满足消费者需求。北京 300 多个前置仓的配货调度，总仓是如何进行的呢？

在位于北京市大兴区的总仓，冷链物流卡车来自全国各地，将各类生鲜食品源源不断运送到这里。在收货区，货物从产地直送到这里，在卸货之前，先要接受第一道检验。

每日优鲜华北区物流负责人金浩说：以苹果的检查为例，主要是看果的大小是否均匀、克重是否足、外观是否有损伤。

通过第一道物理检验，货物进入暂存区，等待化学检测的结果。在实验室，会有专业的化验人员进行化学检测，他们会对它的成分，包括农药残留、是否含有重金属等一系列细节进行检测。没有通过检测的货品，将被退回上游供货商。

经过物理和化学两道检测之后的货物，会被送到加工区，不同类型的生鲜在这里进行精细加工和分装处理，处理后被送到急速发货区。在急速发货区每一个吊牌和下面的划线区域，对应着北京城区的一个前置仓库，一共有 300 多个，每一个前置仓能够精确配置库存的秘密就在这里。

金浩说："可以看到我们每一个工作人员手上会有一个手持设备，所有的补货信息都会显示在设备上，可以通过大数据的算法进行优化，计算出每个仓要补多少货。比如说回龙观这个前置仓，它周边全是住宅区，它的水果肉蛋卖得就特别好，它相应的补货数量就会非常多。"

在中国生鲜领域，总仓+前置仓+快递的模式是一种大胆的尝试，虽然优化了用户体验，但是对于商家的供应链效率和成本控制却提出了巨大的挑战。在每日优鲜的北京总部，创始人徐正指出，目前前置仓生鲜配送模式，更多集中在一线城市，他们正在筹划将这种模式在全国快速复制。徐正说，计划在明年开始更多城市的扩张，计划2020年在100个城市有10 000个前置仓，为更多用户提供这样的服务。

徐正透露，通过前置仓模式快速占领市场只是第一步。未来，他们将依托前期积累的消费大数据，布局更多的消费场景。再往后也会开始布局门店，最终可以全场景为用户提供从门店到前置仓到终端售货柜这样一个完整覆盖的业态。

在他看来，每一次零售变革都是特定历史背景与消费升级的产物。20世纪50年代，美国消费升级，诞生了沃尔玛的大型连锁超市模式；70年代，日本消费升级，诞生了7-11的连锁便利店模式。从整体趋势来看，零售变革最重要的方向之一就是让消费场景不断靠近用户。

徐正认为，新零售的核心应该是商品更加精选，物流的送达速度更快。现在每日优鲜已经领先全球，目前叫次日达，未来将跨越到“极速达”，也就是所见所得，30分钟内，顾客要的东西就能收到。

对于新零售，徐正的理解是，一切以消费者为中心，通过技术和商业模式的创新，不断满足消费者需求，并优化用户体验。消费者真正满意了，赚钱是一件自然而然的事情。

徐正认为，商业的本质其实就是两件事情，一是考虑是否为用户创造了更多价值；二是在价值背后，效率是否得到了提升。从每日优鲜来看，目的是能够让用户足不出户一小时之内得到品质稳定可靠的生鲜商品。

徐正的想法也得到了调查结果的印证，中国经济生活大调查联合数字100市场调研公司的调查结果显示，对于网购配送到家，受访者感觉最舒适的接受时间是15～30分钟，选择比例是40%，其次是15分钟以内，选择比例是29%。与此同时，大调查发现，对于新零售的期待，受访者最关心的是消费便利、节省时间，占比高达63%；其次是优选产品，不用花精力去筛选，比例是54%；产品新鲜、价格适中、质量有保证选择的比例分别是46%，37%和27%。

研讨问题：

(1) 如何理解“消费者真正满意了，赚钱是一件自然而然的事情”？

(2) 每日优鲜为什么设定了在100个城市布局10 000个前置仓的战略目标？

(3) 针对自己熟悉的不同行业，研讨新零售的本质和核心是什么。

□ 本章思考题

1. 企业为什么需要保有一定的库存？
2. 水位原理是指什么？如何指导企业的库存管理活动？

3. 有哪些因素会影响企业的经济订货批量?
4. 安全库存水平对企业具有怎样的意义?
5. 企业可以采取哪些方法缩短提前期?
6. ABC 分类法与定位模型分类法有什么特点?二者之间有怎样的关系?

第 11 章

供应链资源管理系统

学习目标

1. 了解企业资源管理系统的基本构成；
2. 了解推动式生产方式与拉动式生产方式的区别；
3. 掌握平衡线技术和关键路径法；
4. 了解并探索适宜企业实际情况的预测技术。

本章要点

1. 推动式生产方式与拉动式生产方式的区别；
2. 平衡线思想；
3. 关键路径法；
4. 预测技术；
5. 互联网和电子商务环境下对战略、运营、供应链、物流管理等新技术提升管理价值的思考。

11.1 企业资源管理系统的组成

当今的企业资源管理系统是一个包含若干管理模块的综合系统，其中也包括供应链系统，如图 11－1 所示。运用信息技术实现对资源的有效管理，是企业信息化建设的重要目的。

从图 11－1 可以看到，传统的企业资源计划（enterprise resource planning，ERP）系统主要涵盖了物料需求计划（material requirement planning，MRPⅠ）、制造资源计划（manufacturing resource planning，MRPⅡ）、准时制生产方式（ju-

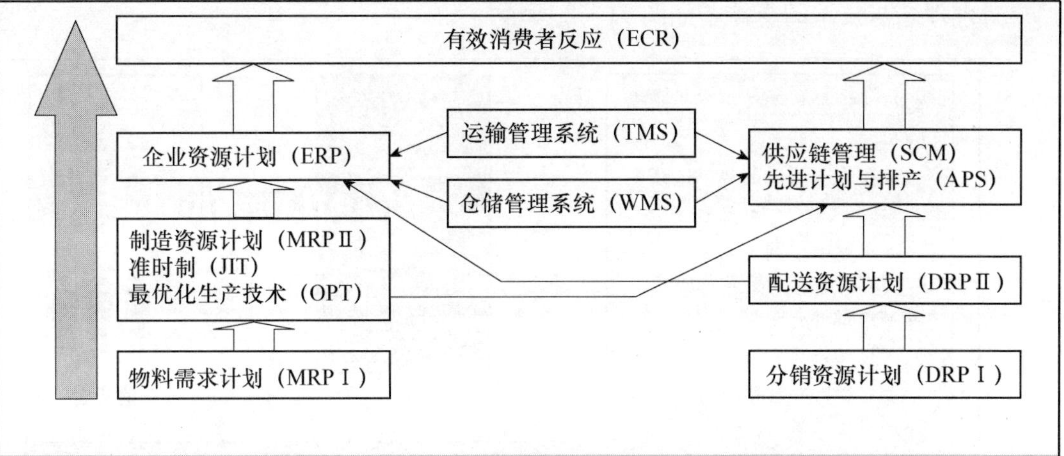

图 11-1　企业资源管理系统

st in time，JIT）、最优化生产技术（optimized production technology，OPT）等面向企业内部资源的管理功能。如今的 ERP 系统除了拥有这些管理功能和模块之外，还将分销资源计划（distribution resource planning，DPRⅠ）、配送资源计划（distribution requirements planning，DPRⅡ）、供应链管理（supply chain management，SCM）、基于供应链管理的先进计划与排产（advanced planning and scheduling，APS）、运输管理系统（transportation management system，TMS）和仓储管理系统（warehouse management system，WMS）等管理模块吸收进来。因此，当前的 ERP 系统面向的管理对象已经不只局限于企业内部资源，而是涵盖整个供应链网络的资源。

11.2　有效消费者反应

有效消费者反应（ECR）模式起源于 20 世纪 90 年代以后的美国食品零售业，这是因为对于食品而言，虽然成本很重要，但质量和交货期（影响保质期）更重要，要求也更高。因此，在食品零售业，如果没有食品生产企业与零售企业的良好合作，很难满足客户的高要求。

传统上，生产企业与零售企业往往会争夺在供应链上的主导权。例如家乐福控制着众多大型超市零售渠道，生产企业（供应商）如果想在家乐福超市中销售自己的商品，需要交不菲的进场费。供应链中成员之间地位的争夺，最终会影响消费者的利益，进而影响到整个供应链网络中各成员的利益。因此，不论是生产企业还是零售企业，都应该把供应链成员之间的关系作为整体来看待，“关注整体利益而非个体利益”是 ECR 模式的核心思想。

要围绕客户价值的创造来设计供应链，想方设法让零售环节和供应环节能够作为一个整体共同为提高客户价值而努力。要想实现这一目的，需要很多管理理念与技术的支撑，如图 11－2 所示。

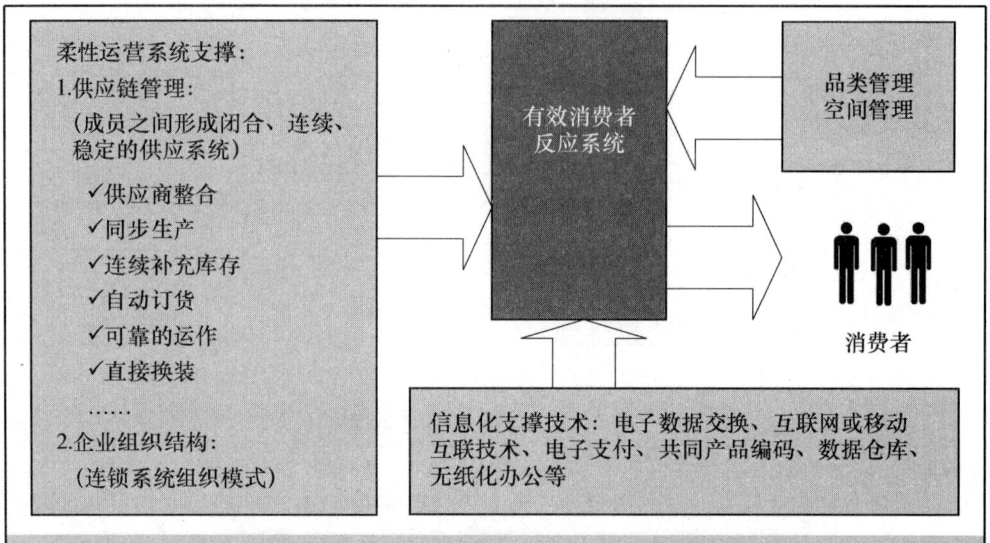

图 11－2　有效消费者反应模式的相关管理理念与技术

在图 11－2 中，左侧描述的是与供应商紧密相关的供应链系统，右下侧描述的是信息化支撑技术。除此之外，该模式还具有品类管理和空间管理两个创新性的管理理念。

11.2.1　品类管理

关于品类管理的重要性，有这样一个经典的小故事。

■ 沃尔玛某分店经理经常对其商品销售量进行跟踪，有一次他发现一个奇怪的现象：啤酒与纸尿裤的销量在周末总会出现相似比例的增长。他们立即对该现象进行分析和讨论，并派出专人在卖场内进行全天候观察。最后，他们发现啤酒和纸尿裤多为男性顾客在周末采购，而且购买这两种产品的顾客一般都是年龄在 25～35 岁的青年男子。由于他们的孩子往往比较小，因而他们会在下班后购买纸尿裤带回家，而周末是美国体育比赛的高峰期，喝着啤酒看比赛是大多数人的选择。这位经理从中受到启发，他对超市的物品摆放进行了调整，将卖场内原来相隔很远的婴幼用品区与酒类饮料区的空间距离拉近，同时将牛肉干等一些下酒食品也摆近一些，一年下来，营业额增加了几百万美元。

当然这只是一个故事，现实中我们光顾超市时，基本上不会看见啤酒和纸尿裤摆在同一货架或相邻货架区域，啤酒往往放在食品饮料区，而纸尿裤往往放在婴幼用品区。这是因为如今去超市购买纸尿裤的依然是女性居多，并且随着商品的逐渐丰富，纸尿裤的挑选余地也越来越大，善于购物和对宝宝呵护有加的女性一般不会将其购买权交给男性。

虽然这只是一个故事，并且该故事探讨的更多是营销层面上的问题，但它却反映了品类管理的思想。

对零售企业而言，品类管理的思想实际上体现在其日常管理活动中。比如，进货和货架上商品的摆放等都需要做计划，首先需要进行需求调研，以了解到底应该卖什么样的商品给顾客，然后在此基础上设计合理的品类计划：需要进什么货？摆在什么位置？如何让不同货品在摆设上相互搭配？如何定价？如何进行广告促销？

品类管理的目的之一，是要使自己的品类相对较为全面，能够满足顾客各方面的要求，提升客户价值。还有一点就是要使投资回报最大化。投入相关的人、财、物等资源进行品类管理，是为了赚取更多的利润，为此经常需要对一些两难的情境进行分析和抉择。比如，所销售的商品中有些利润非常高但销量小，而有些商品的利润低但需求量特别大，在摆放空间有限的情况下，销售需求量大的商品还是利润高的商品，是一个两难抉择。通过对市场调研后可能发现，实际上可以同时销售两类商品，通过销量大的商品将顾客吸引进来，间接促进利润高的商品的销售，这就是应用了品类管理的思想。

11. 2. 2　空间管理

零售企业在做好品类管理后，还需要做好空间管理，考虑空间如何设计、各类商品如何布置。比如，超市里的购物通道如何设计比较合适？不同品类的商品如何分区？区位如何设计？商品在货架上如何摆放？商品的空间位置不应该简单地由商家进场费高低来决定，而需要根据商品的销量、利润、品牌及生命周期等各方面的因素来综合考虑。

当然，考虑的因素还有很多，比如，如果某超市把纸尿裤和啤酒摆放在一起，那么前面故事中所说的男性顾客可能在选完啤酒后，顺手拿上纸尿裤就走了，不会再在超市里逗留。这样一来，超市里其他商品的销售就会受到影响，还不如让他们选完啤酒以后去找纸尿裤。所以，零售超市大多不会像前面故事中描述的那样，将纸尿裤和啤酒摆放到一起。

再比如，为了让顾客在超市多待一些时间，超市的出口和入口往往离得很远，而且出口较难找，需要走很远才能找到。结款台的设计也遵循同样的原则。如果在超市的四周都设置结账台，当然会大幅减少结账的排队现象，但商家通常会将结账台安排在一侧，这样能延长顾客在超市中走动的时间，而且当他们看到结账台排起长队时，还可能返身进行新一轮采购。

有效消费者反应的思想已经成为供应链中生产商、运输商、零售商等更好地满足顾客价值体验的基本思想，且不只限于在食品零售行业中运用。它是一种先进的管理思想，其先进性体现在信息技术在供应链管理中的高效应用。

沃尔玛通过信息化建设，大幅提升了效率，取得了明显的竞争优势。第4章提到的合作计划、预测与补给模式，是沃尔玛联合其上游若干供应商共同开发的联盟技术，其目的就是实现有效消费者反应。在先进信息技术的支持下，沃尔玛联合其供应商（如宝洁、惠普等）共同预测市场的需求，在此基础上开展运营以及进行补货，还允许供应商采取供应商管理库存的补给方式，从而保证店内的商品品类齐全、商品充足，同时库存也不会有太多积压。这是有效消费者反应模式的典型应用。

除了生产企业和零售企业，还需要物流配送企业的支撑，有效消费者反应的思想才能得以实现。我们需要将现代信息技术引入物流配送企业，比如可视技术、跟踪定位技术、云计算技术、移动互联技术等，使我们在信息平台上可以清楚地观察到货物的即时运转情况，及时发现和处理配送中的问题。

11.3 ERP系统中的主要功能模块

尽管ERP系统包括的管理模块多而复杂，但可以简单地按照推动式生产方式和拉动式生产方式将这些管理模块进行分类，这对于认识和用好ERP系统是很有帮助的。

推动式生产方式是指按计划进行生产，计划是建立在需求预测基础上的。这种计划式的生产方式在20世纪90年代以前较为盛行，因为当时产品不够丰富，只要生产出来基本就能卖出去，导致企业都按照自己产能的大小来决定产量。所以，推动式生产方式是根据需求预测和设备产能来计算原材料的需求，力图使自己设备的利用率达到最大。但是在买方市场中，企业之间的竞争加剧，如果仍然按照设备产能的最大化原则来组织生产，很可能会导致产品积压。因此，企业应用推动式生产方式的前提是需求的相对平稳与预测的相对准确，一般适合批量大、变化小的产品的生产，如第4章提到的功能性产品。

拉动式生产方式是指仅在原材料马上需要时才将其投入生产系统。丰田的JIT方式是一个典型的拉动式生产方式：在需要的时候，按照需要的量，把需要的东西生产出来，然后送到需要的地点。在JIT方式的整个生产过程中，由于是按需生产，所以库存大大降低。该方式适用于结构复杂、生产批量小、变化大的产品的生产，如第4章提到的创新性产品。

ERP系统中的诸多模块按照推动式生产方式和拉动式生产方式划分后，如图11-3所示。图中，越往右上角越偏向于推动式生产方式，越往左下角越偏向于拉动式生产方式。管理推动式生产方式的典型技术是制造资源计划技术。而对于拉动式生产方式而言，其极端情况是单件产品的生产，这种情形下需要用项目管理技术进行计划。其他的模块介于典型的推动式生产方式和极端的拉动式生产方式之间。

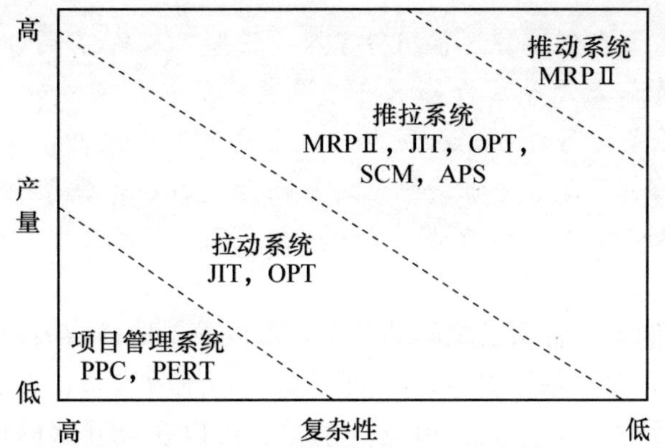

图 11－3 ERP 系统中的主要模块划分

11.4 项目管理技术

按需生产是拉动式生产方式的核心特点。当遇到单件或小批量复杂产品的生产时，可以运用项目管理中的思想与技术进行管理。项目管理的对象往往具有如下特征：首先，项目有明确的目标；其次，项目有明确的完工时间；再次，项目的资源是有限的；最后，项目管理过程往往没有经验可循。比如，修建三峡水电站时，以前没有建设过如此规模的水电站，无经验可循，同时又有明确的完工时间，所拥有的资源也是有限的。

企业在生产复杂的产品或提供复杂的服务时，往往具有上述特点。比如某家生产手提包的企业收到了客户定制手提包的订单，要求三天交货。该例中，有明确的完工时间限制，企业拥有的资源有限，以前没生产过这款产品，这些情况完全符合项目管理对象的特征，所以可以用项目管理的方法对生产过程进行管理。

11.4.1 项目管理中的关键路径

由于项目要利用有限的资源按时达成明确的目标，所以要把有限的资源用在关键性活动上。因此，首先要找到项目从开始到结束的整个过程中，到底哪些是制约项目完工的关键性活动。

实际上，这些关键性活动都位于关键路径上。因此，找到关键路径成为项目管理的一个核心问题。

本节将以下面这个生活中的小例子对这一核心问题做进一步说明。

■ 假设我们准备泡茶招待客人。已知客人20分钟以后到，因此需要在20分钟内将水烧开并且将茶泡好。泡茶之前必须完成的工作有烧水、找茶叶，然后再泡茶，另外在客人到达之前还要把茶杯洗好。烧水的时间是15分钟，找茶叶的时间是3分钟，泡茶的时间是5分钟，洗茶杯的时间是2分钟，且只由一人来完成这些活动。该如何在有限的时间里安排好各项活动呢?

上述例子中各活动之间的关系，可以简单地描绘为图11-4。从图中可以看出，从零时刻开始烧水，15分钟后烧开，然后泡茶，再过5分钟茶泡好了，正好客人也到了。至于找茶叶这一活动，可以在烧开水的过程中并列进行。洗茶杯则可以在烧开水和泡茶的整个过程中并列进行。从图中可知，该项目从开始到完成需要的最短时间为20分钟，体现为图11-4粗线所示的路径，该路径即为关键路径，其上的活动就是关键性活动。

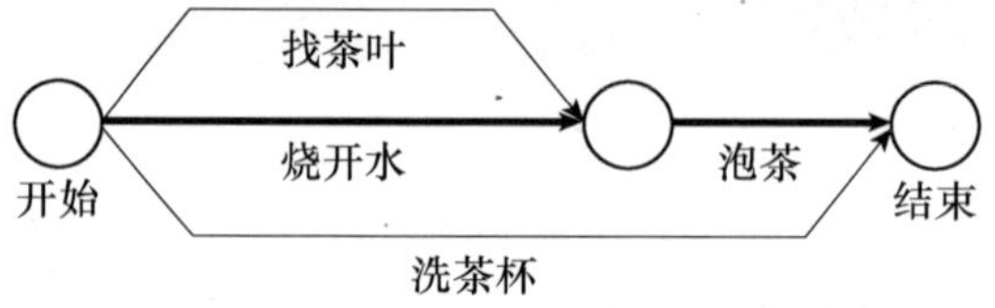

图11-4 各项活动之间的前后关系

11.4.2 如何找出关键路径

既然关键路径如此重要，那么如何才能找到关键路径呢？这里以图11-5所示的项目网络图为例进行分析。

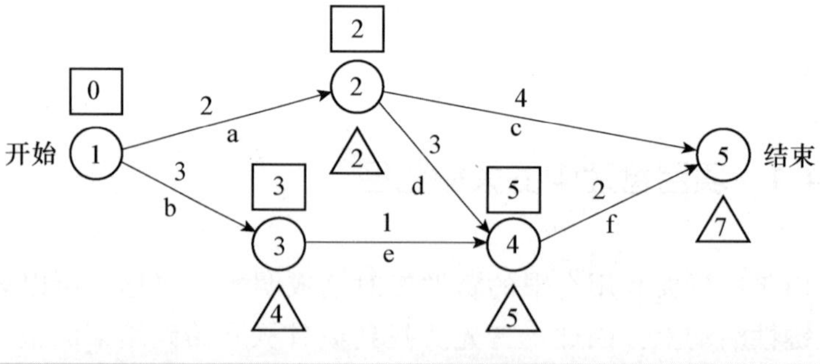

图11-5 项目网络图

如图11-5所示，从项目开始到结束有若干工作，每条箭线代表一项工作，箭线下的字母是工作代号，箭线上的数字代表工作耗费的时间（如a工作耗时为2，b工作耗时为3)，箭线两端的圆圈代表工作的开始点和结束点。

求关键路径的方法如下：首先，将每个工作的最早开始时间标注在每个工作开始点上方的正方形格子中；然后，采用倒推法将每个工作的最迟结束时间标注在每个工作结束点下方的三角形格子中；最后，找到上方正方形格子和下方三角形格子中数字相等的节点，就是关键路径经过的节点。

以图 11－5 为例，项目从开始到结束共需完成 6 项工作，分别用 a，b，c，d，e，f 表示。从图中可以看出，项目从开始到结束共有三条路径：第一条是 a，c；第二条是 a，d，f；第三条是 b，e，f。我们需要求出这三条路径中哪一条是关键路径。

求解时，首先将每个工作的最早开始时间标注在每个工作开始点上方的正方形格子中，如 a 工作和 b 工作的最早开始时间为 0，c 工作和 d 工作的最早开始时间为 2，e 工作的最早开始时间为 3；然后，采用倒推法将每个工作的最迟结束时间标注在每个工作结束点下方的三角形格子中，如 f 工作和 c 工作的最迟结束时间为 7，d 工作和 e 工作的最迟结束时间为 5，a 工作的最迟结束时间为 2；最后，发现节点 2 和节点 4 的上方正方形格子和下方三角形格子中的数字相等，那么经过这两个节点的路径就是关键路径，即第二条路径 a，d，f 为关键路径，从而也知道了项目的最短完工时间为 7。

11.4.3　项目管理中的资源协调

关键路径上各活动所需时间的总和是整个项目完工的最短时间，其上各个活动的起止时间是紧密衔接，不能再进行调整的。但是，非关键路径上各个活动的起止时间是可以调整的。

如图 11－6 所示，c 活动只要在 2～7 时刻之间完成即可，b 和 e 活动只要在 0～5 时刻之间完成即可。可以看出，非关键路径上的活动可以在某个时间范围内进行调整，从而调节资源的分配。做任何工作都需要人、财、物等资源的耗费，在资源有限的情况下，将不同工作错开做，可以减少资源的耗费，节约项目的成本。

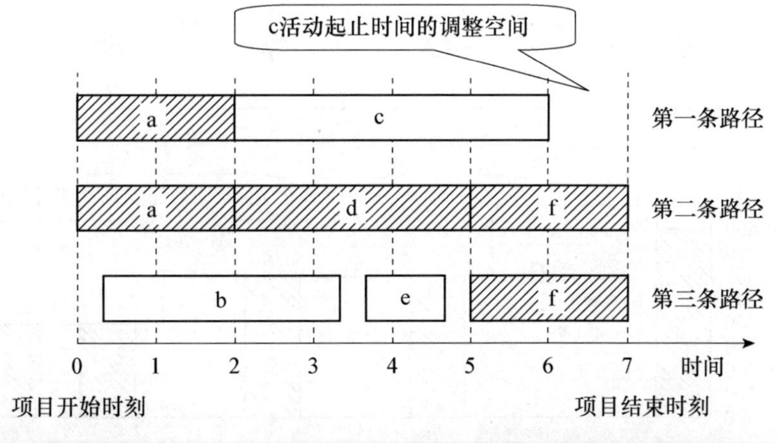

图 11－6　非关键路径上活动的起止时间的调整空间

11.5 推动式生产方式

推动式生产方式是在市场需求预测的基础上制定生产计划并开展生产的模式。预测越准确，计划就做得越好，将来给企业带来的效益增长和成本节约就越多。准确的需求预测是建立在准确的在制品记录、库存记录、位置记录等信息基础上的。有了良好的物资跟踪和数据采集技术，准确获取企业内外部及整个供应链系统运行过程中的物资流动情况和库存水平就变得十分便捷。

例如，由于目前我国物流行业不规范，很多第三方物流企业的服务理念、管理水平落后，人员素质较低，无法在电子商务高速发展的时代给客户带来满意的购物体验。因此，包括京东商城、当当网、天猫等在内的电子商务企业都在实行一项重大战略举措，就是用先进的信息技术改造传统物流业，以使其适应电子商务市场发展的要求。比如，利用现代信息技术构建的物流配送系统，使得物资什么时候入库、由谁入库、由谁发货、配送路径、如何结算等一系列活动都能够在系统平台上显示。

11.5.1 推动式生产计划如何编制

平衡线（line of balance，LOB）是生产计划编制的基础。我们通过下面这个例子来理解平衡线。

某企业生产中国传统服装，假设客户要求第8周末交货400件、第10周末交货200件、第14周末再交货300件。根据图11－7上半部所示的服装生产流

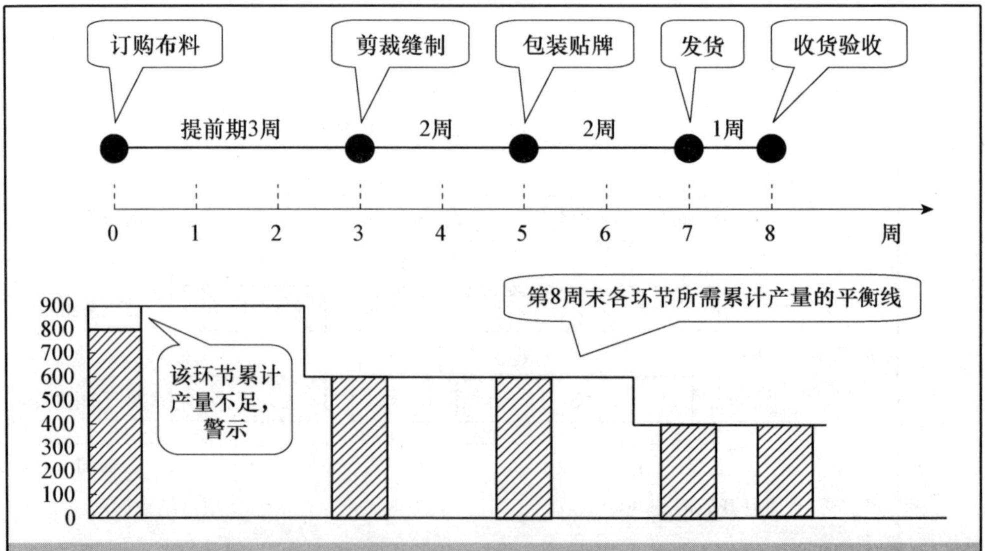

图11－7 平衡线是生产计划编制的基础

程，可以得出任意时间点服装生产流程各个环节上所需累计产量的平衡线。图 11－7 下部所示为第 8 周末企业检查生产流程各环节累计产量的平衡线。

按照图 11－7 中所示数据，在第 8 周末考察订购布料环节时，发现累计订购了 800 件服装的布料，无法满足第 14 周末再交货 300 件服装的生产计划，就要发出警示，提醒采购人员紧急订货。

上述平衡线的思想也就是倒推法编制生产计划的方法，只不过对于产品众多、流程复杂的生产过程而言，该倒推过程更加复杂一些而已。显然，倒推的前提是需要有明确的需求或者较为准确的市场需求预测。比如，上述服装企业预测第 18 周末将有 300 件的需求量，就可以通过该方法倒推未来每一周每一环节需要的累计产量，这样生产计划自然就可以编制出来。

11.5.2　推动式生产方式中的问题

由于推动式生产方式更多地关注企业产能利用的最大化，因此企业更加注重如何提高流程中各环节的产量和生产率的问题，容易造成生产出来的产品过多、库存居高不下等问题。同时，一旦某环节出现产能不足、机器发生故障或者其他紧急状况，就会导致大量在制品库存积压、最终产品不足的现象。为了应对这一问题，企业可能会采用提高库存的方法加以应对，进一步导致高库存。然而，通过提高库存来弥补生产过程中存在的问题并非长远之计，高库存水平带来高成本，还不能解决生产环节中相互衔接方面的问题，一旦需求或环境发生变化，就会给企业带来巨大的损失。因此，企业应该将注意力集中于解决流程中的问题，而不应该通过增加库存来短期解决当前的问题，这一点非常重要。

11.6　拉动式生产方式

与推动式生产方式相反，拉动式生产方式是以减少库存和消除预测误差为特征，往往适用于结构复杂、生产批量小、变化大的产品的生产过程。

丰田的 JIT 生产方式是典型的拉动式生产方式：企业按需生产，生产完成后马上送到下游客户手中，因此生产过程可以实现“零库存”。由于是在需要时生产，不需要时不生产，所以产能利用率相对较低。为了应对这一问题，丰田在提出 JIT 生产方式的时候，既考虑了降低库存水平的问题，又考虑了尽量提高产能利用率和人员使用率的问题，给出了很多有创造性的方法。

比如，把以前直线型的流水线改成 U 型就是一个经典的例子。假设原先直线型流水线上操作三台设备需要 3 个工人，改成 U 型以后只需要一个工人即可完成。该工人位于 U 型生产线的中心操作三台设备，人员的使用率得到了提升。但前提是这名工人必须有能力同时操作三台设备，需要提高员工素质。

JIT生产方式不仅强调消除浪费，而且强调不断改进和优化整个生产流程。JIT生产方式中的技术很多，比如人们熟知的看板管理方式就非常经典，即产品是否生产是由下一道工序决定的，相关的信息如什么时间需要、需要多少、要送到什么地方等都写在板子上，方便各工序之间相互衔接，从而降低库存。与早期的看板方式不同，目前都采用电子化屏幕或智能化信息系统进行提示。

相对而言，拉动式生产方式更加强调质量控制和全员参与。由于流程中的库存水平较低，流程中的问题更容易暴露并及时得到解决，因此整个企业的运营效率与效果得到提高。

尽管拉动式生产方式优点较多，但现实中企业不可能完全抛弃推动式生产方式，实现拉动式生产方式，如果按照理想状态来组织生产，一旦出现问题时没有库存，是非常危险的。这也是为什么在ERP系统中依然还有MRPⅡ等推动模块。

第4章分析供需的匹配与协调时曾介绍过客户订单分离点的思想。在客户订单分离点的前后，需要构建两种不同类型的供应链网络。客户订单分离点的上游应该构建有效型供应链网络，有效型供应链网络最好采取推动式生产方式，因为这种计划式的生产方式可以实现批量生产、降低成本，这是实现有效型供应链网络的前提。而客户订单分离点之后则可以采取拉动式生产方式，以便快速响应客户需求的变化。可见，在当前的企业经营管理活动中，推动式和拉动式生产方式都需要，要根据企业的实际生产经营情况进行选择。

11.7 最优化生产技术

推动式生产方式是建立在预测基础上的，其刚性较强，一旦对市场需求预测不准，就会产生较大的问题。另外，按照产能最大化原则生产的这些产品不一定全部能够销售出去，容易导致库存积压。而拉动式生产方式的柔性较强，企业的产能无法得到最大化利用，而且对企业人员的素质要求较高，因此也会面对很多困难。

最优化生产技术可以调和推动式和拉动式两种生产方式各自面对的问题。该技术的核心思想认为，企业在考虑如何最合理地安排生产时，需要首先找到生产过程中的瓶颈。瓶颈不能突破，其他环节无论如何努力也没用。比如某生产线上有按照工序配置的三台设备，其中一台设备发生故障，产能下降到原来的一半，那么这台设备就成为瓶颈。因此，最优化生产技术要求首先把瓶颈环节找出来，以此作为管理的突破口。由此，就产生了约束理论（theory of constraint，TOC）。

11.7.1　约束理论

约束理论指出，生产过程是由流程组成的，应该重视各个流程的平衡，即处理好流程之间的衔接。非瓶颈环节的利用水平由流程中的相关约束因素决定，并非由企业产能决定。即便企业产能再大，突破不了瓶颈的制约也是不行的，所以，应深入梳理流程中到底存在哪些瓶颈。企业应该把有限的资源往瓶颈环节转移，瓶颈环节微小的时间节约也会给企业带来很大的收益。正如我们熟知的木桶原理描述的那样，木桶的装水量是由最短板决定的，该最短板就是木桶的瓶颈。

11.7.2　寻找并解决瓶颈问题

找到瓶颈对企业的运营至关重要。一般地讲，在企业所提供产品或服务供不应求的情况下，流程中哪个环节等待处理的对象最多，就是最关键的瓶颈环节。简单地讲，出现排队的环节往往就是瓶颈环节。

解决瓶颈问题的一个重要思路是鼓-缓冲器-绳子（drum-buffer-rope，DBR）原理，如图 11－8 所示，敲鼓的速度代表企业的生产节拍，它会受到瓶颈的限制。如何解决瓶颈的限制呢？可以在瓶颈前放置缓冲库存。第 4 章的仿真机器人的例子中曾提到，企业应在生产周期较长的环节之前设立一些战略储备，这实际上就是缓冲库存。

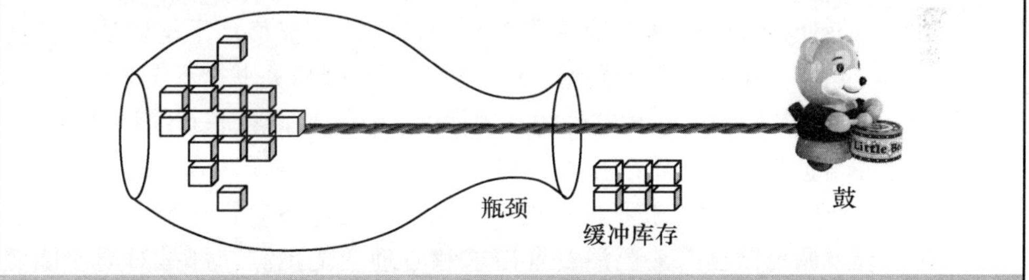

图 11－8　鼓-缓冲器-绳子原理示意图

例如，某企业向下游医药行业提供液体过滤集成控制系统。该系统需要阀门、过滤器、控制装置等各种零部件，其中部分零部件从供应商采购，另一部分由企业自己生产。由于企业采取按销定产的方式，在接到客户订单以后，往往发现自己的产能不足。经过分析后发现，该企业接到的订单实际上可以划分为两类：一类是靠通用零部件组装即可完成的订单，另一类则需要生产定制零部件才能组装完成。因此，可以在影响产能的瓶颈环节之前设定适当的通用零部件缓冲库存，而预留更多的产能应对定制零部件的生产。

11.8 ERP系统的应用

众所周知，作为企业管理信息化技术的代表，ERP系统可以给企业带来很多好处，但如何用好ERP系统是一个值得深入探讨的问题。

比如，企业运营管理中如果出现了问题，我们应该改变现有流程还是调整ERP系统的参数？通常，改变流程是更有益的，这样可以从根本上解决企业面临的问题，有利于企业的长远发展。再比如，现实中员工掌握和运用ERP系统的能力往往不足，特别是缺乏对ERP系统本质的理解，以为ERP系统只是企业传递和记录信息的工具，而没有认识到它更是辅助管理决策的重要工具。此外，需要转换员工陈旧保守的观念，让他们接受ERP系统。比如，很多习惯于手工编制计划的人员，会对自己不熟悉的ERP系统产生抵触情绪，这是需要加以解决的问题。

用好ERP系统有几个前提，比如提升员工能力，进行准确的信息采集和录入工作等。而要想更好地发挥ERP系统的辅助决策功能，就必须准确设定系统的参数，让它符合企业具体管理情境的要求，其中一个非常重要的方面就是要做好需求预测。

11.9 预测方法与技术

预测是一门较为深奥的学问，除了定性预测方法外，简单常见的定量预测方法有最佳拟合线方法、简单移动平均数法、加权移动平均数法、移动指数加权法、趋势和季节性调整预测法等，读者可参阅相关书籍系统学习这些方法。

图11-9展示了几种常见的有规律的变动趋势。在非直线趋势中，周期性变化趋势是企业在经营管理中会经常遇到的情形，必须认真对待和加以预测。比如，企业的销售预测和采购预测、宏观和微观经济运行环境预测、物价变动预测、政策调控预测，甚至消费者需求和心理变化预测，都是对周期性变化趋势的预测。

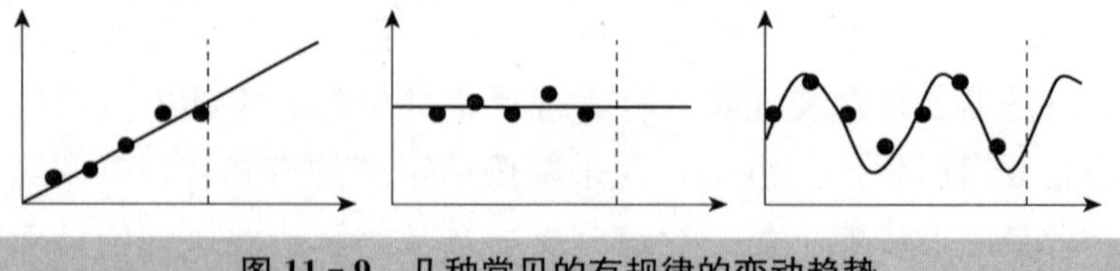

图11-9 几种常见的有规律的变动趋势

有规律的周期性变动趋势如图11-10所示，可以看出，可预测的周期性变化趋势，其中心线的趋势是按一定规律变化的。因此，可以通过对中心线趋势的预测，间接预测周期性变化值。比如，某产品过去 4 年的需求状况如表 11-1 所示，则第 5 年第 2，3，4 季度的预测需求量应该是多少？

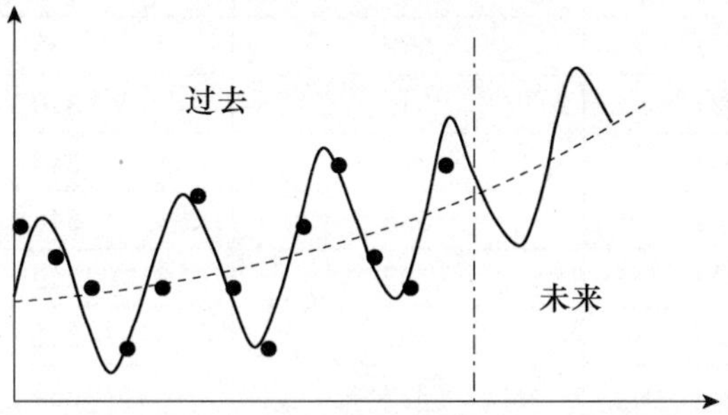

图 11-10 有规律的周期性变动趋势

表 11-1 某产品过去 4 年的需求量状况

第 1 年	需求	第 2 年	需求	第 3 年	需求	第 4 年	需求	第 5 年	需求
第 1 季度 Y1（Q1）	328	第 1 季度 Y2（Q1）	316	第 1 季度 Y3（Q1）	319	第 1 季度 Y4（Q1）	332	第 1 季度 Y5（Q1）	348
第 2 季度 Y1（Q2）	356	第 2 季度 Y2（Q2）	335	第 2 季度 Y3（Q2）	348	第 2 季度 Y4（Q2）	360	第 2 季度 Y5（Q2）	?
第 3 季度 Y1（Q3）	366	第 3 季度 Y2（Q3）	356	第 3 季度 Y3（Q3）	361	第 3 季度 Y4（Q3）	373	第 3 季度 Y5（Q3）	?
第 4 季度 Y1（Q4）	330	第 4 季度 Y2（Q4）	323	第 4 季度 Y3（Q4）	335	第 4 季度 Y4（Q4）	346	第 4 季度 Y5（Q4）	?

预测时，首先求出每年每季度需求量中心线的变动趋势数据，如表 11-2 中第三列数据所示。其计算方法为：首先，求出每四个连续季度的需求平均数，如（328＋356＋366＋330）÷4＝345，（356＋366＋330＋316）÷4＝342，（366＋330＋316＋335）÷4＝337，依此类推；接着，求出每季度时间点上的中心线变动趋势，如（345＋342）÷2＝344，（342＋337）÷2＝340，依此类推。在此基础上，计算出每季度时间点上的需求偏差，如表 11-2 中第四列数据所示。通过表 11-3 计算出修正后的季度偏差。

表 11-2 需求量变动趋势计算（括号中数值为预测值）

年（季）	需求	中心变动趋势	季度偏差
Y1（Q1）	328		
Y1（Q2）	356		
Y1（Q3）	366	344	＋22
Y1（Q4）	330	340	－10
Y2（Q1）	316	336	－20
Y2（Q2）	335	334	＋1
Y2（Q3）	356	333	＋23

续表

年（季）	需求	中心变动趋势	季度偏差
Y2（Q4）	323	335	−12
Y3（Q1）	319	338	−19
Y3（Q2）	348	340	+8
Y3（Q3）	361	343	+18
Y3（Q4）	335	346	−11
Y4（Q1）	332	349	−17
Y4（Q2）	360	352	+8
Y4（Q3）	373	355	+18
Y4（Q4）	346	（358）	
Y5（Q1）	348	（361）	
Y5（Q2）	（371）	（364）	（+7）
Y5（Q3）	（388）	（367）	（+21）
Y5（Q4）	（360）	（370）	（−10）

表 11-3 季度偏差计算

	第1季度	第2季度	第3季度	第4季度	修正总计
第1年			+22	−10	
第2年	−20	+1	+23	−12	
第3年	−19	+8	+18	−11	
第4年	−17	+8	+18		
总计	−56	+17	+81	−33	
平均	−19	+6	+20	−11	+4
第5年修正后的季度偏差		+7	+21	−10	

预测需求量时，首先根据表11-2中第三列的中心变动趋势进行预测，本例中，预测每季度增加3，预测值见括号中的数字；然后，将季度偏差加到相应季度的中心变化趋势的数值上，从而得出最终的需求预测值，如表11-2第二列括号中的数字所示。

当然，在企业经营管理过程中会遇到很多不确定性，科学的预测方法也只是决策的一个辅助工具。在某些情况下，直觉也是进行决策的重要手段，而良好的直觉来自经验的总结和积累。

11.10 新信息技术提升管理价值

不论是试图运用资源管理系统对企业的供应链资源进行全面管理，还是想更好地发挥各种资源管理技术的辅助决策功能，一个基本的前提是企业必须拥有对内外部各类信息和知识的快速获取、高效传递以及海量分析处理的能力。这无疑给企业的信息化、数字化建设提出了新的挑战和要求。

随着互联网、物联网、大数据、云计算、区块链、物理网络等新技术的兴起和快速发展，企业的信息化、数字化建设有了新的手段和途径，许多企业借助这些技术搭建了新的企业供应链管理平台。与传统管理平台相比，它在提高响应速度、增加知识积累、提高资源利用效率、提升工作效率以及变革与转型方面具有明显的优势。

随着社会的发展和科技的进步，越来越多信息领域的新技术必将在企业资源管理中发挥重要的作用。企业应该努力尝试将这些先进技术与企业管理相结合，探索出更多能提升企业管理信息化水平的途径与方法。

案例研讨

优衣库独特的经营策略

混搭是将不同风格、不同材质的衣服，按照个人的品位搭配在一起，打造出个性化的着装风格。有一个品牌的服装，售价不过百八十元人民币，但常被用来和香奈儿、LV 等顶级品牌搭配，而且这个便宜的品牌经常被很多高端服装杂志隆重推荐，这就是优衣库。

优衣库是日本排名第一的休闲服装品牌，创立 30 多年，每年都会推出几百种新款服装，而且每种款式的颜色多达十几种。这些服装的样式一般都较为简约，但是能与各种服装混搭，穿几年都不过时；更重要的是便宜，一件 T 恤只需几十元人民币，一件衬衫只要一二百元人民币。仅 1999 年，优衣库就售出了 3 亿件休闲服装。

在当今这个极其讲究品牌的时代，优衣库如何能成为有钱人和普通人都会选择的品牌呢？

当我们拿到任意一件优衣库的服装，翻遍衣服的所有地方，除了洗标之外，几乎找不到品牌的任何 LOGO。在商家都极力宣传自己品牌标志的今天，很多人都觉得优衣库的这种做法很奇怪，但这正是优衣库成功的奥妙之所在，正因为隐藏了品牌的标识，优衣库才能实现和任何衣服、任何人群搭配，才能让各层次的人群都喜欢。

优衣库的创始人柳井正性格强硬、脾气古怪。2009 年，60 岁的柳井正把自己的店开到了法国巴黎。巴黎是世界著名的时装之都，引领欧洲甚至世界的时尚潮流。优衣库不仅把店开到巴黎，还把旗舰店设在巴黎最为繁华的商业街，而且店铺面积高达 2 150 平方米，和世界著名的百货公司老佛爷为邻。老佛爷百货是欧洲最豪华、最气派的百货公司，开设于 19 世纪末，销售世界上几乎所有的时尚品牌，每年都吸引无数的顾客。而优衣库的一件 T 恤只卖几十元人民币，衬衫不过一二百元人民币，柳井正却敢把店面选在每平方米租金高达几千元人民币的黄金地段，需要卖多少件 T 恤才能赚回房租？很多人认为这是自寻死路。

其实，这已不是柳井正开的第一家旗舰店了。2006年，他在纽约百老汇的对面开设了一家面积3 300平方米的旗舰店，之后在伦敦最繁华的商业街牛津街开设了一家三层楼的超级旗舰店。在日本，他把店直接开到了爱马仕对面，与爱马仕动辄一件衣服上万元人民币形成了鲜明对比。很多人都在质疑柳井正的这种行为，但是柳井正坚信自己的经营理念，他一直把优衣库的产品定位为服装的零配件，可以和任何一流的服装品牌自由搭配，因此就应该在一流品牌云集的地方开店，这样才能体现出优衣库的特性。

和顶级奢侈品牌为邻究竟给优衣库带来多少利润，这个数据无法统计。我们所知道的是，在经历了2008年的金融危机之后，2009年柳井正的个人财富不但没有缩水，还增长了31亿美元。2008年、2009年连续两年，柳井正都被《福布斯》评选为日本首富。

1972年，柳井正接手父亲的小郡商事服装公司。虽然柳井正经营得很努力，但结果让他十分沮丧。当时日本正处于经济大发展时期，许多企业都在日新月异地发展，他的企业却发展缓慢，这让柳井正感到巨大的压力。然而一次偶然的美国之行，让这个小企业迅速成长为日本服装界的巨人。

1982年，柳井正到美国去考察，发现美国大学校园都在销售CD，采用的是开架仓储式销售方式，顾客可以在货架前自由选购，就像现在在超市中购物一样。柳井正心中为之一动，CD可以这样销售，服装为什么不能呢？为什么就不能让人们购买衣服就像购买日用品一样，推着购物车在超市里自由选购呢？回到日本之后，柳井正立即着手调整产品结构，开始生产休闲类服装，并把设计中心设在纽约，把生产地设在中国，设在日本山口县的总部只负责研究商品资讯和销售趋势。

对于柳井正的决定，当时公司里很多人持反对意见，因为1984年日本经济增长率达到3.9%，这是1981年以来的4年中最好的一年，而且人们已经普遍拥有了很强的品牌意识，在这个时候向高端品牌发展似乎更加符合企业发展的常理。但是，柳井正偏偏选择在日本经济较为繁荣的时期进入平价休闲服装市场，很多人都觉得不可思议。

1984年，也是柳井正接手小郡商事的第12年，第一家优衣库商店在日本广岛正式开业。为了聚集人气，吸引顾客，柳井正对前来购物的顾客免费提供早餐——面包加牛奶。这一招吸引了大量顾客，开业那天早晨六点就有人来排队，店员觉得商店都快被挤爆了。此后很长一段时间，每天早晨总有不少人聚集在优衣库商店门前排队领早餐。

在美国设计，在中国加工生产，然后以非常低廉的价格在日本销售，这种如今看来丝毫没有新意的理念，在1984年却为优衣库品牌打下了根基。1998年10月，优衣库推出了十几种不同颜色的摇粒绒成衣。这种衣服面料轻薄、保暖，且具有速干性，关键是价格很便宜，当时只卖1 990日元，相当于200多元人民币。那一年仅是这款衣服就卖出了200万件，第二年卖出了850万件，第三年更是卖出了2 600万件。

在日本这个极端看重品牌的国家，柳井正只花 3 年时间就让国民相信，便宜也有好货。在柳井正创立优衣库的那个时期，日本服装市场上要么是昂贵的高档服饰，要么是粗制滥造的低档服装，而低价高品质的休闲服装还是一个空白，是当时的蓝海。

优衣库不仅是对销售理念和销售模式进行创新，在生产上也总结了一套适应快速发展的方法。优衣库虽然没有自己的成衣生产工厂，但是为了保证质量，优衣库向全球 70 家合作工厂派遣技术人员，提供最先进的技术支持，这些技术人员都有着在日本国内超过 30 年的纺织行业从业经验。通过他们，优衣库向合作工厂传授从纤维编织，到纺织印染，再到缝制成品等一整套生产管理技能。同时，为了使生产顺利进行，优衣库还采用了丰田的 JIT 模式，即每周实时监控销售商的订购单，根据对监测数据的分析制定产量。通过这种方法，优衣库基本没有多余的库存。如果总部预测某款产品将出现销售下滑，并不会让生产线停止工作，而是会使用相同的材料生产完全不一样的产品。比如，如果预测羊绒衫的销售量会下滑，就会立刻将生产羊绒衫的材料调整为生产羊绒围巾。通过一系列的手段，柳井正把优衣库打造为日本第一休闲服装品牌，他自己也成为日本首富。

当然柳井正也不是无往不利，也面对过窘境。看到优衣库平价服装大受欢迎，2002 年很多老牌百货商场先后推出了和优衣库相同款式的服装，有些价格甚至更低。惨烈的竞争让优衣库的业绩大幅下滑，2002—2003 年间，优衣库在日本本土的销售额仅为上一年的六成。如果只拼价格的话，可能会陷入和其他品牌无休止的价格战漩涡中，幸好当时柳井正及时认识到，对顾客来说比低价更难拒绝的是海量的设计。

为了扭转困境，柳井正开始在舒适特性的基础上把时尚元素带入服装设计和营销中，与时尚杂志合作开发联名商品，甚至不惜重金邀请世界一流明星来代言。不仅如此，柳井正还请公司外的设计师来联合设计。以每年夏天推出的印花 T 恤系列为例，往往达到几百款的设计量，各有主题。喜欢打游戏的可以买经典电脑游戏系列；喜欢看动画片的可以买米老鼠系列；喜欢看电影的可以买明星系列，等等。总之，只要走进优衣库的大门，大多数人抵抗不了海量设计的冲击，总有一款适合你。2010 年柳井正邀请已经归隐多年的极简设计女王吉尔·桑达担任优衣库的创意总监，这无疑成了当年时尚圈的重磅炸弹，消息一出资本市场上就有了反应，优衣库母公司的股价大涨 8.6%。不久，由吉尔·桑达设计的系列产品在美国全面上架。这个系列中的产品包括女装、男装以及配饰，起价很便宜，只有 19.5 美元，最昂贵的单品也不过 149.5 美元，而且风格依然是吉尔·桑达 40 年如一日的那种低调极简，颜色也是她平时惯用的黑、白、蓝、灰。

仅仅经历了一年多惨淡的日子，凭借引入时尚元素，聘请顶级设计师，柳井正就带领优衣库又一次登上日本服装销量的顶峰。现在，为了捕捉最新的流行款式，优衣库在潮流前沿，比如东京、纽约、巴黎、米兰等地都设立了研发中心，其主要任务是寻找下一季的流行元素，在此基础上研发新产品。

2001年，优衣库进入中国，面对中国庞大的消费市场，仅仅开设几十家店满足不了消费者的需求。因此，在加快开店速度的同时，柳井正还和淘宝签约。淘宝网店开张不到两周，销售量就突破了3万件，五个月之后，网上单日交易额就创纪录地达到55万元人民币，优衣库也成为淘宝网第一服装店。

资料来源：央视财经频道《商道》节目，有改编。

研讨问题：

1. 优衣库的竞争力体现在价值链的什么环节？
2. 优衣库的供应链构建和管控模式有什么特点？
3. 优衣库是如何实现其产品的市场定位的？
4. 优衣库为什么要采用JIT模式？
5. JIT模式适用于什么样的企业？
6. 从优衣库应对价格战的思路中能得出什么结论？
7. 优衣库和Zara的运营模式有什么区别？

□ 案例研讨

良品铺子的新零售策略

2016年11月11日凌晨1点11分，家在深圳南山区的李先生在付完良品铺子礼盒尾款的11分钟后，就听到了快递小哥的敲门声。这是国内休闲零食第一品牌良品铺子与天猫合作，2016天猫“双十一”O2O第一单。良品铺子“双十一”战报显示，“极速达”+门店外卖方式的O2O方式，在“双十一”当天给良品铺子带来高达200万元的销售额。

良品铺子作为能率先做到线上线下、天猫等全渠道系统运营的传统零售品牌，其背后是长达2年多的多方位筹备新零售前后台基础设施。

2016年的“双十一”，良品铺子整体战略是“新零售”“全球化、全娱乐、全渠道”，同时确保物流快递效率的“三合一”行动方案。在良品铺子全渠道规划中，最具颠覆性的玩法就是联合阿里一起试水“极速达”和“云货架”的新业务，即“线上下单、门店发货”“门店扫码、物流发货”。

以云货架为例，良品铺子首先在门店（门店扫码购买线上产品）对产品预售，在后台查看预售情况，根据订单所在地分布，准备商品，安排物流。“双十一”大幕开启后，消费者付完尾款，即可第一时间进行配送。

具体来说，良品铺子在全国2 000家门店中精选517家门店做“双十一”的尝试，消费者进入良品铺子天猫旗舰店，挑选“极速达”商品和其余的商品，下单后根据消费者收货地址，系统自动匹配周边门店，天猫物流配送“极速达”团队会在2个小时内在就近良品铺子门店取货后送到消费者手上，非门店的商品正常通过电商快递渠道送给消费者。良品铺子拥有天猫“极速达”优先配送服务，这正是实现2016 年“双十一”深圳李先生 11 分钟后就拿到下单零食的新零售后台基础设施。

从统计数据来看，“极速达”＋门店外卖方式的 O2O 方式，在“双十一”当天为良品铺子实现了 200 万元的销售额。这种方式落地第一天，成绩很可观。

但比业绩数字更重要的是这个模式的走通的意义和示范作用。517 家门店外卖模式＋“极速达”团队的配合，加上系统自动匹配推送，这个模式混搭了内部运营系统基本算法，外部配送团队支持，最终实现消费者最极致的购物体验。“双十一”不用为收货堵车焦虑，相反，给消费者带来血拼后闪电收货的极致购物体验，这正是一种新零售方式探索的落地。

在业内人士看来，O2O 线上线下融合，是所有企业迈向新零售的必经之路，无论是线上企业走向线下，还是线下企业电商化。良品铺子能率先在业内走通这个模式，非常值得关注。作为地处中国华中地区起家的全国最大的休闲零食企业，良品铺子不仅在产品开发和品牌推广促销上有着中国零食企业最活跃、最创新的玩法，而且它们从线下门店起家，再探索线上电商、社交电商，一直都走在行业的前头。

事实上，马云所提到的新零售，并非简单的线下的企业走到线上，线上的企业深入线下，进而结合现代的物流。没有深入整合和再造的 1＋1 未必带来效率和客户体验提升，还可能带来混乱。

更确切地说，新零售模式，不仅是线上和线下商业的融合，更要对企业内部经营管理进行重度优化，从线上虚拟店，到线下店，在技术和消费力的驱动下，打造一个无处不在的商业体，满足消费者多元的需求。很多企业都在摸索，良品铺子是其中一个比较激进的创新者。

良品铺子战略副总裁赵刚说，良品铺子的全渠道商业模式由门店、本地生活平台、社交电商、第三方电商平台、App 5 类渠道组成。线下 2 000 多个实体零售门店覆盖湖北、湖南、江西、四川、河南五省。线上销售网络主要由一系列电商平台组成，包括天猫、淘宝、京东及 1 号店等第三方线上平台、自有的 B2C 网站以及自有的微信商城。

2014 年前，零售大王良品铺子就开始布局全渠道零售业务的打通，从软硬件的布局到内部组织架构调整以及流程梳理。代表良品铺子创新决心的一个标志性事件是，良品铺子 3 年前开同行之先，投资高达 5 000 万元人民币，与国际一流的 IT 厂商共同打造全渠道整合的 IT 系统。要做全渠道，没有在全渠道信息系统中的大量投入，是不可能完成的。

良品铺子有一个存储所有客户和产品信息的统一数据库，了解客户在全渠道电商形态下的购买行为是什么，并以此来改变产品、业务单元和区域导向的组织架构。良品铺子已通过数据分析，完成会员信息整理，打通线上线下会员数据。

这就意味着，对于拥有良品铺子线上线下会员资格的消费者，其消费数据被集中并实现同步更新。对良品铺子而言，会员身份获得统一匹配后，公司对会员的了解也将更加立体，可针对会员特征进行精准营销。而后台的供应链、财务和业务流程均以此为调整。

资料来源：http://www.sohu.com/a/120716322_530496.

研讨问题：

（1）良品铺子“线上下单，门店配送”模式成功的关键是什么？

（2）良品铺子新零售成功的关键是什么？

（3）良品铺子为何要高额投资打造全渠道整合的IT系统？

□ 本章思考题

1. 企业资源管理系统主要包含哪些内容？
2. 阐述推动式生产方式和拉动式生产方式的差异。
3. 企业管理中如何运用好平衡线技术与关键路径法？
4. 探讨数字经济环境给企业供应链管理带来了哪些新的问题、机遇与挑战。

参考文献

[1] O. Gadiesh，J. L. Gilbert. Profit Pools：A Fresh Look at Strategy. Harvard Business Review，1998，76 (3)：139-147.

[2] http://finance. sina. com. cn/leadership/msypl/20131015/161916998630. shtml.

[3] http://news. youth. cn/sh/201712/t20171218_11163451. htm.

[4] http://www. ceconline. com.

[5] http://www. sohu. com/a/229115518_100043340.

[6] http://www. supply-chain. org.

[7] https://baijiahao. baidu. com/s? id=1608734775017078831&wfr=spider&for=pc.

[8] https://baike. baidu. com/item/%E5%AE%9D%E6%B4%81%E2%80%94%E6%B2%83%E5%B0%94%E7%8E%9B%E6%A8%A1%E5%BC%8F/12742435? fr=aladdin.

[9] https://mp. weixin. qq. com/s/9S_cm7n915fuKDBTstC4Zg.

[10] https://wenku. baidu. com/view/80c397d480eb6294dd886cdc. html.

[11] https://www. sohu. com/a/161386396_572698.

[12] https://www. sohu. com/a/234737008_273923.

[13] P. Kraljic. Purchasing Must Become Supply Management. Harvard Business Review，1983，61 (5)：109-117.

[14] C. Terwiesch，Z. J. Ren，T. H. Ho，M. A. Cohen. An Empirical Analysis of Forecast Sharing in the Semiconductor Equipment Supply Chain. Management Science，2005，51 (2)：208-220.

[15] www. dell. com. cn.

[16] www. eascs. com.

[17] 刘丽文. 生产与运作管理. 3 版. 北京：清华大学出版社，2006.

[18] 国际贸易中心. 如何进行库存管理. 北京：中国物资出版社，2005.

[19] 央视财经频道《中国财经报道》节目.

[20] 央视财经频道《商道》节目.

[21] 姚建明. 大规模定制模式下的供应链调度理论与方法. 北京：中国物资出版社，2009.

[22] 姚建明. 战略供应链管理. 北京：中国人民大学出版社，2014.

[23] 姚建明. 战略管理——新思维、新架构、新方法. 北京：清华大学出版社，2019.

[24] 姚建明. 第四方物流整合供应链资源研究. 北京：中国人民大学出版社，2013.

[25] 杨文士，焦叔斌等. 管理学. 3版. 北京：中国人民大学出版社，2009.

[26] 杨锡怀，冷克平，王江. 企业战略管理——理论与案例. 2版. 北京：高等教育出版社，2004.

[27] 马士华，林勇. 供应链管理. 北京：高等教育出版社，2003.

图书在版编目（CIP）数据

运营与供应链管理/姚建明主编. —2版. —北京：中国人民大学出版社，2020.1
教育部经济管理类主干课程教材
ISBN 978-7-300-27728-8

Ⅰ.①运… Ⅱ.①姚… Ⅲ.①企业管理-运营管理-高等学校-教材 ②企业管理-供应链管理-高等学校-教材Ⅳ.①F27

中国版本图书馆CIP数据核字（2019）第274193号

教育部经济管理类主干课程教材
运营与供应链管理（第2版）
主编　姚建明
Yunying yu Gongyinglian Guanli

出版发行	中国人民大学出版社		
社　　址	北京中关村大街31号	**邮政编码**	100080
电　　话	010－62511242（总编室）		010－62511770（质管部）
	010－82501766（邮购部）		010－62514148（门市部）
	010－62515195（发行公司）		010－62515275（盗版举报）
网　　址	http://www.crup.com.cn		
经　　销	新华书店		
印　　刷	北京七色印务有限公司	**版　　次**	2014年10月第1版
规　　格	185 mm×260 mm　16开本		2020年1月第1版
印　　张	14.5插页1	**印　　次**	2025年5月第2次印刷
字　　数	278 000	**定　　价**	38.00元

中国人民大学出版社　管理分社

教师教学服务说明

中国人民大学出版社管理分社以出版工商管理和公共管理类精品图书为宗旨。为更好地服务一线教师，我们着力建设了一批数字化、立体化的网络教学资源。教师可以通过以下方式获得免费下载教学资源的权限：

★ 在中国人民大学出版社网站 www.crup.com.cn 进行注册，注册后进入“会员中心”，在左侧点击“我的教师认证”，填写相关信息，提交后等待审核。我们将在一个工作日内为您开通相关资源的下载权限。

★ 如您急需教学资源或需要其他帮助，请加入教师 QQ 群或在工作时间与我们联络。

中国人民大学出版社　管理分社

教师 QQ 群：648333426（工商管理）　114970332（财会）　648117133（公共管理）
教师群仅限教师加入，入群请备注（学校＋姓名）

联系电话：010-62515735，62515987，62515782，82501048，62514760

电子邮箱：glcbfs@crup.com.cn

通讯地址：北京市海淀区中关村大街甲 59 号文化大厦 1501 室（100872）

管理书社　　人大社财会　　公共管理与政治学悦读坊